대학에서의 학생성공 탐구

성공인식요인 추출 및 검사도구 개발 전략

고요한 저

박영story

preface

머리말

본 책의 목적은 최근 대학교육 혁신의 주요관심사인 (1) 대학생활 성공(학계에서는 대학성공 혹은 학생성공으로 표현함)에 대한 연구 동향을 비판적으로 검토하여, (2) 성공적인 캠퍼스 라이프에 대한 대학생들의 인식요인을 추출하고, (3) 이를 기반으로 학생성공 진단검사 도구를 개발, 활용하기 위한 기초 작업을 수행하는 것이다. 고도과학기술기반의 4차 산업혁명사회생태계, 포스트팬데믹, 학령인구 급감 등에 따른 인구학적 위기, 중등학교 문·이과 통합교육, 고등교육 학사제도 및 입시제도 변화, 비대면(untact) 학습시스템 확장 등 우리교육 생태계 전반에 걸쳐 소위 뉴-노멀이라는 이름으로 급변하고 있다. 특히, 고등교육 분야에서 이루어지는 혁신의 핵심은 전통적인 기관계/산업계 관점 교육에서 학생계 관점으로 전환해야 할 필요성과 당위성이다. 즉, 기성세대, 기성사회, 기존학문의 관점이 아니라 성장세대인 학생의 관점(요구, 흥미, 능력, 경험 등을 학사시스템 전반에 반영하는)에서 고등교육 생태계를 획기적으로 재편성하는 것이다. 이를 한마디로 표현하면 대학성공/학생성공 기반의 고등교육생태계 구축이다.

본 책을 대학기관에서 활용할 경우 그 유용성은 다음과 같다. 이 책은 각 대학마다 고유의 정체성을 바탕으로 당해대학 재학생들이 지각하는 대학생활 성공에 대한 인식요인들을 추출하고, 이를 기반으로 표준화 진단검사 도구를 개발, 활용하기 위한 방법론을 제공할 것이다. 나아가 단위대학마다 재학생들로 하여금 성공적인 학교생활이 이루어지도록 지원하는 지속 가능한 학사플랫폼 구축과 학생주도형 학습콘텐츠 개발의 기초 방안이 수립될 수 있을 것이다. 장기적으로 단위대학마다 체계적인 기관연구(IR: institutional research) 수행을 통해 학교내외의 교육데이터를 조직적으로 수집하고, 이를 기반으로 하는(data-based) 학생친화, 학생중심, 학생주도 등을 망라하는 학생성공형 고등교육생태계 구안에 대한 영감을 진지하게 궁구해야 할 것이다.

학생성공을 지원하기 위하여 단위대학마다 전개될 새로운 학사시스템 구축은 기관의 인습적인 학사운용 행태나 일부 대학구성원의 의견이나 아이디어에 의하여 이루어지는 폐쇄성을 경계해야 한다. 그 대신에 명료한 데이터를 기반으로 하는 혁신계획, 합리적인 근거를 바탕으로 하는 발전계획을 수립하고 이와 동시에 지속가능한 가치를 추구하는 학습생태계를 마련해야 한다. 대학생의 성공적인 학교생활에 대한 대학기관의 지원이 가져올 성패는 각 대학의 레거시(legacy)에서 비롯된 이데아(IDEA)에 달려 있다. 혁신성(innovation)-다양성(diversity)-수월성(excellence)-책무성(accountability)이 유기적으로 통합된 대학 고유의 교육이념이 마련되고, 이러한 이데아의 수행성과를 통해 진정으로 학생성공을 지원하는 고등교육생태계가 마련될 것이다. 이제 학생성공 고등교육생태계 구축은 단위대학마다 경쟁력 개선에 필요한 과업이면서 동시에 국가수준의 고등교육 경쟁력 제고에 반드시 필요한 선택 아닌 필수 과제인 셈이다.

2021년 5월 어느 봄날

연세대학교 미래캠퍼스 교수연구실에서

contents

차 례

Chapter 01
고등교육의 현상학

Chapter 02
성공담론의 해석학

Chapter 03

학생성공 담론 연구방법

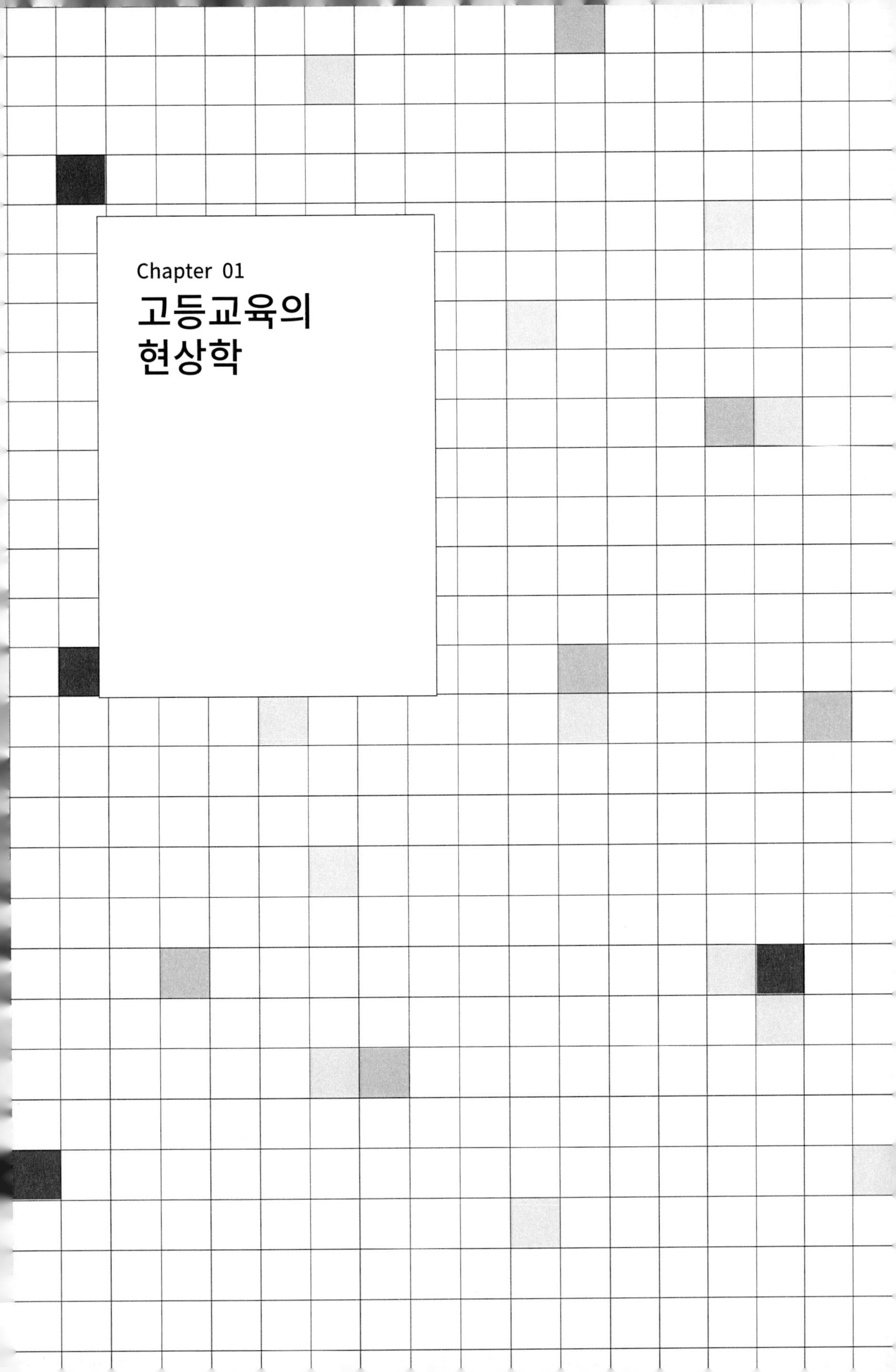

Chapter 01

고등교육의 현상학

본 장에서는 우리나라 대학들이 업적주의와 무한경쟁의 사회적 신화에 휘둘려 왜곡되고 뒤틀린 현실을 적나라하게 반성하고, 잃어버린 대학의 영혼을 회복하기 위한 교육인간학적 성찰을 고백하였다.

1. 대학민국(大學民國)

생명과 존재에 대한 담론을 제외하고 인간사에서 가장 큰 관심거리는 아마도 교육과 관련된 현상일 것이다. 미국의 심리학자들이 연구한 바에 의하면 사람들은 살면서 교육과 관련된 말을 가장 많이 듣거나 내뱉는다고 한다. 어쩌면 생애과정 전체에서 교육문제를 의식주보다 더 절박하게 느끼는 사람도 적지 않을 것이다. 특히, 교육에 대한 무한열정으로 말미암아 대학을 생사여탈(生死與奪) 문제로 인식하는 정신병적 증후도 우리 사회의 도처에서 발견되고 있다. 대학문제에 대한 부단한 학술적 인식관심과 매스컴의 선동적 공론화는 한순간도 대학을 교육담론의 중심에서 벗어나지 못하게 하고 있다. 이는 비단 우리나라만이 겪는 특수한 문제가 아니다. 대학이 존재하는 어떤 문화도 예외일 수는 없다.

대학에 대한 공공의 총애와 힐난이 격렬히 교차함에도 불구하고 여전히 대학은 인류 정신사의 희망이요, 물질문명의 배아(胚芽)로서 건재하다. 대학은 이러한 총애에 대해서는 우쭐한 교만함으로, 힐난에는 간단(間斷)없는 개혁의 몸짓으로 적당히 대응해 왔다. 그러나 지금은 그 교만함과 단순한 몸짓보다 진지한 개혁의 실천이 요구되는 위험한 시기임에 틀림없다. 이 때문에 대학의 위험성을 현상학-해석학적으로 진단하고 미래학적 조망을 통해 대학의 존재이유와 생존방식에 대하여 진지하게 성찰해야 할 당위성이 자명해졌다.

교육학을 전공한 것과 무관하게 많은 학자들(Brubacher, Jaspers, Vevlen, Kerr, Riesman, Bird, Woodring, Bell, Rosovsky, Readings)의 예리한 통찰과 날카로

운 문장 속에 포착된 대학문제는 우리를 늘 긴장시킨다. 특히, 리딩스(B. Readngs)는 발전론적 시각에서 오늘날의 대학을 붕괴기(몰락기)로 단정하고 있다. 그는 재미있게도 대학의 발전을 '이성의 대학으로서 형성기, 문화의 대학으로서 전성기, 수월성의 대학으로서 몰락기' 등으로 구분하고 있다(B. Readings, 1996).

그러나 몰락하는 우리 대학의 문제를 고민하며 날카로운 필력과 대화로 대학변화를 촉구하는 교수들은 정작 그 개혁의 중심에 서려 하지 않고, 학력저하의 비난 속에서 중등교육을 받아온 신입생들이 대학의 분위기를 주도하는 미묘한 상황 속에서 변화를 요구하는 담론만이 무성할 뿐이다. 또한 '대학공화국, 대학 서열 깨기, 서울대가 없어져야 나라가 산다, 대학이 망해야 나라가 산다, 대학과 교수사회 이대로는 안 된다' 등의 극단적인 언설들이 난무하고, 대학통폐합, 대학기본역량진단평가, 대학기관평가인증, 성인교육 개방 등의 정책기조는 대학의 근간을 뒤흔들고 있다. 이러한 논의와 정책들은 전성기의 대학으로 복귀하려는 르네상스도 아니요, 이판사판식 공멸(共滅)의 작태도 아닌 그 위험의 정체성을 가늠할 수 없는 지경이다. 여기에 대학의 두 가지 문제가 도사리고 있다.

첫째, 역사적으로 대학은 세속과 존엄, 실용과 연찬(硏鑽), 과거와 미래, 전승과 개척, 보수와 진보, 수혜와 봉사 등의 이중성 속에서 안전하게 성장해 왔다. 그것은 대학이 오랫동안 자유의 보고(寶庫)로서 누려온 특권이었다. 오늘날에도 여전히 이러한 대학정신은 사라지지 않고 있다. 그러나 이제 학문의 전당이니 지식의 상아탑이니 운운하며 대학이 담장안의 고고성과 폐쇄성을 공인받던 시대는 지났다. 이제 대학은 전통적인 대학정신에 날카로운 칼날을 들이대고 도려내야만 할 절박함이 생겼다.

이러한 절박성의 배경은 다름 아닌 수월성(excellence)의 신화다. 오랫동안 다져온 내면의 대학정신보다 가시적인 생산성, 효율성 및 경쟁력만이 대학역량을 가늠하는 잣대가 되었다. 앞에서 리딩스가 지적한 대로 수월성의 대학이 지배하는 것은 오직 생산성이다. 생산성은 교육이라고 하는 특수한 사업에 걸맞은 개념이 절대 아니다. 그럼에도 불구하고 사회의 모든 시스템은 이러한 경제 원리나 마인드의 지배하에 들게 되었고 대학(교육)도 비껴갈 수 없는 처지가 되었다. 그래서 대학은 혼란에 빠지게 되었던 것이다.

이로 인해 교수와 학생은 물론이려니와 대학의 전 구성원이 교묘한 생산성의 그물망에서 살아남기 위하여 펄떡이는 고기처럼 움직이고 있다. 교수들은 정해진 시간 안에 얼마나 많은 신지식을 만들어 내고 교육소비자들에게 효과적으로 전달하는가? 효율적이고 생산적인 프로세스(커리큘럼)를 통하여 얼마나 많은 인재를 배출했는가? 대학 재정확보를 위해 유용한 연구업적을 얼마나 창출했는가? 학생들은 문화자본(졸업장 및 자격증) 쟁탈의 극한 상황 속에서 어떻게 살아남는가? 등과 같이 '왜'의 문제보다는 '어떻게'나 '얼마나'에 더 집착하게 되었다.

'왜'라는 진지한 성찰의 유희장이요, 지적(知的) 에로스로 분주한 활기 있는 전쟁터가 되어야 함에도 불구하고 대학은 교육논리가 아닌 시장논리의 부속품으로 전락하였다. 대학들은 상품으로서의 지식을 생산해낼 뿐 아름다운 상생의 공동체와 생명과 환경을 아우르는 교육정신을 창출하거나 실천하지 못하고 지식강박증, 경쟁우울증, 도덕불감증 등에 걸린 채 기능이 마비되었다. 이러한 상황 하에서 교수나 학생들은 수월성의 신화를 더욱 미화하고 정치(精緻)시키는 데 앞장서고 있지 않은가?

둘째, 대학의 또 다른 문제는 다음에서 비롯된다. 즉, 지금 대학문제가 불거진 이유 중의 하나는 90년대 이후 지속된 신자유주의 이념에 처한 고등교육 보편화정책이다. 그것은 당시 정부의 치명적인 독단에서 비롯되었다. 그들은 문명사적 전환과 세계화의 논리를 들어 교묘하게 고등교육 프로그램을 대량 생산했다(학점은행제, 독학학위제, 시간제 등록학생제, 기능대학, 원격학사제, 사이버대학, 평생교육원 등). 이제 우리나라는 국민의 절반 이상이 고등교육을 수혜하는 세계 최강의 '대학민국'이 되었다. 아둔한 교육정책은 대학의 수월성을 대학의 총량 확대에서 찾았고, 이는 단기에 국민의 교양수준을 제고하려는 의지로 점철되었다. 그러나 이것은 수월성 확보의 곤란함과 공(公)재정 지출의 낭비라는 문제를 만들어냈다.

결국 대학의 총량확대를 통한 보편화와 경쟁력을 갈망하는 수월성 간에 커다란 갈등의 골이 생기게 되었다. 이러한 상황 속에 놓여있는 대학, 무엇이 문제인가? 보편화 정책 덕분에 절대수가 늘어난 대학교수들은 그간 선배들이 누려온 사회적 위신과 평판을 잃지 않으려 애쓰고, 교실붕괴의 질타와 무질서 속에서 살아남아 어눌하게 대학문에 들어선 많은 대학생들은 무엇을 꿈꾸며 지금 대학민국의 국민이 되었고 그들은 어떤 중병으로 신음하고 있는가?

2. 대한민국(大恨民國)

역사적으로 근대 자본주의와 공교육제도는 교육의 폭은 넓히고 길이는 늘였지만 그 깊이는 얕게 만들었다. 특히 고등교육은 더욱 그렇다. 그 결과 대학문을 두드릴 수 있는 기회는 누구에게나 열려 있고, 대학은 백화점보다 더 많은 상품들(학문분야 혹은 코스메뉴)로 손님(예비입학생)들을 호객하고 있다. 이 같은 상황 속에서 대학은 저마다 고고한 담쟁이 넝쿨을 풍성히 키워 나갔고, 도서관 서가의 책들은 빛을 바래갔다.

우습게도 대학은 드라마나 영화에 교정이 심심치 않게 등장될 정도로 낭만적이고 자연친화적인 모습의 캠퍼스를 뽐내며 귀공자처럼 무럭무럭 자랐다. 그러나 이처럼 잘 자라던 대학이 급기야 중병을 얻게 되자 도처에서 신음소리가 어지럽게 들리고 있다. 이미 교양을 잃은 커리큘럼에 파묻혀 허둥대는 대학생들의 신음, 대학 장사치들이 판치는 시장에 굴복하는 강사와 교수들의 신음, 고급생산품(대학졸업생)을 미더워 하지 못하는 기업인들의 신음, 입시 전쟁터에서 상처입고 방황하는 예비대학생들의 신음소리들…… 지금 우리의 대학은 대한(大恨) 혹은 트라우마의 온상, 즉 큰 슬픔과 기쁨의 파르마콘(pharmacon)이 되었다. 도대체 왜 이렇게 되었는가?

이미 오래전에 위대한 사색가 몽테뉴(Montaigne)가 대학교육을 받고 사회에 나온 졸업생들에게 '우쭐해 하는 바보'라고 말한 것과 일본의 다치바나 다카시(立花隆)가 '도쿄대생은 바보가 되었는가?'라고 표현한 선언적 담론 사이에는 어떤 공감적 이해의 접점이 있는가? 무슨 일이 있어도 양보할 수 없는 대학정신의 본질은 이성과 자유다. 한 나라의 대통령을 물러나게 할 정도로 날카롭고 야무진 이성과 무한한 자기성장의 외로운 돛배를 띄울 수 있는 자유와 의연함만이 온전한 대학의 정신이다.

그러나 불행하게도 사회적, 경제적, 정치적, 교조적 논리가 대학정신과 문화를 지배하고, 이러한 논리에 길들여진 자발성, 타자화된 자아현상으로 인해 대학구성원들이 철저하고 체계적으로 식민화될 때 대학정신은 심하게 부패되고 고통스런 병으로 신음하게 된다. 지금 우리 대학의 신음소리는 바로 여기서 기인하고 있다. 앞선 몽테뉴나 다치바나의 지적도 이 점을 적시하고 있는 것이다. 이제 그 신음소리들을 한일(韓日) 양국의 두 텍스트를 통하여 찬찬히 들어보자.

강준만은 『서울대의 나라』에서 '서울대 엘리트의 권력중독증, 서울대의 근친상간, 지방대는 서울대의 식민지, 서울대의 봉건적 우월주의' 등의 거친 표현들을 통하여 입시전쟁의 정점에 있는 서울대학교를 난도질하고 있다. 이는 서울대에 들어가지 못한 입시선쟁 패배자의 우격다심이나 억울한 폭로가 아니다. 우리나라 대학담론의 전체를 단지 서울대라는 형상과 질료를 통하여 드러내고, 꼬집고, 비틀어 보자는 다부진 의도임을 우리는 잘 안다. 여기서 중요한 것은 서울대가 내포하는 문제가 우리 대학전체의 문제로 연장(외연)될 수 있다는 사실이다. 그러니 더욱 가슴이 시릴 수밖에 없다.

다치바나는 일본 최고의 도쿄대학교를 전문적인 바보를 만들어 내는 공장으로 규정했다. 이제 서울대와 도쿄대는 두 나라를 망치는 힘 있는 전위대요, 값비싼 공장으로 전락했다. 서울대는 우리나라 최고 권력층에 쉽게 걸어 들어갈 수 있는(다치바나의 표현에 의하면 유리한 레이스) 증명서를, 도쿄대는 사회에서 맛있는 빵을 얻기 위한 학문을 공부했다는 이력서를 졸업생에게 쥐어주는 공장이 되었다. 이 공장에서는 세련되고 탁월한 에피스테메(episteme/지식)나 노련하고 효율적인 테크네(techne/기능)도 제대로 교육 못하면서 도도하고 버릇없는 지식패거리, 기술폭력자, 나라의 큰 도둑들을 만들어 문 밖으로 쏟아 내고 있다. 이제 대학에 다니는 것이 무슨 큰 죄인이라도 된 듯 불편한 상황이 되어버렸다.

이제 이상의 대학담론들이 공통적으로 담지하는 문제의식이 무엇인지 상고할 때가 되었다. 고등교육을 포함하여 모든 교육이 기본적으로 겨냥하는 이상적 인간상은 '전인(whole man)'이다. 여기서 전인이란 앞서의 에피스테메와 테크네를 포함하여 모랄(moral)을 두루 완성한 온전한, 통합적, 전일적, 유기적 인간상(image)을 이른다. 이러한 에피스테메, 테크네, 모랄 등은 그 자체가 바로 교양교육이다.

다치바나의 지적처럼 영재들의 계보가 다름 아닌 바보들의 계보가 되어 버릴 때 정녕 교양교육은 외려 역효과를 가져올 뿐이다. 학력은 오히려 깨달음을 방해할 뿐이라며 잘난 사람들이 판치는 세상을 등지고 유유히 산사(山寺)로 걸어 들어간 서울대학교 졸업생들의 외침이 이를 잘 웅변하고 있지 않는가? 먹고 사는데 유용한 지식패거리, 나라의 큰 도둑의 기득권을 스스로 팽개친 그들의 결심과 행보를 우리는 미친 짓거리로 폄하해야 하는가? 빛나는 대학졸업장이 자신의 음악인생에 외려 방해가 된다고 자퇴해 버린 가수 신해철, 아예 대학입학은 생각지도 않았던 서태지는 정녕 어리석은 자란 말인가?

그래도 대학의 희망은 있다. 학문의 도전을 기다리던 미지의 지식을 용감하게 훔쳤던 아인슈타인, 교육 없는 영혼들을 일깨우고 살폈던 소크라테스와 플라톤, 초월적 지혜와 인간의 영성을 찾아 헤맨 코메니우스 이들은 모두 대학이 견지해야 할 지적(知的) 에로스(eros)로 충만한 사람들이다. 이제 우리에게는 그들이 필요하다. '대학민국(大學民國)'이 '대한민국(大恨民國)'이 되어 버린 지경에 우리 대학인들은 무엇을 생각하고 행동해야 하는가? 정녕 인간다운 삶과 유쾌한 삶을 바란다면 당장 대학교정을 박차고 나가야 한다. 정녕 창조적이고 생명적인 삶을 바란다면 지금 대학교재를 찢어 버려야 한다. 이제 유수한 대학 이름이나 동문회 계보가 아니라 내 자신이 체득하고 담지하는 전인적 교양과 지식의 계보만이 나 자신을 인간답게 만들 수 있다는 점에 대하여 우리 대학인 모두가 잠심자득해야 한다. 제발 그래야 한다. 대학의 희망은 여기서 찾아야 한다. 대한(大恨)민국을 대한(大翰)민국으로 바꾸는 노력이 시작되어야 한다. 육체의 건강은 소식(小食)으로 영혼의 건강은 소식(少識)으로 가능할 것이다.

3. 대한민국(大翰民國)

이제 모든 대학은 온전하고 고유한 정신을 되찾고 기울어 쓰러지려는 대학 정문을 바로 세울 수 있는 방안을 진지하게 검토해 보아야 한다. 그것은 다름 아닌 대한(大翰)민국을 구축하는 길이다. 90년대 초반 시행된 고등교육 보편화정책이 교육의 수월성과 국민의 교양수준에 심각한 저해요인이 되었고 대학이라는 공간과 시간을 혼란의 도가니로 몰아넣었다. 이러한 상황 속에서도 교수, 학생, 기업 등 적지 않은 사람들이 달콤한 열매를 따먹었다. 이들은 대학의 정신과 교정을 더욱 황폐하게 만드는 데 앞장섰다. 이제 사회의 곱지 않은 시선들을 거두고 생명 있는 중세대학의 정신으로 되돌아가는 길을 모색해 보아야 한다.

우선 대학의 온전한 정신을 꿰뚫어 볼 줄 아는 혜안의 대학CEO가 있어야 한다. 정치적 입신이나 개인의 영달을 위하여 학교 내외에서 접대 잘하는 총장(학장)이 아니라 영적 구도자나 예수 같은 마음을 담지하는 지도자가 나와야 한다. 온갖 인사권에 전횡을 자행하고 정치입문의 수련과정으로 여기는 총장(학장)은 없어져야 한다. 독일의 훔볼트(Humbolt) 미국의 허친스(Hutchins) 등은 대학정신의 재건을 위하여 본보기로 삼을 만한 사람들이다. 또한 학생들은 진정으로 인격을 구유한 교수를 평생의 스승으로 모시고 따르는 사제동행의 길을 모색해야 한다. 캠퍼스와 방송가, 정치판을 넘나들며 학자연하는 많은 대학연구실의 주인들을 두루 살펴보고 진정 대학정신에 물들어 연구하고 사색하는 교수들을 찾고 만나야 한다.

이를 위한 전제조건은 교수들의 연구실을 반드시 개방해야 한다는 점이다. 연구는 밀실의 공작(工作)이 아니다. 연구는 고독한 사유가 아니다. 연구는 인간을 떠나서 존재하지 않는다. 이 점들을 극복하는 방법은 자신의 연구실을 학생과 동료교수들에게 활짝 개방하는 것이다. 연구실은 값비싼 선물이나 보관하고 양장(洋裝)의 서적들을 가지런히 진열하는 전시공간이 아니라 온갖 지식의 담론과 자극체들이 꿈틀거리는 해방의 공간이어야 한다. 이제 교수들은 이 점을 진지하게 생각해야 한다.

대학생들은 장차 술집에서 폭탄주를 마시며 접대에 길들여지는 미천한 행정관리나 전문가(예를 들어 법조인이나 의료인)가 되도록 교육되어서는 안 된다. 대학에서 체득한 교양교육을 철저히 무시하거나 개조하는 위험천만한 인물들로 교육되어서는 안 된다. 그러나 현실을 더듬어 보면 안타깝게도 그렇지 못하다. 전공을 불문하고 재학생의 10% 이상이 공시(공무원시험)에 매달리고 고소득의 전문직 관련 전공에 휩쓸리듯 모여들고 있다. 기초학문은 천시 받다 못해 아예 멸시 당하고 있다. 대학에서의 교양은 저 멀리에 있는 고고한 탑처럼 여겨지고 있다. 대학은 망아지같이 날뛰는 젊은이들을 세련되고 위엄 있는 교양으로 옷을 입히고 활기 있는 전문인으로 재탄생시키는 곳이다. 대학생은 탑을 바라볼 것이 아니라 자신이 탑이 되어야 한다. 그러나 주위를 둘러보아도 이러한 교양의 탑과 옷은 어디에서도 찾을 수 없다. 모든 책임은 교수나 학생에게 귀인된다.

마치 중세의 대학처럼 리버럴 아트(liberal arts)로 우선 자기 자신을 무장시키고 그 바탕에서 전공의 칼날을 세우는 대학생을 만들어야 한다. 이것은 다치바나가 말하는 스페셜리스트가 아니라 제너럴리스트다. 우리는 강박적으로 스페셜리스트가 되도록 교육되고 있다. 교수도 학생도 사회도 온통 이 강박증에 물들어 있다. 이러한 정신병적 징후를 떠안고 공부하며 졸업하거나 고시전쟁의 승리자가 된 자들의 작태는 어떤가? 온갖 부정과 정치성에 길들여진 주구(走狗)들이 아니었던가? 그들은 모두 고액의 소득과 자신의 교양을 맞바꾸어 버렸다. 일말의 양심도 없이, 일단의 교양도 없이 그렇게 쉽게 자신을 비교양인으로 만들어 버렸다.

대학(大學)민국이 대한(大恨)민국이 된 바보 같은 이유가 바로 여기에 숨어 있다. 그리하여 고등교육은 곧 비교양인을 만드는 탁월한 기제(excellent mechanism)요, 대학은 저질의 생활인을 양산하는 대량생산 공장이 되었다. 이제 대한(大恨)의 저급함을 극복하고 탁월한 교양인을 만드는 길은 무엇인가? 그것은 '대한(大翰)민국'을 만드는 것이다. 여기서 한(翰)은 글 읽기를 의미한다. 대한(大翰)민국은 이렇게 만들어진다. 즉, 교수는 한 권의 책을 쓰기 위하여 300권 이상의 책을 읽어야 하고, 학생은 한 줄의 보고서를 쓰기 위하여 10권 이상의 책을 읽어야 한다. 물론 이때의 책은 권위 있고 정직한 텍스트라는 점이 전제되어야 한다.

퇴물 같은 의견과 정치적인 논조로 일관하는 글과 말들에 귀를 기울여서는 안 된다. 모방하고 복사하는 의견이나 글이 되어서는 안 된다. 과제를 위한 과제수행은 배제되어야 한다. 한 줄의 글을 쓰더라도 자신의 영혼을 담아야 한다. 연필이 아니라 영혼으로 글을 써야 한다. 컴퓨터가 아니라 마음으로 글을 써야 한다. 제발 그래야 한다. 이에 대하여 다치바나는 다음과 같이 교양의 지적 능력을 규정하고 있으며 이는 많은 점을 시사하고 있다. 그것은 '이론을 세울 수 있는 능력, 계획을 세울 수 있는 능력, 정보를 다룰 수 있는 능력, 문제를 만들고 해결할 수 있는 능력' 등이다. 이들의 공통분모는 바로 생각하는 힘(thinking), 소통하는 힘(talking), 만들어내는 힘(making)이다. 나아가 거짓과 잘못을 간파하는 능력을 교양교육 내용에 포함시키고 있다.

결론은 분명하다. 대학의 영혼은 시대의 정신이면서 동시에 고전의 정신이다. 에피스테메를 통하여 고전의 정신을, 테크네를 통하여 시대의 정신을 배우는 균형과 조절이 바로 대학교육의 온전한 모습이다. 이 점을 교수와 학생 모두가 공감하고 스스로 자구적인 성장의욕을 자극해야 한다. 이때 대학은 생명을 잉태하는 지적(知的) 에로스와 교양의 옷을 입은 학생과 교수들이 활보하는 해방의 공간, 창조의 공간, 연합의 공간이 될 수 있을 것이다. 이러한 풍경들이 각 대학마다 꽃피고 모든 대학이 서로 연합하여 선(善)한 영향을 미칠 때, 우리나라 모든 대학생들은 성공적인 대학생활(정상적인 학사이수, 자기계발 및 성장, 능력과 적성에 따른 진로)을 꿈꾸며 행복의 순도를 담금질 할 수 있을 것이다. 이제 우리 사회시스템이 대학(大學)민국과 대한(大恨)민국을 넘어 대한(大翰)민국이 될 때 모든 대학생의 성공적인 캠퍼스 라이프가 보장되고, 이를 위한 각 대학의 경쟁적인 교육품질 향상 경쟁이 전개될 것이다.

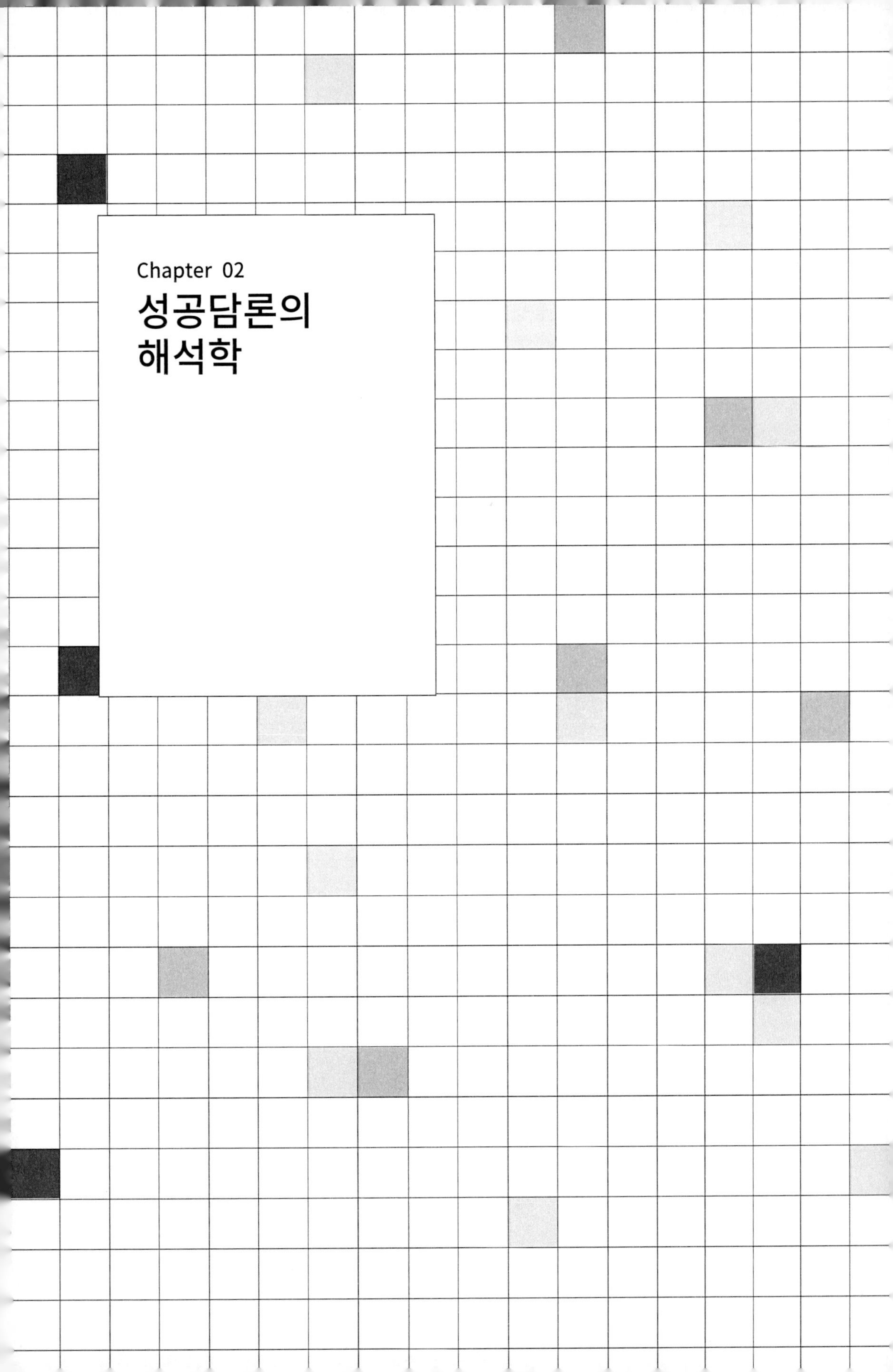

Chapter 02

성공담론의 해석학

본 장에서는 성공에 대한 다양한 스토리들이 지닌 심리철학적 특성을 해석학적 방식으로 고찰하고, 이를 대학에서의 학생성공 담론과 연결 짓기 위한 방안과 대학의 학생성공 담론이 갖추어야 할 실용성 등을 다루었다.

1. 성공의 심리철학적 이해

성공은 실재인가 아니면 현상인가? 성공은 가시적 실재이면서 동시에 심리철학적 현상이다. 사람들은 성공에 대한 다양한 환상과 구체적인 준거들을 내세우며 성공적인 삶을 꿈꾼다. 특히 학령기의 학생이나 부모들이 지닌 성공에 대한 환상과 실재는 무서우리만치 지독하기도 하다. 자녀의 명문대학 입학은 가족의 성공이요, 좋은 성과를 거둔 고등학교는 명예를 한껏 누리게 된다. 성공이란 무엇인가? 성공적인 삶이란 무엇인가?

뭇사람들에게 성공은 곧 교육과 관련되어 있다. 각종 시험에서 만점을 얻는 것, 상대적인 성취를 거두는 것, 부러울 만한 진학성과를 이루는 것을 거부할 사람은 없다. 그렇다면 교육적 성공은 과연 무엇이며 또한 무엇이어야 하는가? 왜 우리는 이러한 성공에 삶의 모든 재능과 재산을 투자하는가? 성공이 반드시 행복을 담보하는가? 실패는 항상 부끄러워야 할 루저/패배자의 몫인가?

학생들의 행복에 대한 대중적 관심이 고조되고 이로 인해 학생성공 혹은 학교성공에 대한 새로운 인식이 발아하고 있다. 즉, 타자화된 자아가 아니라 주체적인 삶의 주관자로서 학생들의 인권과 인격에 대한 새로운 조망이 학생성공 혹은 학교성공에 대한 담론을 촉구하고 있다. 교육의 문제는 특정대상의 전유물이 아니다. 귀천이나 빈부와 상관없이 인간의 존재론적 숙명이 바로 교육경험이다. 인간은 이러한 교육현상을 통해 사람다운 사람이 되고, 다양한 교육체제를 통해 개인 혹은 집단의 역량을 검증받는다. 누구나 성공을 꿈꾸며 성공을 갈망한다. 성공은 어떤 모습으로 우리에게 영감을 주고 행위를 자극하는가?

1) 성공스타일

에머슨과 스테플스(M. Emerson & G. Staples)는 성공의 본질에 대하여 성공스타일이라는 키워드를 바탕으로 다음과 같이 설명하고 있다(박대영(역), 2013)(이하는 그들의 논의를 요약한 것이다). 기본적으로 성공에는 두 가지 종류가 있다. 하나는 다른 사람들이 성공했다고 인정해 주는 것이고, 다른 하나는 스스로 성공했다고 자평하는 것이다. 무엇이 진정한 성공인가? 만족이 없는 성공은 진정한 성공이 아니다. 내적인 기쁨이 결여된 성공은 진정한 성공이 아니다. 내적인 기쁨이란 만족감이다. 우리 시대의 많은 사람들이 성공을 외적인 것에서 찾는다. 그래서 성공을 하고도 기쁨을 느끼지 못하게 된다. 우리는 성공하기 위하여 열심히 살면서 무엇을 얻었는가? 우리는 성공에 대해 얻은 것도 있지만 잃은 것도 많다고 생각한다. 성공의 만족감은 자신이 느끼면 그만이지 타인에 의하여 확인되어야 할 필요는 전혀 없다.

성공에는 어느 정도 위험성이 수반된다. 성공했다고 고백하는 사람들은 수많은 스트레스로 인해 정신병리 수준까지 이른다. 성공은 야심이나 욕망이나 공격심 등에 의하여 지원되기도 한다. 성공가도에 서 있는 사람들은 공격적이거나 경쟁적으로 변해가고 이것은 삶의 전 영역으로 확대된다. 결국 성공은 행복을 낳기도 하지만 역설적으로 불행을 잉태하기도 한다. 성공의 본질은 의미에 대한 발견과 공유에 있다. 의미는 주관적 체험이기도 하지만 사회적으로 합의된 가치가 되기도 한다. 에머슨과 스테플스는 성공에도 일정한 원칙과 공식이 있다고 주장한다. 이를 요약하면 다음과 같다.

표 1 에머슨과 스테플스의 성공 프레임

준 거	구체적인 행위전략 예시
성공완수 방 법	• 하는 일에 진정성을 갖고 임한다 • 목적한 것을 달성했을 때 그 만족감을 생각한다 • 성취의 기준점을 정하고 이에 도전한다 • 불필요한 간섭이나 신경 쓰는 것에서 벗어난다 • 협업이 가능한 자원을 최대한 활용한다
문제해결 공 식	• 문제를 복잡하게 만들지 않는다 • 창의력을 바탕으로 문제에 접근한다 • 긴급함과 중요함의 차이를 인지한다 • 잠재적인 가능성을 예측한다 • 잠재의식을 활용한다
성과행동 원 칙	• 지적 능력이 아니라 의지의 차이가 성과를 낸다 • 총론에서 시작하여 각론을 정리한다 • 일단 시작하는 착수의 힘을 믿는다 • 지속성을 보인다
최선행위 태 도	• 자신이 하는 일에 몰입한다 • 시간에 최선을 다한다 • 사람에게 최선을 다한다

그들은 성공을 원하는 사람이라면 누구나 명심해야 할 점들에 대하여 구체적인 사례를 바탕으로 설명하고 있다. 남에게 도움을 주었을 때 보수를 바라는 것은 금물이다. 반대로 누군가에게 도움을 받았을 경우 늘 그 사실을 염두에 두고 갚으려 노력해야 한다. 빚이 많은 사람은 결코 성공할 수 없다. 성공을 원하는 사람은 일을 통해서 사람과의 관계 속에서 성장한다. 성장은 성공의 계단이다. 성공은 자신의 모든 것에서 최선을 추구할 때 성장의 사다리를 놓아준다. 성공을 꿈꾸는 사람일수록 열심히 일만 하는 것이 아니라 여러 가지를 보고, 듣고, 느끼면서 감동하는 마음을 함양한다. 감동하는 마음을 상실한 것은 이미 성장과 성공을 상실한 것이다. 심리학이론에 의하면 감동과 감사를 표현하는 행위는 다이돌핀(Didorphin)을 만들어내고 행복감을 극대화시킨다.

근심, 걱정, 노이로제(neurosis)와 같은 부담감과 중압감은 성공의 걸림돌이다. 걱정을 해도 소용없는 걱정으로부터 자신을 해방시켜야 한다. 이것이 바로 'It is what it is'의 정신이다. 노력해도 별수 없는 것에 대하여 '세상 다 그런 거지!'라고 하면서 넘기는 심리적 유연성이 필요하다. 운명의 노이로제에서 벗어나야 한다. 우리는 지금의 곤고함과 슬픔에 대해 나를 단련시키는 교육이라 여기고 여기서 벗어나야 한다. 성공은 누구에게나 열려 있다. 성공을 원한다면 남의 등을 떠밀지 말고, 제 힘을 측량해서 무리하게 하지 말고, 뜻한 바를 한눈팔지 않고 추진해 나가야 한다. 누구든 자신의 능력으로 어려움을 이겨내고 자기가 원하는 만족을 얻는 역량을 갖추고 있음을 스스로 확신해야 한다. 이때 자만한 마음을 경계할 필요가 있다. 실패에 기죽을 필요도 없다. 게으르거나 낙심하는 사람에게 성공의 선물은 없다. 매사에 취사선택의 중요성을 늘 염두에 두어야 한다.

내면적인 성공 없이 외적 성공에 집착하는 것은 진정한 성공이 될 수 없다. 외적 아름다움보다 내적 성숙과 아름다움, 즉 이너 뷰티(inner beauty)를 우선하는 겸손하고 진지한 자세와 태도가 필요하다. 성공은 나의 역량, 의지, 노력, 경험에 달려 있다. 외적 보상에 이끌리거나 누군가로부터 좋은 평판을 기대하며 행동하는 것은 성공을 왜곡되게 만드는 방해요인이다. 학생의 성공은 어떠해야 하는가? 칭찬받고 보상받기 위해 공부하는 외적 동기보다 무언가 새로운 것을 아는 즐거움, 호기심을 채우며 도전하는 자세가 학생성공을 담보한다. 남의 눈치 보지 않고 오로지 자신의 양심과 잠재능력을 믿는 삶, 이를 바탕으로 도전하고 실천하는 자세가 학령기의 학생성공을 보장한다.

2) 성공법칙

콜롬비아대학 의과대학 출신인 몰츠(M.D. Maltz)는 성공을 이끌어내는 마음의 법칙으로서 사이코사이버네틱스(Psycho-Cybernetics)를 제안한 바 있다(공병호(역), 2003)(이하는 그의 논의를 요약, 재구성한 것이다). 나폴레옹이 성공의 원칙을 발견하고, 카네기가 인간관계에 적용했다면 몰츠는 이 모든 것을 종합했다는 평가를 받는다. 성공은 성공에 대한 내러티브를 자기화하거나 가치내면화하는 경우에 발현된다. 아무리 좋은 이야기라 할지라도 내 것으로 전환되는 의미있는 경험이 이루어지지 않는 경우 어떤 성과도 기대할 수 없다. 성공담론에서 몰츠는 이 점을 주의해야 한다고 주장한다.

표 2 몰츠의 성공법칙들

법 칙	주요한 행동원리 예시
자아이미지 혁 신	• 긍정적인 자아이미지를 만든다 • 변화는 행복과 성공을 보장하는 힘이 있다 • 자아이미지를 자유롭게 만든다 • 성공스크랩을 만든다 • 성공한 인물의 스토리를 철저히 연구한다
성공메커니즘	• 창조적 메커니즘의 사례들을 발굴한다 • 상상력과 성공 메커니즘을 작동시킨다 • 자신의 새로운 이미지를 부단히 상상한다 • 성공 메커니즘의 작동원리를 궁구한다
상상력 활용	• 부정보다는 긍정적 상상력을 가동시킨다 • 자신이 성공적인 사람이라고 최면을 건다 • 긍정적인 이미지트레이닝을 활용한다 • 자신의 진정한 모습을 인지한다 • 실패나 능력부족이라는 최면에서 벗어난다
합리적 사고	• 실수는 빨리 잊는다 • 오로지 미래의 성과에 집중한다 • 비합리적인 사고틀에서 벗어난다 • 외부의 부정적인 이미지 각인을 차단한다 • 해결할 수 있다는 믿음을 견지한다 • 내가 원하는 것을 명료하게 인지한다
심신 테크닉	• 지나치게 조심스럽게 행동하지 않는다 • 창조적인 행동은 자연스러움에서 비롯된다 • 결정된 사항에 대하여 후회하지 않는다 • 긴장과 부담은 합리적 사고를 방해한다
정신적 습관	• 행복은 노력의 산물이 아니다 • 부정적인 사고틀을 만들어내지 않는다 • 노예처럼 행동하지 않는다 • 지금 여기서 배우고 좋은 습관을 만드는 자세가 필요하다 • 위험과 문제에 정면으로 맞선다 • 낡고 부정적인 습관을 벗어나 긍정으로 변화시킨다
탈(脫)자동실패 메커니즘	• 실패의 심리적 메커니즘(욕구불만, 공격성, 불안감, 고독감, 불확실성, 분노, 공허 등)으로부터 과감히 벗어난다 • 부정적 사고를 역이용한다
마음의 성형수술	• 소외를 부르는 마음의 흉터를 치유한다 • 아름다운 자아이미지를 조각한다 • 건강한 자아이미지를 기른다 • 책임감 있는 행동을 한다 • 용서는 마음의 성형수술에 도움이 된다 • 남의 기분을 상하게 하지 않는다
자기억압의	• 자신을 부정하고 억압하지 않는다

법 칙	주요한 행동원리 예시
치 유	• 의식적인 자기비판은 상황을 악화시킨다 • 자의식이란 다른 사람의 의식일 뿐이다 • 불필요한 허상으로서의 양심은 과감히 버린다
성공자아의 구 축	• 소모적인 조건반사를 줄인다 • 외부자극이 아니라 나의 반응이 문제라는 점을 안다 • 난공불락의 성공자아를 구축한다 • 마음의 지우개를 만든다 • 성공스위치를 마음속에서 미리 켠다 • 외부자극에 동요하지 않는 마음의 평정을 유지한다
의식의 새도우 복싱	• 위기를 연습한다 • 위기상황을 창조적 기회로 전환시킨다 • 적당한 흥분을 마음의 약으로 활용한다 • 흥분과 두려움을 구별한다 • 늦은 깨달음을 성공파워로 전환시키는 힘을 기른다
성공신념의 구 축	• 실현 가능하다는 관점을 유지한다 • 머릿속에 성공패턴을 새겨 넣는다 • 필연적인 성공을 상상한다 • 두려움에 귀기울이지 않는다 • 자신의 선택에 대하여 믿는다 • 긍정적인 기억으로 부정적인 것을 대체한다

3) 성공지능

스스로를 저능아라고 고백했던 예일대학교 심리학교수 스턴버그(R.J. Sternberg)는 단순한 감성주의를 넘어서고 지능에 대한 공허한 신화를 벗어나는 지능계발을 제안했다(이종인(역), 1997: 18－57)(이하는 그의 논의를 요약, 재구성한 것이다). 전통적인 학습지능으로서의 IQ, 시험성적, 새롭게 등장하는 감성지능(EQ)이 학생들의 성공을 보장할 수 있는가? 그는 오랫동안 지능의 신화에 빠진 대중과 학교교육 종사자들에게 성공지능이라는 새로운 성공원리와 법칙을 던져주었다. 또한 그는 '지능검사를 비롯하여 각종 성취도 테스트가 어떻게 최고의 능력을 확인하는 탁월한 기제로 인정받게 되었는가?'의 문제에 천착하였다. 그는 테스트 의존증, 지능검사의 신화로부터 벗어나는 길을 궁리했다. 그것은 바로 성공지능에 대한 체계적이고 합리적인 이론의 확립이었다. 그는 성공지능이야말로 지능지수와 시험성적에 대한 왜곡된 신화에서 벗어나기 위한 참된 메시지이며 동시에 필요한 테크닉으로 여겼다. 스턴버그가 설명하는 성공지능의 개념과 이를 갖춘 사람들의 특성을 요약하면 다음과 같다.

(1) 성공지능의 의미

성공지능은 분석적, 창조적, 실천적이라는 세 가지 측면이 균형을 이룰 때 가장 효과적이다. 성공지능인은 단지 능력을 갖고 있기만 한 것이 아니라 오히려 그 능력을 적절히 사용하는 시기와 방법에 대한 이해가 탁월하다. 즉, 갖고 있는 것이 능력이 아니라 이를 행동으로 발휘하는 역량이 중요하다는 것이다.

(2) 주체성

성공지능을 가진 사람은 믿을 수도 없고 타당하지도 않은 IQ테스트나 기타 검사의 낮은 점수가 야기하는 부정적 기대치에 도전할 줄 아는 사람이다. 그는 자신의 목표를 성취하는 과정에서 다른 사람의 평가에 영향을 받지 않는다. 자신의 길을 찾고 그것을 열심히 추구한다. 또한 그 과정에서 장애의 발생을 예상하며 그 장애를 극복하는 것이 도전의 한 부분이라는 것을 인식한다.

(3) 자신감

성공지능을 가진 사람은 자신의 능력을 최대로 발휘한다. 동시에 뭐든지 할 수 있다는 낙관적인 태도를 지닌다. 그는 어떤 일을 해낼 수 있고 없고의 차이는 결국 자신을 향해 '할 수 있다'고 말할 수 있는지 여부에 달려 있음을 믿는다. 실제로 어떤 일을 못하는 것은 그럴 능력이 없어서라기보다 나는 못할 거라는 예단이 작용하기 때문이다.

(3) 의미있는 타자

성공지능을 가진 사람은 적극적으로 역할모델을 찾는다. 그는 평생 동안 많은 모델을 마음속에 간직하며, 이러한 모델의 좋은 점을 성공적으로 통합하기 때문에 성공한다. 다시 말하면 어떤 역할 모델을 일방적으로 추종하는 것이 아니라 그런 모델들로부터 장점을 취하여 스스로의 분명한 정체성을 만들어낸다. 그는 또한 실패의 작동원리도 관찰하여 그들과 다르게 처신하려고 노력한다.

(4) 적극성

성공지능을 가진 사람은 자신 앞에 놓인 상황이 자신의 재능을 발휘하는 데 도움이 될 수도, 방해가 될 수도 있다는 점을 잘 안다. 그리하여 멋지게 일을 해내도록 생활에 변화를 줄 수 있는 환경을 적극적으로 찾아 나선다. 그들은 자신이 처한 환경에 무기력하게 끌려가기보다는 자기 스스로 기회를 창출한다.

(5) 효율성

성공지능을 가진 사람들은 보통 사람들과 다르게 효율적인 방식으로 일을 추진한다. 그는 유능함과 탁월함 사이에 미세한 차이가 있음을 인식하고 있으며 결국 내적이며 외적인 보상은 유능함보다는 탁월한 쪽으로 기울어진다는 사실을 인식한다.

(6) 유동성

성공지능을 가진 사람은 자신의 지적 장점을 최대한 이용하고 단점을 보완하거나 수정한다. 학부모, 학교 등은 어떤 방식으로든 자녀나 학생의 성공지능 개발을 지원해야 하며 또한 지적 능력을 정적이고 고정된 것이 아니라 동적이고 유동적인 것으로 간주해야 한다.

(7) 탄력성

성공지능을 가진 사람은 자신이 수행해야 할 역할에 대하여 신축적(탄력적)으로 움직인다. 그는 상황에 따라 일하는 방식을 변화해야 한다는 것을 잘 인식한다. 그러한 변화가 구체적으로 어떤 것이어야 하고 또한 어떻게 변화를 도모해야 할지에 대한 분석능력을 갖추고 있다.

(8) 판단력

성공지능을 가진 사람은 문제를 정확하게 정의하고 이를 통해 부수적인 문제가 아니라 본질적인 문제를 해결한다. 이 때문에 그의 생활에서는 동일한 문제장면이 되풀이되지 않는다. 그는 어떤 문제를 먼저 해결해야 하는지 우선순위에 대한 판단능력을 갖추고 있다. 나아가 문제해결을 위한 전략을 세심하게 구안한다. 성공지능인이 항상 올바른 결정을 내리는 것은 아니다. 그러나 그는 자신의 결정을 모니터링하고 평가하면서 오류를 즉시 시정해 나간다.

(9) 창조성

성공지능을 가진 사람은 문제해결을 위하여 발견적 방법을 사용한다. 그들은 특정한 생각을 고집하거나 그것에 집착하지 않는다. 오히려 묵혀두는 시간을 충분히 확보한다. 문제와 마주친 성공지능인은 그 문제를 세심히 분석한 후에 해결을 위한 창조적 전략을 만들어낸다.

(10) 합리성

성공지능을 가진 사람은 이성의 한계를 잘 알고 또한 자기 자신도 잘못된 사고방식의 함정에 빠질 수 있음을 잘 안다. 성공지능인의 해결방식과 의사결정은 직관적일 수도 있고, 합리적일 수도 있다. 성공지능인은 판단착오를 겪더라도 그러한 사고과정을 잘못이라고 여기지 않는 단련된 마음의 힘을 지니고 있다.

성공지능을 가진 사람들의 사회적 특성은 한마디로 선(善)한 영향사(影響士)이다. 다시 말해 그들은 자신의 변화를 주위의 사람들에게 선하게 영향을 끼치는 혁신가, 실천가, 전략가, 도전가, 상담사인 셈이다. 이에 대하여 스턴버그는 다음과 같이 구체적인 행동요목을 제시하고 있다.

- 적극적으로 해결방안을 궁구하며 궁극적으로 다른 사람들의 역할모델이 된다.
- 전제조건에 의문을 품으며 다른 사람도 그렇게 되도록 영향을 미친다.
- 자신은 물론 다른 이의 실수도 너그럽게 용인하는 태도를 보인다.
- 합당한 모험을 즐기며 다른 사람들에게도 권장한다.
- 자신뿐만 아니라 남들을 위해서 창조적인 일을 만들어낸다.
- 문제를 적극적으로 규정하며 다른 사람들도 그렇게 하도록 유도한다.
- 모호함을 수용할 뿐만 아니라 다른 사람들에게도 그렇게 하도록 권한다.

성공지능을 가진 사람들은 자아의 성찰과 성장에 대한 명료한 의지와 방식을 스스로 터득해 나간다. 그는 결코 타자화된 자아가 아니라 주체적, 능동적, 적극적인 행위실천을 통해 자신을 형성시켜 나가는 역량이 있다. 교육은 외부의 힘에 의하여 만들어지는 것이 아니라 내부에 있는 능력이 밖으로 드러나는 과정이다(e(밖으로)+ducare(이끌어내다)의 구조). 학교교육은 이 점에서 이미 실패하고 있다. 학업성적이 뛰어난 학생, 좋은 대학에 입학한 학생이 성공한 것이 아니라 성적과 보상에서 자유롭고 스스로를 고독한 성장의 전사(戰士)로 만드는 학생이야말로 진정으로 성공한 학생이다. 그들의 심리적 속성은 다음과 같다.

- 타의가 아니라 자의에 의하여 성장한다.
- 자신에게 동기를 부여하는 방법을 잘 안다.
- 자신의 충동을 제어하는 힘이 있다.
- 참고 견디는 힘이 있다.
- 자신의 능력을 최대한 활용할 줄 안다.
- 자신의 생각을 행동으로 옮기는 용기가 있다.
- 결과물에 대한 방향감각이 있다.
- 주변시선이 아니라 자의에 의하여 선도적으로 행동한다.
- 예상되는 실패를 두려워하지 않는다.
- 주변의 공정한 비판에 대하여 열린 자세를 갖는다.
- 자기연민을 거부한다.
- 정서적, 물리적, 환경적 독립심을 중요시한다.
- 자신이 가진 자원을 적절히 배분하여 활용할 줄 안다.
- 만족의 순간을 기다리는 능력을 갖고 있다(만족지연능력).
- 나무와 숲을 동시에 보는 능력이 있다.

4) 성공습관

성공학과 리더십에 관한 글로벌 전문가인 스티븐 코비(S. Covey)는 성공하는 사람들의 7가지 습관(1989)을 이미 발표한 적이 있다. 후속작업으로 성공하는 사람들의 8번째 습관(2005)이 발표되어 현재에 이르고 있다. 7가지 습관을 요약하면 다음과 같다.

주도성: 자신의 삶을 스스로 주도하라. 상황 대응적이거나 수동적으로 삶을 살아가는 것은 의미없다. 능동적, 주체적, 주도적, 선도적으로 사는 모습이 삶을 성공으로 이끈다.

비저닝: 비전을 세우고 실천하라. 목표와 목적을 구분하여 무엇이 중요하고, 무엇이 우선되어야 하는가?에 대한 명료한 분석이 선행된 후 자신의 비전을 제시하고 행동할 때 성공이 현실로 다가온다.

우선성: 소중하고 필요한 것을 우선 실행하라. 급한 일의 함정에 빠져서는 안 된다. 급한 일과 귀한 일에는 분명히 차이가 있다. 급한 일도 중요하지만 소중한 일을 우선 실행하는 것이 성공의 지름길이다.

이타성: 나만 이기려고 하지 않고 공동의 승리를 추구하라. 자기 혼자만 승리하거나 성공하려는 태도는 공동체적 가치를 위협하고, 이때 이루어지는 성공은 가치나 의미를 잃게 된다. 혼자만 이기려는 경쟁은 결코 공정하지 않다.

소통성: 내가 남을 이해하려 하기 전에 나를 남에게 이해시켜라. 말하기보다 듣기에 힘을 쓸 때 성공의 가능성은 높아진다.

시너지: 협력하여 공동의 목표를 달성할 때 성공을 이룬다. 협력해서 서로의 힘과 마음을 공동으로 발휘할 때 성공의 가능성은 높아진다.

혁신성: 부단히 자신을 쇄신하라. 나무 베기에 정신이 팔려 톱날이 무디어지는 것을 의식하지 못하는 나무꾼의 어리석음을 교훈으로 삼아야 한다.

[그림]과 같이 기존의 성공을 위한 7가지 습관에 8번째 습관을 보강함으로써 내적 연결성과 상호유기성을 강화한 성공습관모형이 만들어졌다. 코비의 설명에 의하면 8번째 습관은 7가지 습관에 추가되는 항목이 아니라 잊혀졌던 습관이다. 8번째 습관의 목적은 새로운 지식노동자시대의 도전에 맞추어 7가지 습관을 3차원에서 적용하여 그 위력을 발휘하게 만드는 것이다. 8번

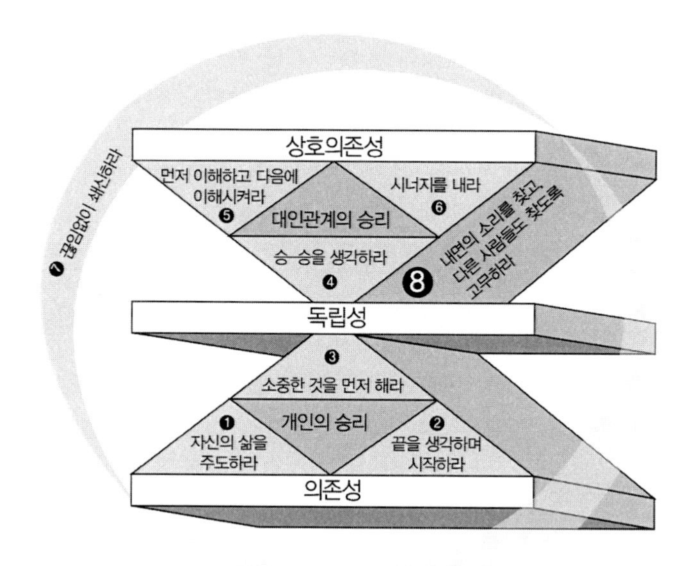

째 습관은 내면의 소리를 찾고, 다른 사람들도 그 소리를 찾도록 고무하는 것이다. 성공하는 사람들의 8번째 습관의 핵심은 'Grit, Trust, Empower'로 요약된다.

(1) 그릿(Grit)

인간에게 주어진 최고의 선물로, 이는 모든 사람에게 자신만의 강점이 주어진 것 그리고 자신의 강점에 따라 삶을 선택하는 자유의지가 부여되었다는 것을 전제로 한다. 자신에게 주어진 선물을 찾는 것도 중요하지만 남들도 그렇게 하도록 안내하는 것 역시 중요하다.

(2) 신뢰(Trust)

인간다운 삶은 타인에게 신뢰를 주고 타인으로부터 신뢰와 존중을 받는 좋은 인간관계 위에서 이루어진다. 필요한 것은 타인의 감정과 태도를 존중하고 실수에 대하여 너그럽게 용서하는 열린 자세와 마음이다. 다른 사람의 신뢰를 얻기 원한다면 우선 신뢰를 보여야 한다.

(3) 권한(Empower)

자신에게 주어진 신의 선물에 충실한 삶을 사는 것만큼 중요한 것은 타인도 그러한 삶을 살도록 지지하고 지원하는 것이다. 그 방법이야말로 타인에게 나의 권한을 위임하고 가치있는 경험을 통해서 서로 성장 혹은 성공하는 기회를 만들 수 있다. 공동체 안에서 다른 사람이 성장이나 성공하기를 원한다면 권한은 주되 간섭을 해서는 안 된다.

5) 탈무드형 성공습관

유대인들이 각 분야에서 최고가 되거나 성공할 수 있는 힘은 바로 탈무드형 인간형, 탈무드적 마인드셋(mind set)을 갖추고 있었기 때문이다. 탈무드형 인간, 탈무드 마인드셋은 성공을 보장한다. 그 조건은 다음과 같다(김옥림. 2010).

표 3 탈무드형 성공습관의 행동전략

가치	행동전략
배움	• 창의: 강한 정신과 창의적인 생각을 길러야 한다 • 낙관: 실패를 겁내지 않고 낙관적인 마음을 길러야 한다 • 학습: 배움을 소중히 여겨야 한다 • 도전: 대립을 두려워하지 않아야 한다 • 재미: 유머를 즐기는 사람이 되어야 한다 • 자존: 자신을 사랑하고 세상의 중심에 서야 한다
생각	• 상상: 풍부한 상상력을 기른다 • 긍정: 항상 긍정적으로 생각한다 • 자유: 자유로운 사고를 존중한다 • 개성: 자신만의 고유함(originality)을 갖는다 • 관계: 평등한 인간관계의 중요성을 믿는다 • 습관: 이기는 습관과 태도를 기른다 • 친화: 다른 사람들과 친하게 지내는 데 필요한 마인드를 기른다
행동	• 주도: 자신을 주도하는 사람만이 현명한 사람이다 • 독서: 책은 인생의 나침반이다 • 자제: 충동적인 행동은 자신을 망치게 만든다 • 논쟁: 자신감을 갖고 다른 사람들과 논쟁한다 • 지혜: 자신의 의지와 능력을 넘어서는 지혜를 갖춘다

가치	행동전략
배려	• 긍휼: 항상 베푸는 삶을 즐긴다 • 자아: 자신을 온전히 드러내는 자아실현을 추구한다 • 감사: 매사에 감사하는 습관을 기른다 • 배려: 진심으로 배려하는 마음을 기른다

6) 성공체질

성공학을 연구하는 중국의 수춘리(SuChunLi)는 빌 게이츠(B. Gates)의 언행을 바탕으로 기독교적 관점에서 성공하는 사람들이 갖추어야 할 특성을 정리하였고 이를 성공체질이라는 이름으로 정리하여 제시한 바 있다(나침반출판사편집팀(역), 2005)(이하는 그의 논의를 요약, 재구성한 것이다). 그는 빌 게이츠의 삶과 말이 청소년에게 주는 메시지들은 게이츠의 경험에서 나온 성공스토리인 동시에 그의 인생법칙은 인생의 지혜, 인류의 재산이라고 평가했다. 성공체질 메시지의 키워드는 '적응, 인격, 노력, 습관, 충실, 배움, 독립, 기회, 시간' 등으로 요약할 수 있다.

(1) 적응하는 힘

세상은 결코 공평하지 않다. 불공평한 세상을 탓하지 말고 피할 수 없다면 수용해야 한다. 불공평한 세상에서는 적응하는 자만이 살아남는다. 극한 경쟁사회에서 성공은 더 많은 성공을 야기하고 실패는 더 많은 실패를 가져온다. 이에 대하여 빌 게이츠는 다음과 같은 메시지를 던져 준다.

> "적극적인 마음자세를 갖고 자신의 능력을 발휘하면서 아울러 성공이 자신의 마땅한 권리라고 믿는다면 우리 안에 넘쳐나는 자신감으로 인해 이루고자 하는 목표를 달성할 수 있다. 이것이 마음자세(마음챙김)가 갖고 있는 위대한 힘이다."

적극적 사고는 그것을 굳게 믿는 상황에서 큰 효과를 발휘하고 때로는 기적 같은 상황을 만든다. 이를 위해 자신감과 사고과정을 연결시켜야 한다. 용감하고 대담하게 믿는 것, 이것이야말로 성공의 법칙이다. 적극적인 자세를 키우려면 노력, 믿음, 성실한 태도, 성공욕구를 갖고 있어야 한다. 이들과 함께 적극적인 사고를 활용한다면 누구든 반드시 성공에 다다른다. 적극적인 사고는 자신의 단점에 도전하는 계기를 자극한다. 또한 실망스러운 결과에 대하여 빠르게 회복하는 힘(회복탄력성)을 준다. 성공을 원한다면 세상이 원만하다는 생각은 버려야 한다.

(2) 인격을 갖추는 힘

성공은 운명의 장난감이 아니다. 개인의 노력이나 분발에 달려 있다. 성공한 사람들은 매우 강렬한 자아실현 욕구나 동기를 갖고 있다. 성공한 사람들의 강렬한 자아실현 욕구는 초월성이 짙은 동기이며, 역경을 헤쳐 나가는 거대한 힘을 제공한다. 성공은 일종의 내면적인 힘이며 사람의 잠재력은 알 수 없는 그 무엇이다. 성공은 열심히 분투하는 과정에서 이루어질 수 있다. 진정한 자아를 발견하거나 자아의 초월을 맛볼 수 있다면, 갖가지 역경을 극복하는 희열을 경험할 수 있다면, 인류발전에 공헌할 수 있다면, 후대를 위하여 더 많은 성공기회를 만들어낸다면 그는 분명히 성공한 것이다. 사람들은 누구나 이 과정에서 희망과 행복과 쾌감을 경험할 것이다. 결국 성공은 일종의 인생의 경지이기 때문이다. 이에 대하여 빌 게이츠는 다음과 같은 메시지를 던져 준다.

> "성공이란 한 사람 인격의 밑천이다. 다른 사람들은 당신의 품위가 지켜지고 채워지는 것에 관하여 상관하지 않는다. 성공은 인생의 가치를 재는 잣대이며 전 인류가 갖고 있는 자아실현의 욕구다. 성공은 삶을 변화시킬 뿐만 아니라 나아가 사람의 인격과 존엄을 유지하고 보호할 수도 있다."

성공은 결코 타인의 지지를 구하지 않는 데서 비롯된다. 성공은 쉽게 만족하지 않고 지속적으로 앞으로 나갈 때 다가온다. 자만심을 버릴 때 성공은 다가온다.

(3) 노력의 힘

성공은 적극적인 노력의 산물이다. 저절로 찾아오지 않는다. 어떤 사람은 기회를 생각하기만 하면 기회가 찾아 올 것이라고 착각한다. 학업에서, 사업에서 성공을 원한다면 무언가를 꾸준히 해야 한다. 열정적이고 지속적인 태도는 학업이나 직업에 대한 전문적인 식견을 선사한다. 성공한 사람들은 과감히 생각하고 행하기 때문에 성공한다. 과단성 있는 결정과 이를 바탕으로 하는 실천력은 성공의 조건이다. 성공한 사람은 공짜가 없다는 진리를 믿는다. 따라서 성공을 원한다면 반드시 행동이 있어야 한다. 한 사람의 행동은 다른 사람에게도 영향을 준다. 성공은 아이디어에서 시작된다. 그러나 아이디어만 있을 뿐 실천하지 않는다면 성공은 없다. 성공한 사람은 문제에 부딪히면 바로 움직여서 해결하고자 한다. 근심으로 시간을 허비하지 않는다.

성공한 사람은 자신의 역량을 집중하여 행동하며 흥미와 열의에 차서 문제해결 방법을 궁리한다. 성공은 말로만 하는 사람에게 다가서지 않으며, 성실하게 행동하는 사람과 친하다. 미루지 않는 습관은 성공자질이다. 성공경험을 보면 기초가 탄탄하다는 사실을 발견할 수 있다. 성공은 전심전력으로 최선을 다하는 과정에서 이루어진다. 성공과정에서 굳센 의지는 반드시 필요하다. 인내심을 가지고 끈기와 의지로 성공한 사람들이 결국 가장 아름답게 웃는 사람들이다. 우리는 성공한 사람의 이야기를 듣거나 그들의 삶을 모방하는 것으로도 성공할 수 있다. 이에 대하여 빌 게이츠는 다음과 같은 메시지를 던져 준다.

> "성공을 인생의 일부가 되게 한다면 우리는 어제의 이상을 오늘의 현실로 만들 수 있다. 행동이 결과를 가져오게 하려면 성공한 사람이 어떤 행동을 취했는지 알아야 한다. 해야 할 일을 스스로 맡아 모든 사람들에게 성공할 능력과 의지가 있음을 증명하는 것이 필요하다."

(4) 자기통제의 힘

남의 지적을 너그럽게 받아들이는 자세, 자신에게는 엄격함을 유지하는 태도, 스스로 반성하는 습관을 갖는 것은 성공에 필요한 자질이다. 특히 좋은 습관은 엄청난 능력을 만들 수 있다. 나쁜 습관은 과감히 버려야 한다. 좋은 습관을 뿌리면 좋은 성적을 거두게 마련이다. 이에 대하여 빌 게이츠는 다음과 같은 메시지를 던져 준다.

"네 가지 좋은 습관이 성공적인 인생을 만든다고 확신한다. 그 습관은 시간 엄수하기, 정확하게 일 하기, 끈기 있게 일 하기, 신속하게 일 하기 등이다."

(5) 충실함을 유지하는 힘

평범한 것이 큰일을 이루는 법이다. 비록 지금하고 있는 일이 사소하고 보잘것없을지라도 바로 그 일이 큰일을 이룬다는 사실을 잊지 않는 자세가 성공에 필요하다. 그러므로 큰 성공을 원한다면 작은 일부터 시작하고 작은 것에서 승부를 낼 줄 알아야 한다. 무엇이든 최선을 다하는 것은 빠르게 진보할 수 있도록 안내할 뿐만 아니라 장차 자신의 성격과 품행 그리고 자존감에 큰 영향을 미친다. 성공하고 싶은 사람은 이 점을 반드시 염두에 두어야 한다. 큰일이든 작은 일이든 매사에 충실해야 한다.

(6) 실패에서 배우는 힘

실수는 가장 좋은 교육이라는 점은 상식이다. 실수는 성장을 위한 교훈이 된다. 실패의 가치를 이용하는 사람이 성공한다. 잘못을 저질렀을 때 솔직히 인정하는 자세가 필요하다. 잘못으로부터 무언가를 배워야 한다. 성공한 사람들의 생애사(生涯史)를 보면 인생은 순탄하지 않다. 성공이란 하나의 실패에서 다른 실패로 이행하는 것으로, 시종일관 믿음을 상실하지 않는 능력이다. 성공은 가난한 선생이다. 성공이 우리에게 가르쳐 주는 것은 극히 빈약하다. 그러나 실패가 우리에게 가르쳐 주는 것은 아주 풍성하다. 실수와 실패를 두려워해서는 안 된다. 실패 없이 성공한 사람은 없다.

(7) 자립하는 힘

남에게 의지하는 생활방식이 성공을 담보하는 것은 모순이다. 성공한 사람들의 고백에 의하면, 남에게 의지하는 습관을 물리치는 것은 자신의 능력에 대한 큰 시험이다. 남에게 의지하는 것은 남에게 나의 삶을 의탁하는 것이다. 또한 성공을 위한 큰일을 해내는 주도권을 남에게 양도하는 셈이다. 성공한 사람들은 스스로 자기 주위의 목발을 모두 던져버리고 자신만을 의지할 때 성공을 거머쥔다. 자립은 성공의 지름길이다.

목발을 버리는 것은 자신을 믿는다는 것이며, 성장의 도전 속으로 걸어간다는 것을 의미한다. 남에게 의지하려는 마음을 떨쳐 버리면 결단은 자연히 강하게 설 수 있을 것이며, 비로소 성공의 길을 걷게 된다. 의지하는 마음을 버리면 자립심이 커지기에, 자유로움을 향해 나아갈 수 있고 성공이라는 목표에 다가갈 수 있다. 남에게 기대려는 마음을 통제하고 난 후에야 우리는 삶의 목표를 찾을 수 있다. 삶의 방향을 찾아 자기 자신을 의지해야 무슨 일을 하든 성공을 얻는다. 자신에게 의지해서 얻는 성공이 진정한 성공이다. 성공을 원한다면 감정의 독립과 자신의 결정권을 행사하는 것에 신경을 기울여야 한다. 성공과 성취는 전적으로 자신이 결정하는 데 달려 있다. 독립심, 자립심, 자결권 등은 우리의 품격과 아름다움이며 자신의 산물이다.

(8) 기회활용의 힘

좋은 기회는 위대한 재산이다. 하나하나의 좋은 기회가 모두 한 몫의 거대자산이다. 세심한 마음으로 기회를 포착해야 한다. 기회를 성공으로 전환시켜야 한다. 기회는 바로 옆에 있다. 성공의 기회는 무한하다. 그러나 성공을 갈구하는 사람들에게는 기회의 양보다 질이 더 중요하다. 유효한 기회를 최대로 활용해서 역량을 집중시킴으로써 성공을 얻어야 한다. 많은 사람들이 성공할 수 있는 기회를 상실한다. 판단력이 없는 사람은 종종 어떤 일을 시작조차 하지 못한다. 설령 이들에게 기회가 주어지더라도 이들은 성공을 맛보지 못한다. 성공한 사람이 되기 위해서는 기회를 만났을 때 즉각 결단을 내릴 수 있는 능력과 기회를 장악할 수 있는 능력이 필요하다. 기회가 없으면 만들면 된다. 기회의 장악은 우세한 세력으로 한 걸음 한 걸음 발을 들여놓는 과정이다. 성공한 사람의 일생을 보면 모두 기회를 창조하고 그것의 효능을 충분히 이용했다.

(9) 시간을 지배하는 힘

성공적인 시간관리는 모든 성공의 제일원칙이다. 성공을 원한다면 해야 할 일을 미루는 습관을 버려야 한다. 해야 할 일은 당장 실행해야 한다. 시간관리를 잘 하는 사람이 되기 위해서 해야 할 일을 미루도록 만드는 자유, 의지, 기회, 능력, 시간 등 모든 것을 가장 무서운 적으로 삼아야 한다. 해야 한다면 바로 해야 한다는 진리가 성공을 위한 가장 적절한 조언이다. 시간낭비는 인생 최대의 실수다. 오늘을 놓치지 말아야 한다. 쉬는 시간을 현명하게 활용해야 한다. 성공은 시간을 지배하는 사람의 몫이다. 이에 대하여 빌 게이츠는 다음과 같은 묵직한 메시지를 우리에게 던져 준다.

> "작은 공구(工具) 하나에 얽매어 일생을 보내는 공인(工人)은 결코 생애에서 큰 성공을 거둘 수 없다."

2. 대학에서의 학생성공 담론

1) 국내대학

문화보편적으로 모든 학교교육은 기관계 관점(공여자 중심)의 방식과 내용으로 이루어졌다. 그러나 급격한 근대화, 산업화시대를 거치면서 고도경제 성장을 이룩하는 동시에 산업계 관점의 교육(혹은 맞춤형 교육)이라는 생경한 용어가 등장하였다. 현재는 이러한 기관계/산업계 관점 교육생태계가 학교교육을 지배하고 있는 실정이다. 그러나 고도과학기술기반 사회생태계에 유연하고 능동적으로 적응하는 인재양성을 위한 교육생태계의 현실은 최악의 수준임도 솔직히 고백해야 한다.

이러한 경향 속에서 등장한 것이 바로 '대학성공' 혹은 '학생성공'에 대한 인식론과 체계적인 연구 동향이다. 이는 정부 정책이나 대학 학사시스템, 교수 입장이 아니라 학생의 요구, 흥미, 능력, 경험 등을 기반으로 하는 학습생태계 및 대학생활 환경이 갖추어질 필요가 있음을 파악한 결과다. 우리나라에서 학생성공에 대한 관심이 대중적으로 확장된 것은 성균관대학교 배상훈 교수의 지속적인 관심 및 연구와 <학생성공센터>건립 노력을 통해서였다. 동시에 연세대학교 민경찬 교수가 『대학신문』에 기고한 글도 한 몫 하였다.

“최근 주목받는 것이 학생성공이다. 대학총장들의 취임사에 등장하고 대학 비전과 중장기발전계획에 포함시킨 대학도 많다. 학생성공이 수사(修辭)에 그쳐서는 안 된다. 특히, 취업에 국한해서 협소하게 해석하는 것을 경계해야 한다. 성균관대 연구팀이 대학생 100명을 대상으로 조사한 결과에 따르면 학생들이 생각하는 성공요소에는 높은 학점과 취업 외에 다양한 캠퍼스 활동과 경험, 깊은 인간관계, 꿈과 진로설계, 세계를 바라보는 눈과 가치관의 성숙이 포함되었다. 학생들은 결과 못지않게 과정을 중시했고, 수업 외에 다양한 활동과 경험을 원했다. 지식함양은 물론 내면적 성숙도 필요하다고 했다. 4차 산업혁명 시대를 맞아 학생들은 성공의 길이 무언지 잘 알고 있다. 이제 남은 것은 대학이 이들을 어떻게 지원해야 하는 문제다. 학생성공은 대학이 존재하는 이유다. 지속가능한 발전을 위한 전제이기도 하다.”(배상훈. “학생성공 시대가 열리다.” 교수신문. 2019년 2월 19일자)

“대학은 학생들에게 무엇을 의미할까? 교수에게 학생들은 어떤 의미일까? 교수는 대개 학기당 6학점 강의를 책임지고, 학생은 매학기 등록금을 내며 학위증을 얻기 위한 이수학점을 채워나간다. 대학들은 시대적, 사회적 요구에 부응하려고 새로운 역량을 찾아내고, 이를 담아갈 수 있는 다양한 프로그램을 도입하기도 한다. 문제는 교수가 학생들에게 무엇을 담아주고 있느냐?이다. 예를 들어 창의력과 학점은 어떤 관계가 있는가? 새롭게 개설된 교과목은 AI시대에 요구되는 데이터 및 기술 활용능력, 비판적 사고력, 시스템 사고력, 기업가 정신, 문화적 감수성 등을 실제로 키우는 것인가? 자신감을 제대로 심어주고 있는가? 학생 개인의 삶에 대한 목적과 가치를 세우도록 돕고 있는가? 모든 학생이 성공해야 한다. 학생성공이란 학생마다 자신의 가치를 최대로 높이도록 성장시키는 일이다. 이는 결과적으로 우리 국가, 인류의 행복과 발전에 기여하도록 하는 일이어야 하며, 교수들도 여기서 보람을 찾아야 한다. 학생성공이 바로 교수성공인 것이다. 이는 교수가 한 학생의 삶에 대한 진정어린 관심과 깊은 애정, 책임의식을 가질 때 이루어진다. 학생들은 자신의 잠재역량도 그 가치를 극대화시켜 나가는 방법을 잘 모른다. 대학은 바로 여기에 정책의 초점을 맞추어야 하며, 교수가 학생을 도울 수 있는 방법을 찾도록 여러 방식으로 적극 도와주어야 한다. 기존산업은 물론 벤처, 중견기업들과 소통하며, 학생들에게 요구되는 역량과 태도 등을 확인하고, 학습현장에 실질적으로 반영하도록 체크해 나가야 한다. 물론 대학별 인재상의 틀과 연계시켜 나가야 한다. 교수는 학생에게 어떤 역량과 태도를 담도록 훈련해야 할지 명확하게 일러주어야 한다. 그리고 교육과정에서 이러한 요소들이 잘 담겨지도록 섬세하게 수업을 설계하고 실행해 나가야 한다. 교수와 학생의 성공은 바로 여기서 출발한다. 대학은 이러한 교수들의 노력을 업적으로 적극 인정해 주어야 한다."(민경찬. "교수성공, 학생성공…… 학생성공이 교수성공이다." 교수신문. 2019년 3월 5일자)

대학차원에서 학생성공이란 무엇이며 대학성공과 어떤 의미차가 있는가? 우선 학생성공에 대한 교수의 인식사례를 적시(摘示)하면 다음과 같다. "학생 모두 저마다 꿈과 희망을 갖고 다양한 캠퍼스 활동을 하면서, 지적, 정서적으로 성장하여 우리사회의 발전과 번영에도 기여하는 인재가 되는 것이 바로 학생성공이다. 학생성공센터는 학생을 맞이하는 첫 번째 상담기관으로 교내 관련부서로의 연계를 위한 게이트웨이 기능을 담당하여 유관기간 간 유기적이고 전략적인 연계를 통해 효율성을 제고하는 허브 역할을 한다."(성균관대학교 학생성공센터 홈페이지 센터 소개 및 센터장 인사말 중에서)

일반적으로 대학생들의 재학기간 동안 이루어지는 수행성취(학업뿐만 아니라)나 각종 성과를 '대학성공'으로 표현하는 학자나 기관(Sherfield Robert M. ; McPherson Michael & Schapiro Morton Qwen ; Roth Bob ; Lynn F. Jacobs & Jeremy S. Hyman ; Rosenbaum James E., Deil－amen Regina & Person An ; NASE(National Academies of Science & Engineering) ; Leonard Enid ; Lynn F. Jacobs ; Staley Constance ; Robertson Heather ; Renn Diana ; S.L. Nist & J.P. Holschuh ; Hopper Jane N. ; Dembo Myron H. & Seli Helena ; Silerman Naomi & Kica Eri ; Simpson Cynthia G. ; Smith Laurence N. & Walter Ti ; Robinson ; Shaw Stan F. ; Vanderstoep Scott W. & Pintrich Paul R. 등)도 있고, '학생성공'으로 표현하는 학자나 기관(Kuh George D. ; Jensen Eric ; Padailla Raymond V. ; Bresciani Marilee J. ; Hardy Cox Donna ; Nan L. Maxwell & Ann E. Person ; Deborah J. Boroch ; Butler Helen & Sharm ; Deporter Bobbi, Reardon Mark & Singer－Nourie Sar ; Kirby Edwena ; Castleman Benjamin, Schwartz Saul & Baum Sandy ; Gary L. Kramer ;

Walter ; Ness Judy ; Larson Ron ; Fairchild Tierney ; Stone & Dahir ; Yorke Mantz & Longden Bernard ; Kramer Gary L. ; Anne-Marie N. ; Carol A. Yomlinson ; Evenbeck Scott E. ; Parson Beverly A. & Wiggins Grant ; Cornelius-White Jeffrey H.D. ; Templeton Beth Lindsay ; Museus Samuel D. ; Louise Tamblin Pat Ward ; Anderson Debra J. ; P.J. Caposey & Todd Whitaker ; Ooten Cheryl ; Gloria Crisp & Deryl K. Hatch ; Buchholz Susan ; Farmer Lesley S.J. 등)이 있다.

'학생성공'이란 용어는 초·중등은 물론 대학교에 재학하는 모든 학생들을 지칭하는 것으로 오해될 수 있는데, 특히 대학의 경우 대학생들의 성공적인 학교생활이라는 측면에서 대학성공으로 의미규정을 하는 것이 타당할 경우가 많다. 이에 대한 근거는 다음과 같다. 즉, 미국에서는 2013년 학생성공지원법(Student Success Act)을 제정하였는데, 이는 주로 초·중등학교 학생들에 대한 성공적인 학교생활 지원 전반을 다루고 있다. 따라서 학생성공의 범위를 대학으로 제한하기 위한 연구의 경우에는 대학성공으로 표현하는 것이 적확(的確)하다고 본다.

우리나라에서는 2019년 성균관대학에서 우리나라 최초로 학생성공센터를 개소하여 운용하고 있다. 센터장 배상훈 교수는 '미국대학의 경우 입학하는 학생들의 유형이 매우 다양하다. 이러한 학생들의 니즈에 대응하여 대학이 대응해야 한다. 이들을 케어(care)하는 행정적 유닛이 필요하다. 학생성공센터가 존재하는 이유다.'라고 하여 교육의 다양성 측면을 지적하고 있다. 그는 우리나라에서 학생성공센터의 도입 및 운용을 고려할 때 '학업, 심화학습, 취업 및 창업, 글로벌, 건강, 심리, 인권 등과 관련된 대학 내 각종 부처와 센터들이 있는데 담당자들이 모여 유관기관 간 유기적이고 전략적인 연계를 하는 것이 필요하다. 따라서 대학에 산재되어 있는 많은 학생지원 서비스를 필요한 학생과 연결시켜 주는 게이트웨이가 되어야 한다.'고 지적하고 있다. 이것이 바로 학생계 관점의 대학교육 생태계의 핵심이다. 즉, 학생의 요구(니즈), 학생의 경험(흥미와 호기심), 학생의 진로나 취업 등에 대한 범교(汎校) 차원의 체계적인 조사와 시스템화를 통하여 성공적인 대학 교내외 생활을 지원하고 촉진하는 기능이 대학이 추구할 본질이다.

2) 미국의 대학

미국에서는 각 급 학교 모든 학생들의 학업성공 및 졸업을 지원하기 위한 NCLB(No Child Left Back) ACT(2002)를 제정한 바 있다. 이를 수정 보완하여 Student Success Act(2013)가 만들어졌다.

• • •

1990년대 미국 연방정부와 주정부 당국들은 일반교육과정 중퇴자와 학생들의 현저히 하락된 학업성취도에 대해 염려하였다. 2001년에 학교교육 혁신을 선언하면서 들어선 부시 행정부는 1965년 제정된 초·중등 교육법(ESEA: Elementary and Secondary Education Act)의 개정을 단행하였다. ESEA의 한 부분으로 시작되었던 NCLB Title 1사업은 공화당의 전폭적인 지지받으면서 이듬해인 2002년 국회에서 통과되어 아동낙오방지법안(NCLB)이 되었다. 아동낙오방지법은 2002년 1월 8일 해밀턴 고등학교 체육관에서 대통령이 이 법안에 대해 공식적으로 서명함으로써 유치원에서 고등학교까지 이르는 미국 공교육에 대한 연방 교육법이 되었다. 2006년까지 3학년에서 8학년까지 모든 학생들과 고등학생들을 대상으로 읽기와 수학시험을 1회 실시, 2008년까지는 모든 학생들을 대상으로 최소 1회 과학 시험을 실시해야한다. 시험 결과, 인종, 경제력, 특수교육, 영어능숙도 등 여러 기준에 따른 하위그룹이 연간 적정 향상도(AYP: Adequate Yearly Progress)를 달성하지 못하면 해당 학교는 연방정부의 재정지원 삭감 등과 같은 제재를 받게 된다. 연방정부의 재정지원을 받지 못하면, 학교는 교사나 직원 수를 줄이고 학급 규모를 늘려야 하며, 학생들과 교사들에게 종이나 교과서, 계산기와 같은 물적 자원의 사용을 자제하도록 요구된다. 3년 연속 연간적정 향상도를 달성하지 못하는 학교에서 모든 교사는 해고될 수 있으며, 학교는 주나 사기업의 통제 하에서 재조직하게 된다. 아동낙오방지법에서 하위그룹의 모든 학생들은 1990년까지 40% 능숙도를 달성해야 하며 그렇지 않을 경우 역시 제재를 받게 된다. 아동낙오방지법의 주요 목적은 각 주가 지정한 성취기준을 만족시켜야 하는 모든 학생들을 보호하기 위함이다. 이 법은 영어가 모국어가 아닌 학생과 장애를 가진 학생들을 포함한 모든 학생들이 주 정부 평가 법에 따라 평가받을 것을 요구한다. 또한 모든 학생들에게 3단계까지 읽기 능력을 숙달해야 하며 영어가 모국어가 아닌 학생들은 영어에 능숙해질 것을 요구한다. 또한 모든 학생들은 수준 높은 교사에게 교육받을 것이며, 그 결과 중도탈락자 없이 모두 고등학교를 졸업할 것을 요구받는다. 그러나 특수교육에서 바라보는 문제점이 대두되었다. 학교와 교사들은 각 주가 규정한 성취기준을 만족시켜야 하기 때문에 평가가 매우 중요해지고 그에 따라 목표달성을 위한 교육을 강조하게 된다. 그에 따라 발생하는 문제는 다음과 같다. 성취도를 중시하기 때문에 성취도가 낮고, 또한 성취도에 한계가 있는 장애아동들을 위한 교육서비스를 제공하는 데 소홀해진다. 장애아동 역시 일반교육과정에 의한 성취도평가를 치르기 때문에 성취도 평가에서 대부분 낮은 점수를 기록하게 되는 장애아동은 평가 과정에서 제외되기 쉽다. 위의 두 번째 문제를 해결하기 위해 새로운 평가방식을 도입하거나 또는 수정된 평가 항목을 사용해야 하는 문제가 발생한다. 또한 일괄평가가 아니라 수정된 평가항목을 사용한다면 어느 수준까지 수정을 해야 하는지에 관한 문제가 있다. 아동낙오방지법 하에서 하위그룹의 모든 학생들은 2014년까지 100% 능숙도를 달성해야 하며 그렇지 않을 경우 역시 제재를 받게 된다. 하지만 지적능력에 문제가 있는 장애아동의 경우, 일반교육과정을 따라가는 데 한계가 있으며 여기에 따라가지 못하는 대다수의 장애아동들은 지속적으로 연간적정 향상도에 통과하지 못하게 되고 계속적으로 제재를 받게 된다. 즉, 아동낙오방지법은 일반아동과 동일한 성취목표를 달성하기 어려운 장애아동에게 그 목표를 달성하라고 요구하는 문제점을 지니고 있다. 문제점을 요약해 보면 교육적 진보는 어떻게 평가되어야 하는지, 장애아동이 학교와 교사의 관심에서 제외될 수 있다는 문제점과 평가를 시행할 시 장애아동을 위한 평가항목의 특별한 조정이 필요한지, 수정은 어느 선까지 이루어져야 하는지, 성취목표가 장애에 상관없이 모든 학생들에게 적용될 수 있는 것인지 등에 대한 여러 가지 문제점들이 존재한다.

출처: 위키백과, NCLB(2021. 03. 31)

• • •

The Student Success Act is a bill that was introduced into the United States House of Representatives during the 113th Congress. The bill deals with education policy and would alter parts of both the Elementary and Secondary Education Act and the No Child Left Behind Act. The Student Success Act passed in a House vote of 221-207 on July 19, 2013. The No Child Left Behind Act of 2001 had specific requirements for schools to pass increasingly high standards on state tests. The Obama administration waived some of the requirements of the NCLB. Republicans argued that waivers are only a temporary fix, thus the necessity of a reform bill. They also criticized these waivers, arguing that the Obama Administration was using them to control the states. It was sponsored by House Education and the Workforce

Committee Chairman John Kline and Subcommittee on Early Childhood, Elementary and Secondary Education Chairman Todd Rokita. The Student Success Act would end more than 70 federal education programs and the federal government's metrics for measuring school performance. The bill gives individual states more control over their own education systems. The bill promotes charter schools. An amendment to the bill would forbid the federal government from imposing additional requirements on the states unless those requirements are specifically authorized by law. Elimination of federal mandated actions and interventions currently required of poor performing schools. Allow Title I schools to receive funds to promote the academic achievement of students in need. The bill waives State rights for any state approving the grant program. The state must comply with any requirement. This nullifies school board and parental rights as well.

출처: 다음백과, Student Success Act

Student Success

Every student learns in his or her own way.

Ontario's high schools are working with communities, employers, colleges, universities and training centres to offer more ways than ever to help students focus on their interests and support their learning.

This means meeting the needs, interests and strengths of all students, engaging them in learning and better preparing them for graduation and beyond.

See what your child needs to graduate from high school in Ontario.

Find out about the expanded programs and new courses now more widely available.

Specialist High Skills Majors

Bundles of 8-10 courses that allow students to focus their learning on a specific economic sector while getting their high school diploma.

Cooperative Education

A program that combines classroom and workplace learning. Students can earn two co-op credits towards their compulsory diploma requirements, with no limit on earning optional co-op credits.

Dual Credit Programs

Students have more opportunities than ever to earn credits that count towards both their high school diploma and a college diploma or apprenticeship certification.

Learn about other initiatives now in place to support your child's learning and engagement in school.

Transitions	Student Engagement	Student Success Teams

Education and career/life planning, orientation programs and extra help for students as they move from grade to grade and school to school.	Students now have the voice and influence to positively change their school environment, become more involved in the life of the school and achieve their goals.	At each school, a dedicated team with a principal, teachers and a guidance counsellor provides extra attention and support for individual students.

출처: 온타리오고등학교 홈페이지(2021. 03. 31)

이는 대부분 미국 내 초·중등교육의 교육환경 및 학업수준 개선에 초점을 맞추고 있다. 그럼에도 불구하고 학생성공이라는 말이 국가단위에서 공적으로 사용된 사례가 된다. 고등교육 차원의 학생성공센터는 미국의 많은 대학들에서 가장 활발하게 운용되고 있다.

USC의 학생성공센터(Student Success Center)는 학생의 학습활동을 지원하고 학위취득을 우선으로 한다. 이를 위하여 수업, 수업 외 재정 부문에 대한 다양한 지원 프로그램을 운영하고 있다. 이외에도 소수그룹인 교환학생과 군인학생을 비롯해 교직원과 학부모에 대한 지원도 담당하고 있다.

버지니아텍의 학생성공센터(Student Success Center)는 학생들이 자신의 목표와 성공을 위한 길을 스스로 개척해 자기주도적 평생학습자로 발전해 나가는 것을 추구한다. 여기에서 튜터링 프로그램, 학술성공 세미나 시리즈, 동료 학술코칭, 학술회복 프로그램 등을 통한 전체학습뿐만 아니라 소수학생에 대한 지원, 다른 문화체험활동 등 타인을 이해하고 수용할 수 있는 프로그램도 다수 운용하는 것이 특징이다.

존스홉킨스대의 학생성공센터(Student Success Center)는 단순한 대학생활 경험 이상을 제공한다. 구체적으로 학생들이 학업수행을 성공하면서 개인의 성장과 발전을 도모할 수 있도록 지적, 사회적 정서(감성)적 측면에서 적극적인 역할을 한다. 특히 학생의 잠재력과 역량을 극대화할 수 있는 환경을 제공하는 데 도움을 준다.

네바다주립대 학생성공센터(Center for Student Engagement)는 민주주의 사회의 시민으로서 시민윤리를 배우고 자발적으로 지역사회에 참여하는 학생이 되는 것을 학생성공으로 규정하고 있다. 센터의 기능도 이러한 점과 연결된다. 직접적인 학습지원보다 학생들이 지역사회와 활발하게 교류할 수 있도록 제반 행정지원이 이루어진다. 또한 affirmative action 차원에서 재정적으로 어려움이 있는 학생들을 위한 각종 지원체계가 운용되고 있다. 학생들이 준법정신을 함양할 수 있도록 지역사회 문제들을 활용해 법정사례 교육도 실시한다.

조지워싱턴대의 학생성공센터(Center for Student Engagement)는 학생들이 경험을 변화시키고, 활동적인 국제시민과 리더가 되도록 지원하는 중추적인 역할을 한다. 특히, 학생이 공동체에서 어떤 역할을 담당할지에 초점을 두고 프로그램과 각종 행사가 운용되고 있다. 주요프로그램은 지도성, 자문 및 조언, 시민의식 배양 등이 있다. 주요행사로 신입생 대상 프로그램, 가족참여 프로그램과 이벤트, 교직원의 학생들에 대한 정서 교감 프로그램, 우수학생과 교원에 대한 포상 등이 있다.

UT(테네시대학)의 학생성공센터(Center for Student Engagement)는 학생들의 캠퍼스생활을 담당하는 부서 중 하나로, 각 부서들은 학생들의 대학생활과 학습을 위해 매력적이고 성공적인 캠퍼스 분위기를 조성하기 위해 노력한다. 근본적으로 학생들의 대학생활 질을 개선하는 것을 각 캠퍼스의 공동목표로 삼는다. 캠퍼스 공동체를 육성하여 학생들의 학습수행 역량을 향상시키고 학생들이 글로벌 커뮤니티로서 성공할 수 있도록 지원한다. 주목할 점은 다양한 학생조직을 운영하면서 전폭적으로 교육하고 지원한다는 점이다. 학생성공센터 산하에는 500여 개가 넘는 학생단체가 등록되어 있고 센터에서는 동아리 리더들을 대상으로 리더십, 펀딩, 정책 기획 등 여러 형태의 워크샵을 개최한다. 또한 학생조직 활성화를 위하여 센터에서 운용하는 별도의 학생조직 간 커뮤니케이션 채널을 관리하기도 한다. 이 밖에도 예술, 문화, 정치, 엔터테인먼트 등 다채로운 주제로 캠퍼스 행사를 열어 학생들에게 의미 있고 기억에 남는 경험들을 제공한다(대학신문. “학생중심 교육실천에 방점…… 학생의 성공적인 대학생활 및 사회진출 돕는다.” 2019. 4. 22일자).

• • •

The James Madison University Student Success Center is a place that offers assistance, programs, services, and resources for students of James Madison University. The center is located at the corner of Grace Street and Mason Street and opened in the early fall of 2014. The center offers over twenty student services along with its own dining facility. It remains open seven days a week in order to allow students to achieve their academic goals and other needs. The idea of a Student Success Center began to be developed around 1998 when former president of the university Dr. Linwood Rose asked a team of faculty to look into how student success could be enhanced and developed further. He wanted every student to experience academic and personal success at James Madison. The ideas and plans became a reality when the university bought the former Rockingham Memorial Hospital building. George Nasis (Vice President of the project), Bradely Lockwood (Project Architect), Bryna Dunn (Director of Sustainability Planning and design for the project) and other team members of Moseley Architecture designed and planned renovation of the building. The 250,000 square feet building's estimated cost of construction and fitting was $77,499,905. In the spring of 2013, the Virginia General Assembly's 2013-14 budget amendments could have added $2.7 million to the university's budget for the construction of the center. The original name for the Student Success Center was the Student Health and Success Center (SHSC). The building opened on September 19, 2014. Former university presidents Carrier and Rose attended the ceremony. During the ceremony Dr. Warner, Senior Vice President of Student Affairs, explained how Carrier's dream started the project and how Rose's development furthered the plan by developing the Service Center and Learning Centers. President Alger closed the ceremony by reflecting on the space and shared his thoughts on the potential positive outcomes that the building could provide for the James Madison Community. This Student Success Center incorporates academic services, health services, dining services, and a social atmosphere in one building. All of the seats are purple and gold, the university's colors. In the words of Randy Mitchell, Associate Vice President of Student Success, "The Student Success Center at JMU is unique; no other facility in U.S. higher education to our knowledge has gone so far in combining so many student health, student learning and student services in one complex," Mitchell said. "...The best way for students to understand the Student Success Center is to come and explore it." The Student Success Center provides many services to the students. Before construction of the center, the services were available in multiple locations on campus. Centralized services at the center increases convenience to students and makes collaboration between departments easier. There are over twenty services in the Center including Learning Centers, Disability Services, Community Service-Learning, Judicial Affairs, Orientation, Career and Academic Planning, Counseling, University Health Center, Information Technology Services, University Business Office, Office of Financial Aid and Scholarship, and the Office of the Registrar. The University Health Center utilizes two floors of the building. The first floor has a walk-in clinic for students with urgent needs. Observation rooms are equipped with IVs, stretchers, and a computer record system to keep track of patients medical history. The second floor has Student Wellness and Outreach programs. The rooms and decorations were decorated with the hopes of creating a peacefully and healing environment for the patients. The Career and Academic Planning Center, located on the third floor, provides assistance with interviewing, resume reviews, and academic advise. Also on the third floor is the Counseling Center which offers a variety of types of counseling, crisis assistance, workshops, treatment programs, and more outreach programs. The Information Technology Help Desk is located on the fourth floor where students having difficulties with their computing devices or services can find assistance. The EPIC Center is also on the fourth floor, where EPIC stands for Enhancing Pedagogy through Innovative Classrooms. The EPIC Center is home to the university's eight newest and most innovative classrooms. These rooms "feature wall-to-wall writable whiteboard surfaces, multiple projection points, movable teaching station, and flexible furniture" On the fifth floor, the Financial Aid and Scholarships center helps students handle their finances and provides information on employment opportunities. The office of Registrar and the University Business Office are also located on this floor.

출처: 다음백과, student success

이상에서 살펴본 미국의 많은 대학들에서 운용되는 학생성공센터의 역할을 요약하면 다음과 같다. 첫째, 대학생활에 잘 적응하고 학업성공을 이룰 수 있도록 입체적으로 지원하는 것이다. 학업지원은 미국대학들의 학생성공센터

기능 중 가장 중요한 비중을 차지한다. 둘째, 대학생활 지원의 경우 학사일정, 기숙사, 재정 지원 등 영역별 지원이 세분화되어 있다. 셋째, 신입생, 편입생, 외국인유학생, 스포츠 특기생, 대학원생 등 특정그룹 지원에도 세심한 관심을 기울인다. 넷째, 진로 및 취업 지원을 통해 적기에 졸업할 수 있도록 다양한 도움을 제공한다. 동시에 중도탈락을 방지하기 위한 노력도 이루어진다. 결론적으로 '대학들마다 학생성공센터를 설립, 운용하는 근본적인 교육학적 의미는 학생들로 하여금 대학성공을 바탕으로 평생 성장할 수 있는 역량을 갖추도록 의미 있는 경험을 제공한다'는 것이다.

3. 대학에서의 학생성공 전략

미국 조지아대학 학생지원센터 소속의 교수 및 책임자인 니스트와 홀슈어(S.L. Nist & J.P. Holschuh)는 『College Success Strategies』(2003)라는 저서를 통해 미국 대학생들의 성공적인 학교생활을 가능하게 만드는 구체적인 전략들을 제시한 바 있다(저서에서 다룬 주요내용을 요약하면 다음과 같다). 대학은 고등학교 시절과 다르다. 아래에서 비교한 내용과 같이 대학생활은 시간적 여유와 운용의 자율성, 독립성이 높아지고 동시에 자신의 행위에 대한 책무성도 크게 증가된다(S.L. Nist·J.P. Holschuh, 2003: 8－9).

표 4 고등학교 생활과 대학생활 비교

비교 준거	고등학교	대학교
독립성	비교적 낮음	보다 높아진 독립생활이 요구됨
일상생활 속도	일정한 패턴이 있음	매우 분주해짐
비판적 사고수준	비교적 낮은 수준	매우 높은 수준
안전망	교사의존도 높음	교수의존도 낮음
학습형태	제한적이고 산발적임	광범위하고 효율성이 요구됨
평 가	다수의 기회 보장됨	제한된 기회만 허용됨
책무성	타인에 귀인시킴	자신에 귀인시킴
익명성	개인정보 관련 적음	다양한 사회참여에서 높음
주도성 및 활동성	비교적 낮음	매우 높아짐

그들이 제안하는 성공적인 대학생활을 위하여 준비하거나 실천해야 할 구체적인 전략요소들을 단순한 매트릭스로 재구성하면 다음과 같다.

표 5 대학생의 학생성공 전략 체계

<table>
<tr><th>구 분</th><th>하위분류</th><th>구체적인 행동전략</th></tr>
<tr><td rowspan="3">현실직시</td><td>현재의 나
이해하기</td><td>• 고등학교시절과 어떻게 다른가? 이해하기
• 당장의 대학생활이 본인에게 어떤 변화를 야기할 것인가? 이해하기</td></tr>
<tr><td>액티브 러닝
이해하기</td><td>• 액티브 러너의 특성 파악하기
• 액티브 러닝의 장점과 단점 파악하기
• 액티브 러닝에 영향을 미치는 네 가지 요소 파악하기
• 액티브 러닝의 전일적 요소 파악하기</td></tr>
<tr><td>학습법</td><td>• 기억이론과 활용법
• 기억증진법
• 학습유형의 역할들
• 감각학습법</td></tr>
<tr><td rowspan="2">학습전략</td><td>자기관리
및
시간관리</td><td>• 자기를 관리하는 방법 수립하기
• 효율적으로 시간을 관리하는 방법 수립하기
<table>
<tr><th>적절한 시간활용</th><th>부적절한 시간활용</th></tr>
<tr><td>각성된 순간에 학습에 몰입하여 학습효율성이 높음</td><td>늦은 저녁이나 극도로 지친 상황에서도 학습을 수행함</td></tr>
<tr><td>주로 주간에 학습을 수행함</td><td>시험을 앞두고 야간에 공부함</td></tr>
<tr><td>조직적인 학습시간표를 작성, 활용함</td><td>학습 스케줄이 거의 없음</td></tr>
<tr><td>수업 전과 시험 전에 주요내용을 꼼꼼하게 읽음</td><td>시험 전날 저녁에 필요한 것만 골라서 읽음</td></tr>
<tr><td>학습과제의 우선순위를 중요시함</td><td>시간 나는 대로, 마음 내키는 대로 공부함</td></tr>
<tr><td>해야 할 일들의 목록을 작성, 활용하여 수행성과가 높음</td><td>목록 작성을 하지 않아 할 일을 숙지하지 못하고, 할 일을 미루기 때문에 미(未)수행 과제가 많음</td></tr>
<tr><td>효율적인 학습을 위하여 시간을 설정하여 수행함</td><td>현명한 시간관리가 이루어지지 않음</td></tr>
</table>
• 적절한 타임 스케줄 활용하기
• 중간고사 및 기말고사 대비하기</td></tr>
<tr><td>학습에너지</td><td>• 학습동기 유발하기
• 목표설정을 통한 동기화 부여하기
• 학교생활에 대한 태도와 흥미 전환하기</td></tr>
</table>

<table>
<tr><th>구 분</th><th>하위분류</th><th>구체적인 행동전략</th></tr>
<tr><td></td><td></td><td> 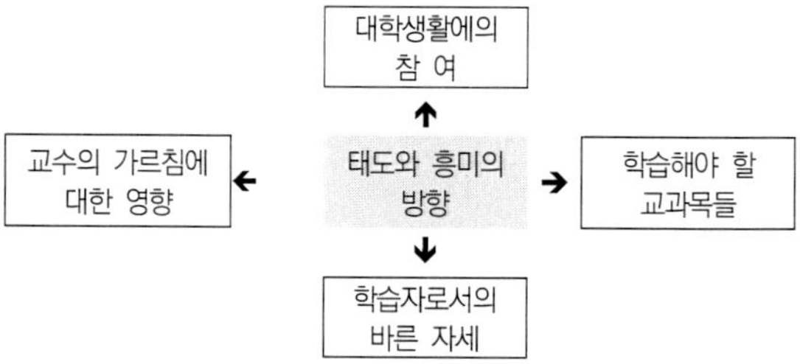대학생활에의 참 여
↑
교수의 가르침에 대한 영향 ← 태도와 흥미의 방향 → 학습해야 할 교과목들
↓
학습자로서의 바른 자세
• 긍정적인 태도 유지하기</td></tr>
<tr><td></td><td>학습관</td><td>• 학습행동에 영향을 미치는 다섯 가지 신념들 파악하기
• 학습에 대한 잘못된 신념 수정하기</td></tr>
<tr><td></td><td>스트레스 관 리</td><td>• 스트레스의 원인 파악하기
• 스트레스 완화방법 익히기
• 아카데믹 스트레스 대처하기
<table>
<tr><th>구 분</th><th>구체적 사례</th><th>스트레스 해소법</th></tr>
<tr><td>사회적/환경적 스트레스</td><td>중등학교 교육이력, 학력주의 사회풍토, 가족관계, 재정여건, 사회의 직업지형 변화, 육체적 건강상태</td><td rowspan="2">심신을 이완하기
적당한 운동하기
자신에게 책임 부여하기
유연성 확보하기
다양한 흥미를 개발하기
도움을 요청하기
자신을 즐기기</td></tr>
<tr><td>아카데믹 (학교 및 학습) 스트레스</td><td>발표 및 토론의 두려움, 글쓰기의 어려움, 수학적 사고의 어려움, 각종 시험에 대한 두려움</td></tr>
</table></td></tr>
<tr><td rowspan="4">학습관리</td><td>교학 관계</td><td>• 교수와 친밀함 형성하기</td></tr>
<tr><td>과제 설정</td><td>• 학습과제 만들기 및 수행하기(활동형 및 사고형)
• 과제수행을 위한 정보 획득하기</td></tr>
<tr><td>수업 관리</td><td>좋은 수업노트 작성하기의 중요성과 특성 파악하기
학습내용에 대하여 자기평가해보기</td></tr>
<tr><td>기술 활용</td><td>다양한 학습 환경(원격학습)과 기법(컴퓨터 활용) 활용하기
<table>
<tr><th>장 점</th><th>단 점</th></tr>
<tr><td>• 언제, 어디서든 복잡한 이수코스를 수행할 수 있음
• 자기주도 학습능력을 배양할 수 있음
• 대학생활이나 학사이수의 접근성이 향상됨
• 학습속도를 자율적으로 결정할 수 있음</td><td>• 대면장면의 부족으로 인한 상호작용이 취약함
• 학습의 자발적 동기화, 시간관리, 자기주도 학습능력이 전제되어야 함
• 학사이수 정보 획득능력을 저해하는 기술격차 문제가 야기됨
• 학습곤란을 즉각적으로 해결할 수 없음</td></tr>
</table></td></tr>
</table>

구 분	하위분류	구체적인 행동전략
학습기법	전략적 독서활동	독서능력 향상시키기 글쓰기를 위한 전제로서 독서활동 수행하기
	후속활동	리허설의 의미와 중요성 파악하기 말하기 리허설과 글쓰기 리허설 전략수립 및 실천하기
교 재	교재성격 파 악	각 전공별 교육과정 특성 파악하기 각 전공이나 교과에서 활용되는 교재 특성 파악하기
	탄력적 독 서	자신의 교재 읽기 습관 파악하기 슬로우 리딩(slow reading) 습관들이기 독서속도 향상시키기
수험전략	객관식 시험대비	객관식 형태 시험의 특성 파악하기 객관식 형태 시험 대비 전략 수립하기
	기타수험 대 비	에세이 시험 대비하기 특별한 형식의 시험(퀴즈 등) 대비하기 문제풀이식(실험 및 실기 등) 시험 대비하기

위의 내용 중에서 학습자의 두 가지 학습행동 유형, 능동적 학습자와 수동적 학습자의 학습행동 특성에 대한 상세 비교는 다음과 같다(S.L. Nist·J.P. Holschuh, 2003: 19－20).

표 6 학습자 유형별 특성 비교

비교준거	능동적 학습자	수동적 학습자
읽 기	읽으면서 이해함	이해하지 않고 읽음
반성적 혹은 비판적 사고	이미 알고 있는 내용과 텍스트, 교수, 동료들로부터 새롭게 알게 된 정보를 연결시킴	읽고 본 정보 자체나 획득과정에 대하여 생각하지 않음
듣 기	강의에 몰입해서 듣고 노트로 조직화함	강의집중력이 낮고 노트작성이 부실함
시간관리	질적 학습을 수행함	투자시간 대비 질적 수행이 낮음
도움요청	도움의 필요성을 적기에 인지함	도움에 대한 민감성이 낮음
책무성	자신의 학습에 대한 책임감을 가짐, 학습약점을 간파하고 이를 해결하기 위한 전략을 구사함	낮은 성취수준에 대하여 남을 탓함, 잘못이나 실수를 지속적으로 반복하여 높은 성취가 불가능함
질문정보	이미 학습한 내용과 연관되지 않는 생소하거나 새로운 질문을 제기함	교사(교수)가 가르친 내용에 대하여 의문이나 의심 없이 수용하고 질문을 제기하지 않음

표 7 능동적 학습의 전일성

구 분	구체적 행동
Declarative knowledge	• 무엇을 아는가?(knowing what)의 문제 • 학습의 필요성, 학습수행에 유용한 전략 등에 대한 이해가 이루어짐
Conditional knowledge	• 왜 아는가?(knowing why)의 문제 • 일정한 학습전략을 활용하기 위해 필요한 조건들에 대한 이해가 이루어짐
Procedural knowledge	• 어떻게 아는가?(knowing how to do it)의 문제 • 아는 것 자체보다 어떻게 접근하여 알게 되는가?가 더 중요함

니스트와 홀슈어가 제안하는 대학성공의 주요한 영역은 학습의 충실성, 전일성, 효과성 등에 초점을 맞추고 있다. 물론 대학생활 성공의 요체가 학습 영역에서 탁월한 성과를 거두는 것은 자명하다. 그러나 학습의 본질을 어떻게 파악하는가?에 따라 논의는 다채롭게 전개될 수 있다. 그들은 능동적 학습의 전일성을 위와 같이 세 가지 측면의 통합으로 파악하고 있다(S.L. Nist·J.P. Holschuh, 2003: 26-27). 어느 경우이건 학습행위는 학습자의 신념에 의하여 다양하게 이루어진다. 특히, 대학생활에서 이루어지는 학습경험과 성과는 중등학교에 비하여 현저히 다른 방식이다. 대학생의 학습행위에 영향을 미치는 학습자의 바람직한 믿음에 대하여 니스트와 홀슈어는 다음과 같이 정리하였다(S.L. Nist·J.P. Holschuh, 2003: 81-82). 이것은 학습전략 수립을 준비하는 대학생들에게 유용한 정보를 제공하고 있다.

표 8 학습수행에 영향을 미치는 다섯 가지 신념

구 분	구체적인 내용
지식의 본질에 대한 이해	지식은 모두 사실이라는 단순한 믿음부터 부단히 변화한다는 복잡한 믿음까지 모두를 망라하는 지식관
지식의 구조에 대한 이해	지식은 단순한 정보의 조합이라는 믿음부터 복잡한 현상이라는 믿음까지 모두를 망라하는 지식관
학습수행의 책무성	학습은 교수의 학습자에 대한 책임이라는 믿음부터 학습정보에 대한 모든 책임은 학생에게 있다는 믿음까지 모두를 망라하는 학습관
학습의 속도	학습은 갑자기 이루어지는 현상이라는 믿음부터 점증적으로 이루어지는 과정이라는 믿음까지 모두를 망라하는 학습관
학습의 역량	학습역량은 고정적이라는 믿음부터 학생들의 학습은 학습법(how to learn)을 배울 수 있는 역량이 있다는 믿음까지 모두를 망라하는 능력관

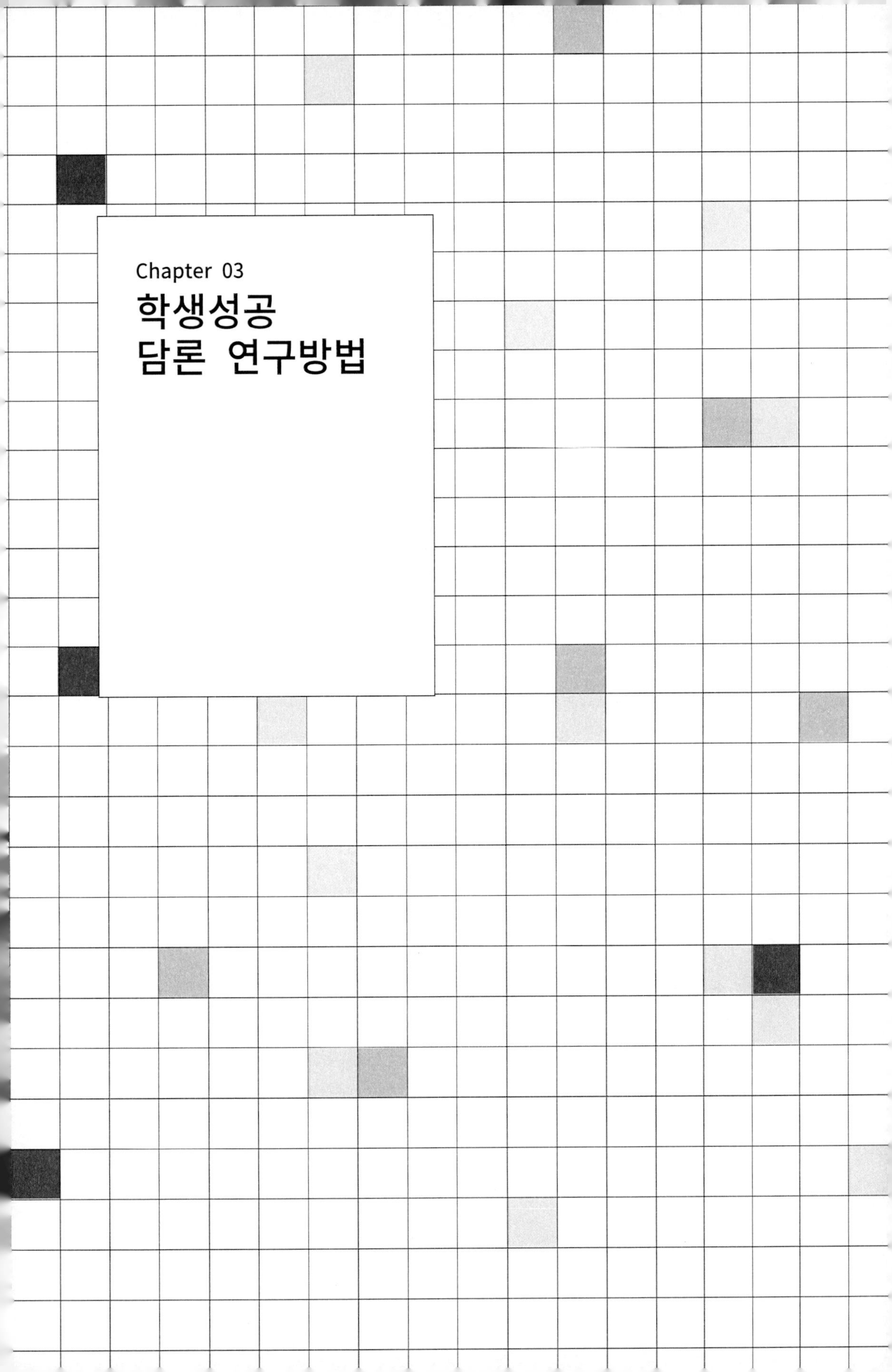

Chapter 03

학생성공 담론 연구방법

본 장에서는 학생성공 담론과 관련된 연구계획을 수립할 때 연구자가 유용하게 활용할 만한 연구방법으로 현상학적 연구 설계, 텍스트 해석법, 데이터 마이닝(근거이론 방법), 이데아/마인드 마이닝(브레인스토밍), 레거시 마이닝 등의 개념, 원리, 방법 등에 대하여 정리하였다.

1. 현상학적 연구 설계

현상학적 연구 설계로서 질적 접근 혹은 연구란 현장연구(fieldwork), 자연주의적 연구, 문화기술적 연구, 사례연구(case study), 참여관찰, 심층면접(focus group/stakeholder interview), 인터뷰, 계보 분석, 제보자 사용, 생애사 분석, 민속방법론 등을 망라하는 비(非)계량적 접근을 통한 일반적인 용어다. 질적 접근이나 연구는 실험실이나 통제된 환경과 대조되는 생생한 삶의 현장에서 직접 자료를 수집하는 경우가 많고, 연구대상자의 자연스러운 일상(인생)사를 연구하는 데 초점을 맞춘다. 이러한 질적 접근이나 연구는 인간행동의 주관적인 관점을 강조하는 현상학에 이론적 토대를 갖고 있으나, 해석학, 상징적 상호작용이론, 문화인류학 등의 다양한 관련이론을 적극 활용한다.

1) 현상학적 연구 설계의 특징

이 연구에서는 구조적이거나 인위적이지 않은 자연스러운 환경이 연구, 분석 자료의 직접적인 근원으로 간주되고, 설문지가 아니라 연구자 자신이 연구의 도구가 된다. 원(源)자료, 가공자료, 최종보고 자료 등이 대부분 기술(記述)적이다. 연구대상자의 반응결과나 그들이 수행한 양적 산출물보다는 관찰과 반응의 과정에 의의를 둔다. 양적 연구가 가설－연역적이라면 질적 연구는 수집된 연구 자료를 귀납－발견적으로 분석하려는 경향이 강하다. 즉, 구체적인 관찰에서 출발하여 일반적인 원리를 도출한다. 개인에게 연구의 초점을 두는 경우, 개인적 경험에서 시작되며 현장연구 이전에 그 경험들이 무엇일지에 대하여 연구자 임의로 분류하거나 정리하지 않는다. 또한 분석단위가 여러 프로그램이나 조직을 비교하는 경우, 단일사례들을 결합하기 전에 그것의 본질에 대하여 이해하려고 한다.

질적 연구에서 추구하는 성과는 사물, 사람, 사건 등에서의 의미형성(meaningfulness)이다. 인위적으로 구조화한 장면, 도구를 사용하거나 연구상황에 조작을 가하지 않고, 오히려 자연적으로 발생하는 현상(의 본질)을 이해하려고 한다. 질적 연구자는 특정상황에서 통일적인 특성, 즉 총체성을 찾으려 노력한다. 연구자는 세계를 고정되어 있는 것이 아니라 부단히 변화하는 것으로 여기므로 변화를 자연스럽고 필요불가결한 현상이라고 이해한다. 질적 연구의 대부분은 많은 사례를 필요로 하지 않는다. 반대로 깊이 있고, 상세하게, 전체적으로 사례를 기술하려고 시도한다. 신뢰도가 높은 질적 연구가 되기 위해서 연구자는 연구대상에 대하여 중립적인 거리를 유지할 필요가 있다. 연구자의 가치중립적 태도, 다양성과 복잡성을 수용하는 태도, 양적 연구의 불완전성에 대한 인식 등이 필요하다.

질적 연구에서는 사람을 대상으로 하는 경우를 고려하여 공감과 숙고를 통해 인간을 이해하고 파악하려 한다. 연구자의 가치중립적 태도와 적극적 개입 및 공감은 서로 배치되는 개념으로 보이지만, 비(非)판단적이고 중립적인 태도가 오히려 편기(bias) 없이 제대로 된 공감을 가능하게 만드는 힘이다. 이러한 질적 연구 설계는 현장연구로부터 시작된다.

표 9 연구 설계 기법별 특성

계량적 연구 설계	구 분	현상학적 연구 설계
인과관계, 일반적 법칙 및 통제의 탐색	목 적	인간행동 이면의 관념, 동기, 신념 등에 대한 심층적 이해
검증가능하고 고정된, 개인의 신념과 무관한 객관적 실재를 인정함	실 재	사회적 실재는 개인이나 집단에 의하여 사회적으로 구성된다고 믿음
외부인의 관점에서 실재 혹은 외적 사실을 연구함	관 점	내부인의 관점에서 연구대상자들의 행동관찰과 경험에 대한 대화를 통해 그것들의 의미를 발견함
연구자의 가치중립적인 냉정한 판단을 지향함	가 치	연구자의 가치관 개입을 허용함

계량적 연구 설계	구 분	현상학적 연구 설계
연구대상자 및 반응특성 변인에 대한 관련 자료 수집, 통계처리 및 해석을 핵심으로 함	포커스	연구대상자의 삶에 관련된 광범위한 연구자료 수집을 핵심으로 함
고도로 조직화되어 있으며, 반복가능성, 검증지향적임	방 향	유연성이 있고 탐색 및 발견지향적임
인간의 느낌이나 사고와 분리되어 존재할 뿐만 아니라 계량적 기법으로 표현되는 객관적 자료에 초점을 둠	자 료	인간의 마음속에 존재하며 꾸밈없는 언어로 표현되고, 보고되는 주관적 자료에 관심을 둠
대부분의 측정도구는 지필(紙筆)식 검사나 사전제작 관찰기록지, 질문지, 평정척도 등	도 구	연구자 자신
연구변인 이외의 변인에 대한 통제를 조건화함	조 건	연구자료에 자연적으로 영향을 미치는 변인들이 아무런 제약 없이 계속적으로 작용함
신뢰성 있는 자료를 특히 강조함	결 과	연구내용과 방법의 타당성을 특히 강조함

표 10 연구접근 기법별 특성

구 분	양적 접근	질적 접근
자료성격	서베이 기반의 숫자	현지조사 기반의 말과 글
연구환경	인위적, 실험적	자연적, 참여관찰적
연구초점	행동(수행)	의미
연구모델	자연과학, 요소환원주의 서양의학	유기론적 동양의학
접근방식	가설-연역적	귀납-발견적
연구목적	검증, 반복 가능한 과학법칙 발견	문화적 양식 확인
인 식 론	사실론, 실증주의	관념론, 현상학

표 11 연구수행 기법별 특성

<table>
<tr><th>구 분</th><th>서베이</th><th colspan="3">현장조사</th></tr>
<tr><td>연구대상</td><td>표본-모집단</td><td>사람들-지역사회</td><td colspan="2"></td></tr>
<tr><td>연구기술</td><td>질문지</td><td>참여관찰, 인터뷰</td><td rowspan="5">참여
관찰</td><td rowspan="5">- 현지민 언어습득
- 분명한 연구의식
- 기억력 쌓기
- 공감과 소통능력 유지
- 기억보다 기록하기
- 둘러보기, 배회하기
- 선입견이나 편견 최소화</td></tr>
<tr><td>자료제공자</td><td>응답자</td><td>제보자</td></tr>
<tr><td>연구자-대상자
상호관계</td><td>접촉 없음</td><td>직접, 대면접촉</td></tr>
<tr><td>집단규모</td><td>대중/복합사회</td><td>소규모사회</td></tr>
<tr><td>자료성격</td><td>계량적</td><td>기술(記述)적</td><td rowspan="2">면접</td><td rowspan="2">- 자연스럽게 행동하라
- 연구자의 모든 행동이 구</td></tr>
<tr><td>연구결과</td><td>통계처리</td><td>의미 해석</td></tr>
</table>

구 분	서베이	현장조사	
주요 audience	정책결정자	이해당사자	술자에게 영향을 주며, 구술자의 이야기가 면담자에게 귀중한 자료를 제공하고 있음을 눈과 태도로 보여라 - 구술자 침묵을 인정하라 - 인터뷰 전략을 개발하라 - 광범위한 내용에서 구체적인 질문으로 진행하라 - 상호논의를 이끌어내라 - 신상에 관한 구체적인 질문은 피하라

2) 자료수집 방법

질적 연구수행을 위한 자료수집 방법의 전제는 연구자의 선입관을 배제하고 가설은 나중에 개발한다는 점이다. 이를 위하여 섣부른 선(先)판단을 지양하고, 면밀한 관찰과 직관적인 몰입이 필수적이다. 연구결과를 확증할 수 있도록 삼각검증법(둘 이상의 연구진 구성)이나 그에 상응하는 대안을 강구해야 한다. 나아가 현장연구 장소로 친숙한 곳이나 현재 연구자가 관계된 곳은 가급적 피한다.

표 12 질적 자료 수집 방법

상호작용적인 방법		비(非)상호작용적인 방법	
참여관찰	인터뷰(면담)	비(費)참여관찰	인문정보 수집 및 분석
• 관찰방식 정의 • 관찰자 역할규정 • 언어다양성 인정 • 관찰지침 수립	• 정보제공자 면담 • 생계(生計)사 • 구조화된 조사 • 면담지침 설정	• 연구자는 기록자 역할만 수행 • 연대기를 통한 수집 • 상호작용 및 행동형태 수집	• 문서자료 수집 • 물리적 흔적 수집

이상의 질적 접근이나 연구 설계에는 몇 가지 문제점이 내포되어 있다. 첫째, 해석의 문제로 연구대상자(구술자)의 사고와 행위에 대한 연구대상자(면담자)의 해석이 과연 일치할 수 있는가? 둘째, 선행이론과 연구의 문제로 연구자의 선입견을 배제하기 위하여 연구 이전에 형성된 이론에 대하여 무시해도

되는가? 셋째, 일반화의 문제로 자연적인 상황, 특수한 상황에서 연구를 수행하는 질적 접근에서 그 결과를 다른 유사한 상황에 적용하거나 모든 경우로 일반화할 수 있는가? 등을 들 수 있다.

2. 데이터 마이닝(근거이론)

주지하듯 상호작용주의(시카고학파의 전통으로 상징을 사용하고 해석하여 의사소통할 뿐만 아니라, 개별자아와 모든 인간이 특정 현실로 경험하는 것을 창조, 유지할 수 있는 방법을 연구함)와 프래그마티즘(개념과 이론의 의미는 구체적/실제적 관련성 속에서 파악되어야 하며, 사상의 기능은 행동을 유도하는 것으로, 어떤 사상이 지닌 진리 여부는 사상 자체에 있는 것이 아니라 그 사상을 만들어낸 행위 결과에 의해 결정된다고 간주함)을 배경으로 하는(박현선 · 이상균 · 이채원(역), 2019: 33) 근거이론에 대한 논의는 글레이저(B. Glaser)와 스트라우스(A. Strauss)의 연구경력과 학술 성과에서 출발하였다.

그들은 공동으로 펴낸 『The discovery of grounded theory: strategies for qualitative research』(1967)에서 당대의 탁상공론화된 인습적인 연구수행과 분위기에 반대하며 실질적인 자료를 바탕으로 파생, 개발, 통합된 이론 구축의 필요성을 특히 강조하였다(김미영 외 7(역), 2015: 7). 차마즈(K. Charmaz)의 표현대로 '어찌 보면 딱 좋은 시절에 새로운 연구방법론이 개진되었다'(박현선 · 이상균 · 이채원(역), 2019: 29). 당시 글레이저와 스트라우스는 근거이론을 구성하는 핵심적 요소들에 대하여 다음과 같이 규정하였다(박현선 · 이상균 · 이채원(역), 2019: 31－32를 재구성함).

동시성 : (자료)수집과 분석(활동)은 동시 발생적이다

구성성 : 논리적으로 연역된 가설이 아니라 원자료로부터 분석적 코드와 범주를 구성한다

지속성 : 분석의 각 단계마다 비교가 이루어지는 지속적 비교방법이 사용된다

개발성 : 자료수집과 분석의 각 단계마다 이론 개발이 수행된다

완결성 : 범주를 생성하고, 범주속성을 구체화하며, 범주 간 관계를 규정하고, 범주가 채우지 못하

는 빈틈을 확인하기 위해 메모 작성을 수행한다

표집성 : 모집단의 대표가 아니라 이론 구축을 목표로 하는 표집이 이루어진다

확장성 : 독립적인 분석을 진행한 후에 문헌고찰을 수행한다

따라서 근거이론 연구법은 수집된 자료의 절차적 분석과 이를 근거로 하는 유용한 이론이나 지식의 생성을 서술하기 위해 사용된 학술용어다. 이것은 학술적인 지식이나 이론이야말로 추상화된 추론이나 수집 자료의 단순한 검증이 아니라 자기성찰적인 실존의 행동과 부단한 상호작용을 통해 생성/발견되어야 함을 함축적으로 설명하고 있다.

근거이론의 출현은 질적 연구방법에 대한 당대의 왜곡된 인식들(예를 들어 질적 연구는 인상주의적, 비체계적이다. 자료수집과 분석은 구분되어야 한다. 엄밀한 양적 연구방법이 우위에 있어야 한다. 이론과 연구는 자의적으로 분할할 수 있다. 질적 연구는 이론을 생성할 수 없다고 가정한다)에 대한 일종의 도전에서 비롯되었다. 그들은 초기 질적 연구자들이 사용하던 묵시적 분석절차와 연구전략을 명시적으로 바꾸어 놓았다(박현선 ·이상균 · 이채원(역). 2019: 33).

근거이론의 가장 큰 특징은 조사연구법의 탐구양식인 가설－연역적 접근이 아니라 귀납－발견적 접근으로 이루어지며, 변인 간 상관이나 인과를 검증하는 것에 초점을 두는 것이 아니라 범주와 범주 간 관계를 개발/생성하는 방식으로 이루어진다는 점이다. 한마디로 이론(가설)에 관한 검증이 아니라 이론 생성의 원리를 기반으로 한다. 근거이론은 양적 연구 설계에 따른 검증과 강제에 대한 반감으로 발견과 출현의 논리에 우위성을 두고 있다(김인숙 · 장혜경(역). 2020: 16).

물론 질적 근거이론과 논리－연역적 이론 사이에 중간형태가 실재할 수 있다. 이때 학자들은 체계적으로 사례들을 선택하고 자신의 이론정립을 통제하기 위하여 피드백을 사용한다. 그러나 이 과정에서 그것들이 일어나는 시점을 파악하기는 쉽지 않다(이병식 · 박상욱 · 김사훈(역). 2017: 19). 근거이론의 창시자로서 글레이저와 스트라우스 간 벌어진 이견과 충돌(자신만의 스타일을 추구하는 이유 때문에)을 거친 후 코빈(J.M. Corbin), 차마즈(K. Charmaz), 클라크(A. Clarke) 등은 근거이론에 대한 연구와 이해의 지평을 확장하였다. 그러나 학계

에서는 극단적으로 글레이저파와 스트라우스파로 결별하는 양상으로 전개되었다. 그럼에도 불구하고 버크스와 밀즈(M. Birks & J. Mills)는 이들을 근거이론 형성과 전개에서 공헌을 하거나 영향력 있는 학자들로 인정하고 그들의 주요한 텍스트들을 다음과 같이 정리하고 있다.

표 13 근거이론 연구방법론의 형성과 전개

연 도	저 서	저 자
1967	The discovery of grounded theory: strategies for a qualitative research	Glaser & Strauss
1978	Theoretical sensibility	Glaser
1987	Qualitative analysis for social scientists	Strauss
1990	Basics of qualitative research: Grounded theory procedures and techniques(1st edition)	Strauss & Corbin
1992	Basics of grounded theory analysis	Glaser
1994	Handbook of qualitative research	Strauss & Corbin
1995	Grounded theory in 『Rethinking method in psychology』	Charmaz
1998	Basics of qualitative research: Grounded theory procedures and techniques(2nd edition)	Strauss & Corbin
2000	Grounded theory: Objectivism and constructivism method in 『Handbook of qualitative research(2nd edition)』	Charmaz
2005	Situational analysis: Grounded theory after the post-modern turn	Clarke
2008	Basics of qualitative research(3rd edition)	Strauss & Corbin
2014	Constructing grounded theory: A practical guide through qualitative analysis(2nd edition)	Charmaz
2015	Basics of qualitative research: Technique and procedure for developing grounded theory(4th edition)	Strauss & Corbin
2015	Grounded theory: A practical guide	Birks & Mills

1) 글레이저와 스트라우스 : 『근거이론의 발견 : 질적 연구 전략』

이들에 의하면 근거이론이란 특정 사회현상에 대하여 데이터에 기초해서 체계-조직적, 통합-해체적인 분석과정을 통해 발견-발전되는 귀납적 이론 생성과 그에 수반하는 방법론을 통칭하는 개념적 용어다. 즉, 구체적인 데이터로부터 추상적인 이론을 발견하는 것이다. 여기서 중요한 것은 데이터인데, 이러한 데이터에 의하여 생성된 이론은 가설-연역적 방법에 의해 만들어진 그것에 비하여 전적으로 반박되거나 대체되지 않는 힘이 있다(이병식 · 박상욱 · 김사훈(역). 2017: 17).

데이터로부터 이론을 생성한다는 것은 가설-연역적 모형과 달리, 대부분의 가설과 개념이 데이터로부터 비롯될 뿐만 아니라 연구과정 전반에 걸쳐 데이터와 연관하여 체계-조직적으로 산출되어 나감을 의미한다. 연구방법의 역사에서 이러한 양적 데이터와 질적 데이터는 늘 갈등의 단초가 되었다.

> "역사적으로 이론의 생성부터 검증까지 상대적 강조의 변화와 연관된 것은 양적 데이터와 질적 데이터 옹호자들 간 벌어진 갈등이었다. 1930년대 후반에 이론 생성론자들은 대체로 자신들만의 상식과 논리로 질적 데이터를 비체계적이고 엄격하지 않은 방식으로 활용하였다. 뿐만 아니라 질적 데이터에 근거한 논문들은 길고 세부적인 설명으로만 구성되고 아직 이론은 생성해 내지 못하고 있었다."(이병식 · 박상욱 · 김사훈(역). 2017: 32)

글레이저와 스트라우스의 입장은 다음과 같았다. 연구방법이나 데이터의 측면에서 질적인 것과 양적인 것의 목표와 능력 간에는 근본적인 갈등이 없다. 갈등이 있다면 검증이나 이론 생성의 우위성에 있는데, 질적 데이터와 양적 데이터에 대한 논의는 역사성과 관련되어 있다. 여기서 우위성은 오직 연구 환경, 연구자의 흥미와 훈련, 이론 형성에 필요한 자료의 종류에 기인한다. 그들은 많은 연구 설계 및 추진 과정에서 두 가지 형태의 데이터가 필요하다고 주장하였다(이병식 · 박상욱 · 김사훈(역). 2017: 35).

질적 데이터 우위론에 경도(傾度)된 글레이저와 스트라우스의 근거이론에 대한 단초는 죽음(환자)이라는 엄청난 사건에 대한 주변인(의료진)의 참여와 이해라는 구체적인 관찰과 관점에서 비롯된다(결과는 1965년에 출간됨). 그러한 관찰과 관점의 조건은 실증주의의 수리모델이 추구하는 개념들(표본추출, 부호화, 신뢰성, 타당성, 지표, 분포, 가설구성 및 검증, 근거 제시 등의 이슈)과 정반대인 엄격하지 않은 방법론, 간주관성(극단적인 경우 주관성)의 개입에 대한 개방적인 방법론, 통합되지 않는 이론 생성의 방법론 등을 적극 차용하면서 근본적으로 인습적인 태도에서 크게 벗어나 있었다. 이러한 근거이론의 발흥은 수많은 사회과학 분야의 특정 연구주제와 관련된 이론을 생성하는 역량을 향상시키는 것에 영향을 미쳤다.

이론 생성 역량의 기초인 비교분석은 실험적 혹은 통계적 방법과 마찬가지로 하나의 독자적인 방법으로서의 성격을 지닌다. 이론 생성과 검증에 대한 상대적 우위논쟁은 비교연구를 통하여 획득된 근거의 전형적인 활용을 통해 증대된다. 연구방법의 기초로서 비교분석을 수행하는 목적은 정확한 근거의 생성, 실증적 일반화(사실의 일반성 확립), 개념의 구체화, 선행 이론의 검증에 있으며, 이를 통해 실질적 이론(노동, 청소년범죄, 의료교육, 정신건강, 환자, 인종, 범죄 등과 같이 실질적 혹은 경험적인 사회학적 탐구분야를 위하여 발달된 이론으로 이는 한 가지 특정한 실질적 분야의 연구에 근거함)과 형식적 이론(일탈, 사회화, 권력, 보상체제, 사회적 유동성 등과 같이 형식적 혹은 개념적인 사회학적 탐구 분야를 위하여 발달된 이론)의 생성이 이루어진다(이병식 · 박상욱 · 김사훈(역). 2017: 41－54).

비교분석에 의하여 생성된 이론을 구성하는 요인에는 개념적 범주화와 개념적 특징, 범주와 그 특징들 간에 생성된 가설 혹은 관계들이 있다. 글레이저와 스트라우스는 질적 분석을 위한 지속적 비교연구 방법을 네 단계로 구분하여 명료하게 제시하고 있다: ① 각 범주에 해당하는 사건의 비교, ② 범주와 그 특성의 통합, ③ 이론의 범위 설정, ④ 이론 기술하기 등. 그들은 근본적으로 이론 생성을 위한 일반적인 비교 연구의 방법을 적극 지지하고 있다.

연구자가 이론을 생성, 발전시키기를 원한다면 우선 이론적 표본 추출을 수행하게 된다. 이론적 표본 추출이란 데이터를 수집하고 부호화하여 분석한 후, 어떤 데이터를 언제, 어디에서, 어떻게 수집해야 하는지를 결정하는 과정, 한마디로 이론 생성을 위한 데이터 수집 과정이다. 이때 고려할 사항은 데이터 수집원으로서 집단 선별(대상선정과 그러한 선정의 합당성)에 관한 것이다. 글레이저와 스트라우스에 의하면 타당성을 확보하기 위하여 이론적 표본 추출 단계에서 이론적 포화도(범주의 특성을 발달시킬 수 있는 더 이상의 추가 데이터가 발견되지 않는 수준까지 데이터를 수집하는 것), 이론적 표본추출과 통계적 표본추출, 데이터 조각(연구를 시작하고 핵심범주를 발전시키는 데 유용한 일화적 비교와 같이 연구자 자신의 경험, 일반적인 지식, 독서, 타인의 이야기 등을 통해 연구자는 유용한 비교를 제공해주는 다른 집단에 대한 데이터를 획득함), 표본 추출의 깊이(데이터 총량), 시간적 측면 등이다. 그들은 근거이론의 보편화 가능성, 방법의 타당성과 적합성 등에 대한 희망과 동시에 다음과 같은 몇 가지 성찰로 근거이론에 관한 최초의 저서를 마무리하고 있다.

그들은 질적 연구 설계와 방법이 근본적으로 비체계적, 인상적 혹은 탐구적/발견적 이미지를 내포함으로써 태생적으로 신뢰성, 신빙성, 정확성, 엄격성 등의 측면에서 약점이 있음을 잘 알고 있었다. 그러나 양적 연구 설계와 방법이 지닌 엉성함과 단순함으로 반격하였다. 또한 신뢰성은 객관성이 아니라 독자에 의하여 판단될 수 있다고 보았다.

2) 스트라우스와 코빈 : 『근거이론의 기초』

스트라우스와 코빈은 근거이론 연구가 근본적으로 질적 탐구양식이므로, 독자나 연구자들을 향한 이에 대한 정의 내지는 안내를 다음과 같이 제시하였다.

> "질적 연구는 연구자가 자료를 수집하고 해석하는 연구형태로, 연구자는 참여자와 참여자가 제공하는 자료만큼 연구과정의 일부가 된다. 질적 연구는 개방적이고 유연한 설계를 사용하며, 이 때문에 양적 연구에서 중요시하는 엄격성과는 다른 측면이 있다. 이러한 질적 연구에는 그 자체의 목적과 구조를 지닌 많은 연구방법들이 있다."(김미영 외 7(역), 2015: 4)

원자료가 계량적이거나 계량화시킬 수 있는 데이터를 기반으로 하는 양적/구조적 탐구양식과 달리 비정형적, 비계량적 데이터를 기반으로 하는 질적 탐구방식을 연구자들이 활용하는 이유에 대하여 그들은 다음과 같이 설명하고 있다. 즉, 참여자의 내적 경험 탐색, 의미의 형성과 변화에 대한 탐색, 미지의 연구 분야 탐색, 양적 연구를 통해 검증 가능한 개념의 발견, 현상의 본질을 이해하기 위한 총체적이고 포괄적인 접근 등이다. 역동성, 진보성, 유동성, 개방성, 탄력성, 유기성, 비예측성, 포괄성, 비정형성 등이야말로 질적 연구의 특성을 잘 설명하는 개념들이다.

표 14 근거이론 활용의 연구 설계 과정

과 정	주요 고려 사항
연구문제 선정	조언자 혹은 멘토, 기술적/비기술적 텍스트, 개인적/전문적 경험, 파일럿 프로젝트
연구 질문 구성	문제정의, 연구문제 진술, 연구계획서/제안서 작성
자료 수집	연구일지, 원자료, 구조적/비구조적 인터뷰, 인터뷰 이슈, 참여적/비참여적 관찰
연구자 편견과 가정	편견과 가정의 왜곡 통제
문헌분석	기술적 문헌 분석, 비기술적 문헌 분석
이론적 프레임	방법론 혹은 접근선택의 정당화, 연구프로그램 구축, 대안적인 설명 제공

질적 연구로서 근거이론방법의 고유성은 무엇인가? 이론으로 구축된 개념은 연구과정에서 수집된 데이터로부터 도출되었으며 연구 개시 전 데이터는 없다. 근거이론에서 자료수집과 분석은 상호관련 되어 있으며, 연구과정 내내 지속적인 순환이 이루어진다. 유형과 무관하게 모든 자료는 지속적인 비교 과정을 통해 분석된다. 즉, 연구자는 미리 확인된 개념 목록에서 연구를 시작하지 않는다. 초기 분석에서 파생된 개념은 후속 자료 수집을 안내한다. 통합적이고 치밀한 이론을 구성하는 순간까지 분석으로 이어지는 자료수집 과정은 지속된다.

자료 수집이 이루어진 후 체계적이고 조직적인 분석이 이루어진다. 스트라우스와 코빈은 본격적인 자료 분석을 수행하기 전에 준비해야 할 내용들에 대하여 상세하게 안내하고 있다(김미영 외 7(역), 2015: 62-88을 요약, 정리함).

표 15 자료 분석 전 준비사항

내 용	주요 고려 사항
연구목적	기술적 연구, 개념적 순서, 이론의 개발
질적 분석의 본질	분석의 속성(예술, 과학, 해석, 형성, 다양, 과정, 생성, 맥락 등)
미시적 분석	미시적 분석의 가치와 오해, 분석 사례, 분석도구 이용
근거이론 분석 논리	이론구조 형성을 위한 개념, 추상화에 따른 개념
민감성	자료수집과 관련된 문제, 사건과 상황정보 파악, 자료에 대한 통찰력, 전문적 지식과 다양한 경험
연구윤리	윤리기준 적용 설정

그들에 의하면 근거이론을 구축/생성하는 것은 각각의 수준이 다른 대표적인 개념들을 층층이 쌓아 올린 피라미드를 만드는 과정과 흡사하다. 이 과정에서 가장 중요한 순간은 수집된 질적 자료를 분석하는 것으로 이는 근거이론의 핵심이 된다. 그들은 누군가 질적 자료 분석 전략을 구사할 경우 고려해야 할 핵심적인 용어, 구체적인 전략 수립 방안, 구체적인 도구로서 메모와 도표 등에 대하여 다음과 같이 요연하게 정리, 제시하였다(김미영 외 7(역), 2015: 91, 97, 114-143).

표 16 질적 자료 분석의 핵심용어

용 어	주요 내용
분 석	자료를 수집하고, 이에 대하여 생각하고, 참여자가 전하는 의미에 대한 연구자의 해석을 나타내는 개념적 기술행위
분석전략	연구자의 해석에 도움을 주는 분석에 사용되는 사고전략
질문하기	의문점을 통하여 직접적인 이론적 표본추출이 이루어지도록 연결해 주는 분석의 도구
코 딩	자료를 나타내기 위한 개념을 표시하는 것
지속적 비교	유사점과 차이점에 대하여 서로 다른 자료를 비교, 분석하는 지속적인 과정
진술 그대로의 코드	참여자가 실제로 언급한 단어를 사용한 개념
이론적 비교	범주 속성과 차원에 대한 사고를 원활하게 해주는 분석도구
이론적 표집	개념 속성과 차원을 기반으로 하는 표집

표 17 분석전략 유형

용 어	주요 내용
질문하기	질문의 다양성(민감한 질문, 이론적 질문, 실제적 질문, 안내하는 질문)을 이해함
비교하기	지속적인 비교, 요약 및 진술, 이론적 비교를 수행함
단어의 의미다양성 생각하기	구술/기술된 언어의 의미파악에 대한 판단을 유보함
Flip-Flop 기법 활용하기	관점을 전환함
경험 활용하기	연구자와 참여자의 경험을 끌어들임
레드플래그 흔들기	연구자와 참여자의 편견, 신념, 가정에 대하여 검열함
언어를 들여다보기	다양성의 관점으로 사용된 언어를 파악함
감정표현 살펴보기	의미 있는 메시지로서 감정과 기분에 대한 표현을 관찰함
시간단어 살펴보기	사건 구성과 상황표시에 활용함
은유와 직유 관점 생각하기	마음속의 이미지와 경험의 의미를 암시하는 표현에 주목함
부정사례 찾아보기	개념의 형성에 풍부한 자료를 제공함

용 어	주요 내용
다른 분석도구 활용하기	연구도구에 대한 또 다른 가정을 설정함. 내러티브의 구조를 파악함
윤리적 고려하기	연구자 윤리와 연구대상의 생명심의 등에 대하여 체크함

표 18 메모와 도표, 이론적 표본추출

구 분		주요 내용
메 모	의 미	분석결과의 서면 기록(다큐멘터리)
	특 성	형태의 다양성, 연구자 스타일 실재, 기억 보완에 유용, 상시 재분류 및 재정렬이 가능함
도 표	의 미	분석개념 사이의 관계를 표시하는 시각적 도구
	특 성	모든 자료를 개념적으로 시각화함
이론적 표본추출	의 미	분석을 진행하여 범주 및 관계를 설명하기 위한 집중적인 자료 수집
	특 성	속성 및 차원과 관련된 개념을 개발하고 다양성을 발견하며, 개념 간 관계를 확인할 수 있는 기회를 극대화하는 장소, 사람, 사건을 통해 자료를 수집함

근거이론 방법을 활용한 연구과정을 스트라우스와 코빈이 제안하는 모식으로 설명하면 다음과 같다(김미영 외 7(역), 2015: 201). 여기서 과정이란 어떤 목표나 결과에 도달하기 위하여 목표와 함께 변화하는 제반 조건들로 인해 생기는 다양한 요구(주로 경쟁적인)에서 비롯된 작용－상호작용의 역동적 기제를 설명하는 개념으로, 특히 맥락 설정과 파악의 중요성이 강조된다.

그림 1 근거이론 활용 연구방법의 역동성

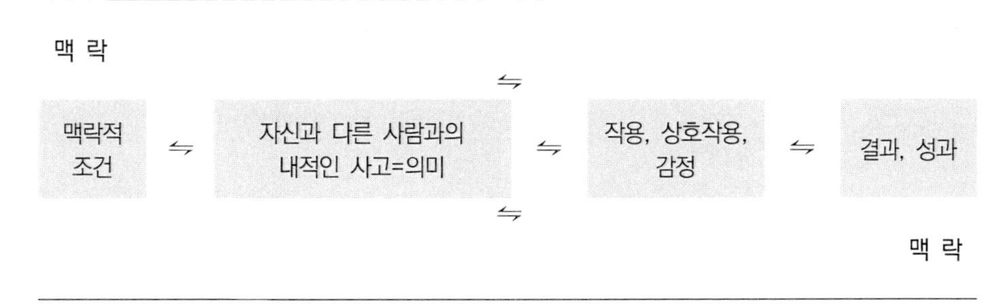

3) 글레이저 방식 :『근거이론 분석의 기초』

글레이저 방식의 근거이론 연구는 기존의 다른 질적 연구방식과 동일한 과정을 거친다. 즉, 근거이론도 자료를 수집하고, 코딩하고, 범주들을 통합하고, 메모를 만들어내고, 마침내 이론을 구성/생성한다. 그러나 근거이론이 지닌 다른 질적 탐구양식과의 차별성은 수집에서 생성에 이르는 전(全) 과정이 발견(discovery) 및 출현(emergence)이라는 이론에 의하여 안내되거나 통합된다는 사실이다. 연역적 추리가 아니라 구체적인 자료로부터 이론을 생성한다는 것은 자료로부터 가설과 개념이 나온다는 것이 아니라, 연구과정 동안 자료와 연관하여 이루어지는 체계적인 작업들을 포함한다. 그는 근거이론 연구를 쉽게 이해시키기 위하여 몇 가지 주요용어에 대한 정의를 제시하고 있다.

표 19 글레이저 방식 근거이론 연구의 주요용어

용 어	정 의
개 념	일련의 서술적 사건들의 기저에 있으며 의미를 가진 동일성 혹은 패턴을 의미함
범 주	개념이 한 유형으로 보통 더 높은 수준의 추상화를 위하여 사용됨
속 성	한 범주의 개념적 특성을 이루는 개념의 한 유형으로, 범주보다 낮은 수준의 추상화로, 일종의 개념의 개념이라고 볼 수 있음
코 딩	더 많은 범주와 그 속성들이 출현하는 사건과 사건, 사건과 개념의 지속적인 비교를 통하여 자료를 개념화하는 것을 이름
개방코딩	핵심범주와 그 속성들로 코딩의 범위를 제한함. 연구자는 선입적 코드의 개입을 경계해야 함
이론적 코 딩	범주들과 속성들이 출현하면서 이들 간의 개념적 관계를 창출하는 코딩의 속성과 지속적인 비교분석을 의미함
지속적 비교코딩	지속적 비교분석을 수행할 때 기본적으로 적용하는 작업임. 분석가는 범주와 그 속성, 그리고 그것들을 연결시켜주는 이론적 코드들을 위하여 사건들을 코딩함

근거이론의 발견과 동시에 제기된 코딩에 대하여 글레이저는 '분석가가 경험적 수준을 넘어 자료를 쪼개고, 개념적으로 그룹화해서 이론이 되게 하는 하나의 과정'이라고 정의하였다(김인숙·장혜경(역), 2020; 37). 그는『Theoretical sensibility』(1978)에서 근거이론 생성방식으로 개방코딩(open coding), 선택코딩(selective coding), 이론적 코딩(theoretical coding)(스트라우스와 코빈은 개방코딩, 축코딩, 선택코딩으로 명명함)을, 그리고 전 코딩과정을 이끌어가는 핵심전략으

로 지속적 비교법과 이론적 표집법을 제안하였다.

(1) 개방코딩

질적 자료 분석은 자료를 조직화하고 환원하여 주제나 본질을 얻으며, 이때 주제나 본질은 서술, 모델, 이론의 형식을 보인다. 이를 위하여 자료를 분류하는데, 이때 자료를 해체하고, 개념을 만들어 내고, 개념들을 연관 짓거나 통합한다. 근거이론 생성을 위한 자료 분석도 이를 따른다. 글레이저는 이처럼 근거이론 생성을 위한 초기 분석단계로, 자료를 해체하는 작업을 개방코딩이라 하였다. 여기서 개방의 의미는 연구자가 지닌 일체의 편견이나 선입관을 배제하고, 원자료를 있는 그대로 수용하는 것을 말한다. 이에 대하여 글레이저는 다음과 같이 설명하고 있다.

> "근거이론을 수행하기 위하여 반드시 필요한 개념적 기법들은 자료를 자료로 받아들이는 것, 자료에서 물러나 거리를 두는 것, 그리고 그 자료를 추상적으로 개념화하는 것이다. 이 작업을 하기 위해서는 어느 정도의 연구자의 이론적 민감성과 사회적 민감성이 요구된다."(김인숙 · 장혜경(역), 2020; 102)

지속적 비교방법을 적용하면 연구자가 선입적 코드 개입을 막으면서 자료로부터 의미있는 범주와 속성이 출현한다. 이러한 지속적 방법은 사건과 사건의 비교, 사건과 개념의 비교를 통하여 이루어진다(여기서 줄단위 코딩과 시간단위 코딩의 방법적 선택이 필요해짐). 개방코딩 과정에서 연구자가 우선 찾아내야 하는 것은 패턴이다. 지속적인 비교방법을 사용하다보면 일정한 패턴이 드러나기 시작한다. 글레이저 방식의 개방코딩은 자료에서 패턴을 찾아내고, 이 패턴들을 개념화하고, 패턴들 간의 관계에서 주제를 발견하고, 핵심범주를 찾는 것으로 종결된다. 핵심범주는 발견될 뿐이지 검증되거나 정교화되지 않는다. 근거이론의 핵심은 개념화로, 이는 지속적인 비교를 통하여 도출된 패턴에 이름을 부여하는 것이다.

(2) 선택코딩

선택코딩이란 개방코딩을 종료하고 핵심범주와 연관된 범주들에 한정하여 선택적으로 코딩을 수행하는 것이다(스트라우스 방식에서 이러한 선택코딩은 개방코딩과 축코딩 이후 마지막 단계로, 그는 선택코딩을 핵심범주를 선택하는 코딩으로 정의하여, 연구자들에게 혼란을 야기시키고 있음). 글레이저 방식의 선택코딩은 핵심범주 및 핵심범주와 관련되는 범주들을 포화시키는 것이 목적이다. 근거이론 연구란 하나의 핵심범주를 중심으로 이론을 생성하는 것이다.

(3) 이론적 코딩

근거이론 방법의 목적인 이론 생성은 범주와 그 속성 등 개념적 코드들 사이의 가설적 관계를 발전시킴으로써 이루어진다. 글레이저는 근거이론 생성에 필요한 개념을 실체적 코드와 이론적 코드(causes, context, contingencies, consequence, covariance, condition, process, degree, dimension, type, strategy, interaction, identity－self, cutting point, means－goal, cultural, consensus, mainline, theoretical, ordering, unit, reading, model 등을 활용 가능한 이론적 코드로 제시함)로 구분하였다. 전자는 연구영역의 경험적 실체를 개념화한 것으로 주로 개방코딩과 선택코딩에 의하여 이루어지며, 후자는 실체적 코드들이 어떻게 서로 이론으로 통합되는 가설로 연관될 수 있는지를 개념화한 것이다. 이론적 코딩은 핵심범주와 다른 범주를 연관 짓고, 범주들을 이론적 구성체로 통합하고 정련하는 과정이다(김인숙·장혜경(역), 2020; 48, 127). 즉, 핵심범주와 다른 범주들을 연결지어 이론적 가설로 통합함으로써 이루어진다.

글레이저 방식의 근거이론 연구방법에서 이론을 생성/산출하기 위하여 사용되는 주요방법은 지속적 비교/비교분석법, 이론적 표집, 코딩, 메모 등이다. 이들은 자료 분석의 전 과정에서 작동하며 근거이론의 생성에 기여한다. 우선, 지속적 비교방법은 범주들과 속성들을 개발하고, 포화시키고, 통합시키기 위하여 자료와 자료를 비교하고, 자료와 개념들을 비교하는 것이다. 근거이론 연구에서 이러한 지속적 비교방법이 중요한 이유는 이것이 자료를 강제하지 않으면서 범주와 속성들이 출현할 수 있도록 만드는 최적의 방법이기 때문이다.

한편, 이론적 표집이란 출현하는 바대로 자신의 이론을 발전시키기 위하여 이론 생성/창출을 위한 자료수집 과정을 말한다. 즉, 이론개발을 위하여 자료를 수집하고, 코딩하고, 분석하여 어떤 자료를 수집할 것인지, 어디서 자

그림 2 근거이론 연구방법의 체제

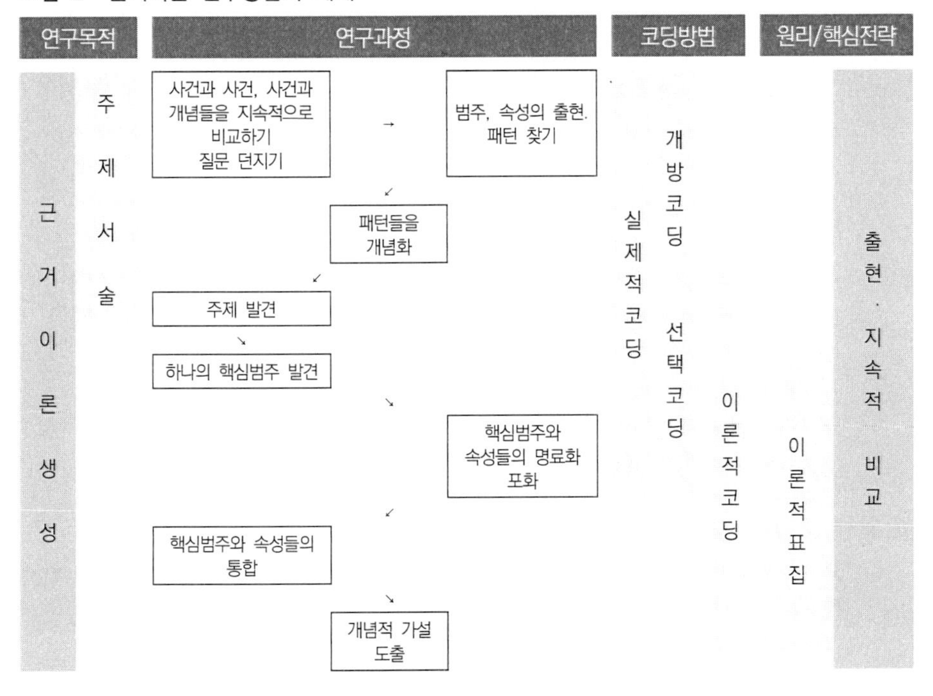

료를 찾을지를 결정하는 것이다(김인숙 · 장혜경(역), 2020; 87, 256). 이러한 이론적 표집은 지속적인 비교분석이 없으면 불가능하고, 지속적 비교분석 없이 이론적 표집 또한 불가능하다. 이론적 표집은 코드들이 포화되고, 정교화되고, 출현하는 이론에 통합될 때 종료된다.

4) 차마즈 : 『근거이론의 구성』

차마즈는 다른 근거이론가들과 달리 근거이론에서 말하는 이론이 무엇인가에 대하여 상대적으로 깊게 성찰하였다. 하나의 근거이론으로 예시되는 진정한 이론은 무엇으로 규정되어야 하는가? 그는 아직까지 합의되지 않은 근거이론에서의 이론에 대한 논의에 주목하고 있다. 근본적으로 그는 이론에 대한 실증주의와 해석학적 정의 중에서 후자를, 구성주의와 객관주의 인식론에서 전자를 근거이론에서 말하는 이론으로 간주하고 있다. 즉, 그는 실증주의와 해석학적 탐구, 구성주의와 객관주의의 근거이론, 그들 이론의 특성과 방향 사이에 분명한 경계선을 그었다고 주장한다(박현선 · 이상균 · 이채원(역), 2019: 295).

글레이저와 스트라우스를 고전적 근거이론가로 평가하는(행위와 과정에 대한 분석만을 강조한다고 여김) 차마즈는 근거이론 발전과정에 참여하면서 동시에 근거이론 발달의 역사성에 대한 개괄적인 정보를 독자들에게 제공하고 있다. 그는 근거이론이란 '자료 그 자체에 근거를 둔 이론을 구성하기 위하여 질적 데이터를 수집하고 분석하는 데 필요한 체계적이지만 유연한 지침'으로 정의하였다. 이러한 지침은 공식과 같은 규칙이 아니라 일반적인 원칙과 발견적인(heuristic) 방법을 제공한다. 따라서 자료는 이론의 기반을 형성하고, 연구자는 자료 분석을 통하여 구성하려는 개념을 만들어 낸다.

근거이론 연구자는 이론적 분석을 발전시키기 위하여 연구 개시와 더불어 자료를 수집하고, 연구하려는 상황에서 어떤 일이 벌어지며, 연구 참여자의 삶은 어떤지 이해하고자 노력한다(박현선 · 이상균 · 이채원(역), 2019: 26). 또한 근거이론 연구자는 자료를 분리하고 정렬한 후 질적 코딩을 통해서 자료를 종합해 나간다. 코딩은 각 단락(segment)이 의미하는 바를 나타내기 위하여 이름(label)을 부여하는 것으로, 자료를 걸러내고, 정렬하며, 다른 부분과 비교할 수 있게 만든다. 그들은 자료 코딩을 통해 해당 장면에서 발생하는 일을 강조한다. 이상의 논의를 미루어 볼 때 차마즈의 근거이론에 대한 견해가 이전 학자들의 입장과 크게 다를 바 없음을 알 수 있다.

차마즈는 연구를 위한 풍부한 자료들을 사회적이고 주관적인 삶의 표피 밑에서 얻을 수 있다고 주장하였다. 연구자는 이처럼 풍부한 자료에서 근거이론을 생성해 낸다. 근거이론은 다양한 종류의 자료를 통해 구축되는 일종의 개방성을 특성으로 한다. 그리하여 글레이저가 말했듯이 질적 연구의 탐구방식에서는 실재하는 모든 것이 다 자료가 될 수 있다. 모든 연구 성과의 수월성 혹은 확증성은 이러한 자료에 달려 있다.

그러므로 자료가 갖추어야 할 기준은 핵심적 범주를 개발하는 데 기여하는 유용성, 적합성, 충족성 등이다(박현선 · 이상균 · 이채원(역), 2019: 57). 결국 근거이론 연구방법의 핵심논리는 이론의 개발/생성뿐만 아니라 자료수집의 방법도 안내한다는 사실이다(박현선 · 이상균 · 이채원(역), 2019: 52). 근거이론에서 활용되는 자료수집 방법은 전통적인 방식인 집중면접과 텍스트 분석(추출된 텍스트와 기존 텍스트 대상)으로 구분된다.

표 20 차마즈 방식의 코딩 순서

<table>
<tr><th>단 계</th><th>주요내용</th></tr>
<tr><td>초기코딩</td><td>
• 자료에 긴밀하게 밀착되어야 한다. 자료에 대하여 개방적이어야 한다. 즉, 자료가 제시하는 바에 열린 태도로 그것에 밀착해야 한다.
• 잠정적이고, 비교 가능하며, 자료에 근거를 두고 있다.
• 코드는 짧고, 단순하며, 능동적이고 분석적이게 만들어야 한다.
• 자료의 필요성 유무를 결정한다.
• 신속성과 즉흥성이 유용한 기술이 된다.
<table>
<tr><td>단어 코딩</td><td>단어별 분석은 이미지와 의미에 집중하는 데 도움이 됨. 연구자는 단어구조와 흐름에 집중하고, 연구자가 부여하는 의미에 대하여 어떻게 영향을 미치는지 관심을 둘 수 있음</td></tr>
<tr><td>줄 코딩</td><td>기록된 자료의 줄마다 이름을 붙이는 것으로, 이를 통해 연구자는 자료에 대한 개방적 자세유지와 그 안에 있는 미묘한 의미를 간취할 수 있음</td></tr>
<tr><td>사안 코딩</td><td>이벤트와 이벤트를 비교함으로써 연구자는 출현한 개념(emerging concept)의 속성을 확인할 수 있음</td></tr>
</table>
• 지속적 비교방법을 사용한다.
• 내생코드(참여자의 특수한 용어를 사용하여 코딩하는 것)를 사용할 수 있다.
</td></tr>
<tr><td>초점 코딩</td><td>
• 더욱 지시적이고, 선택적이며 개념적인 코딩 작업이 이루어진다.
• 근거이론의 논리에 부합되는 코딩은 하나의 출현적 과정이 된다.
• 자료와 자료를 비교하면서 초점코딩을 개발한다.
</td></tr>
<tr><td>축 코딩
(스트라우스와 코빈)</td><td>
• 범주와 하위범주 간에 관계를 맺는다.
• 한 범주의 속성과 차원을 식별하는 것이다.
• 어떤 범주를 축으로 하여 그것을 둘러싼 관계의 조밀한 구조를 생성한다.
• 해체된 자료를 응집된 전체로 환원시킨다.
• 참여자의 진술을 조직화된 도식의 구성요소별(조건, 행위, 결과)로 묶어 낸다.
</td></tr>
<tr><td>이론적 코딩</td><td>
• 초점코딩을 통해 선택한 코드를 따라가는 정교한 수준으로 이루어진다.
• 이론으로 통합되도록, 가설로서 실체적 코드가 어떻게 상호 간 연결되는가를 개념화한다.
• 초점코딩을 통해 개발된 범주가 맺어질 수 있는 가능한 관계를 식별한다.
• 이론적 통합은 분석에서 함축적인 의미를 내포하는 이론적 코드를 통해서 이루어진다.
</td></tr>
</table>

연구자는 수집된 다양한 자료들이 의미하는 바를 분석하기 위하여 자료에 대한 조사와 규정을 수행해야 한다. 분석의 첫 단계는 질적 코딩, 즉 자료가 의미하는 바를 규정하는 과정이다. 코딩은 자료의 각 부분에 대한 범주화, 요약, 설명 등을 동시에 보여줄 수 있는 어떤 이름을 자료의 단락에 부여하는 것이다(labelling). 코딩은 자료에 있는 구체적인 진술문을 뛰어넘어 분석적 해석의 단계로 이행하는 첫 번째 계단으로 다음의 두 가지 작업이 이루어진다.

첫째, 연구자는 코딩에서 시작하여 조사하고자 하는 삶에 설명해주는 해석적 가공(interpretative rendering)을 수행한다. 코드는 자료를 분석적으로 설명하기 위하여 어떻게 자료를 선택, 분리, 정렬하는지를 잘 보여준다.

둘째, 질적 코드는 자료를 단락으로 구분하고, 상세한 용어로 이름을 붙인 다음, 자료의 각 단락을 해석하는 데 필요한 추상적인 아이디어를 개발할 수 있는 분석적 도구(interpretative handle)를 제시한다(박현선·이상균·이채원(역), 2019: 103－105).

근거이론 연구방법에서 코딩이란 일종의 분석프레임을 구성하는 작업이다. 이론적 통합은 이들 뼈대를 작업 중인 골격에 맞추어 조립하는 것과 유사하다. 따라서 코딩은 시작 이상의 의미를 가지며, 연구자의 분석프레임을 형태화하는 데 기여한다. 또한 코딩은 자료 수집과 자료를 설명하기 위하여 출현하는 이론의 개발로 중심축 연결을 의미한다. 코딩을 통해 자료에서 발생하는 사건을 규정하고 그것들에 의미를 부여하는 깊고도 오랜 고민이 시작된다. 코드는 자료를 설명하면서 추가적인 자료 수집의 방향을 알려주는 초기이론의 하위요소라는 형태를 취한다. 특정 시·공간을 초월하여 일반화할 수 있는 이론적 진술, 그리고 행위와 사건에 대한 맥락분석이 바로 그것이다(박현선·이상균·이채원(역), 2019: 107).

차마즈의 논의에서 우리가 주목할 것은 코딩에서 발생할 수 있는 왜곡현상과 자료를 코드로 전환하기 등에 대한 설명이다. 첫째, 코딩에서의 '문제점 줄이기'는 선입견이나 편견을 경계해야 함을 의미한다. 연구자 자신의 선입견을 드러나게 만드는 다양한 전략을 통하여 개입을 최소화하는 것이 무엇보다 중요하다. 선입견은 연구의 전 과정에 개입하게 마련이다. 스스로의 검열과 더불어 객관적인 자극에 의한 것도 동시에 이루어져야 한다.

둘째, 코딩의 '객관적 투명성'을 통해 코딩은 양질의 자료 확보에 좌우된다. 자료수집 방법은 코드를 부여할 대상을 규정한다. 코딩은 연구 초기 단계에서 연구자에게 분석의 방향을 제시한다. 연습을 통해 근거이론 코딩에 친숙해질 수 있고, 코딩이 잘 이루어지고 있는가?에 대하여 평가할 수도 있다. 연구 상황에서 접하는 진술과 사건에 개방적인 만큼 자료에 대해서도 개방적 자세를 견지한다면, 연구자는 미묘한 차이들을 발견하고, 새로운 통찰을 얻을 수 있다.

차마즈의 표현대로 코딩은 부분적으로 고된 작업이지만 한편으로는 연구자의 역량을 뽐낼 수 있는 지적 유희이기도 하다(박현선 · 이상균 · 이채원(역), 2019: 153). 연구자는 자료에서 얻은 아이디어를 다양한 방식으로 갖고 놀아야 한다. 자료에 개입하고 갖고 논 만큼 그 자료에서 배울 수 있을 것이다. 코딩은 연구자에게 예비적인 아이디어를 제공하며 연구자는 그 아이디어를 메모로 작성하면서 탐색하고 분석적으로 검토할 수 있다. 근거이론 연구방법에서 코딩은 개방성과 더불어 유연성, 가역성 등을 특징으로 한다.

메모라고 하는 분석노트는 연구에서 이루어진 주요한 분석 단계를 도면화하고 기록하며 상세화시켜 준다. 연구자는 코드와 자료에 관하여 기록하는 메모 작성을 통해서 이론적 범주를 고양하면서 연구과정 전반에 걸쳐 메모를 지속적으로 작성한다. 메모 작성은 분석 작업에 박차를 가하며 생산성을 증대시킨다. 메모 작성은 자료 수집과 보고서 초고 사이를 넘나드는 중추적 역할을 담당한다(박현선 · 이상균 · 이채원(역), 2019: 155-157).

또한 처음부터 코드에 메모를 작성하는 것은 현장에서 일어나는 바를 명료하게 파악하는 데 유용하게 사용된다(박현선 · 이상균 · 이채원(역), 2019: 189). 이러한 메모의 활용을 통하여 연구자는 자신의 생각을 이끌어내고, 비교 및 연결해야 할 것들을 찾아내며, 향후 연구방향을 명료화시킨다. 마침내 초점코드를 개념적 범주로 끌어올리게 된다.

5) 버크스와 밀즈 : 『근거이론의 실천』

근거이론은 다양한 연구방법 중의 하나다. 연구방법이란 개별연구자가 자신이 설정한 연구문제를 수행하기 위하여 선택한 객관적인 탐구방식이다. 즉, 모든 연구는 객관적인 연구방법을 활용하여 개인적인 연구 성과를 얻는 방식과 절차로 이루어진다. 따라서 학술적으로 검증된 연구방법은 객관성, 보편성, 일반화가능성, 타당성, 신뢰성 등을 이미 담지하고 있어야 한다. 근거이론도 이러한 연구방법의 공통적인 속성을 지속적으로 확장해 나가고 있다. 근거이론을 표방하면서 수행된 연구물은 대부분 인식론, 존재론, 가치론 등에 대한 질적 전제를 바탕으로 이루어진 기술적 분석의 결과물이다. 근거이론 연구 설계 속에는 다음의 몇 가지 핵심적인 내용들을 포함시켜야 한다(공은숙 · 이정덕(역), 2019: 11-14).

표 21 근거이론 연구 설계의 구성요소

구 분	주요 내용	비 고
자료의 1차(초기) 코딩과 범주화	수집된 자료에서 중요한 단어나 단어집합체를 찾아내고, 이들에게 적절한 명칭(naming)을 부여함	개방코딩이라고 함
자료의 생성, 수집 및 분석	귀납연구의 탐구방식에 따라 의도된 표집으로부터 자료를 체계-조직적으로 생성, 수집, 분석함	귀납적 연구방법이 적용됨
메모 작성	연구과정에서 이루어지는 기록(일종의 지적 자산)은 대부분 적절한 절차를 거쳐 근거이론의 결과물이 됨	메모는 일종의 습관임
이론적 표집	연구의 집중도를 높이기 위하여 범주의 속성, 조건, 차원, 관계 파악을 위하여 지속적으로 사용함	메모에 의하여 영향을 받음
지속적인 비교 분석	사건→사건→코딩→코딩→범주→범주의 지속적인 비교과정을 거침	사건이란 말, 행위, 이미지의 최소단위(혹은 자료의 최소단위)임
이론적 민감성	연구자의 통찰력과 지적 역량의 종합을 의미하며 자료의 분석 가능성을 고양시키는 힘이 됨	연구자의 민감성 수준은 차이가 있음
2차(중간) 코딩	하위범주를 연결시켜 완전히 개별적인 범주를 개발하는 방식과 범주들을 서로 연결시키는 방식으로 수행되며, 1차 코딩과 부단한 비교를 실시함	1차 코딩에서 절단된 자료들을 다시 연결함. 선택코딩, 초점코딩, 축코딩이라고 함
핵심범주 선정	근거이론을 전체적으로 압축하여 표현할 수 있는 추상적인 차원의 핵심범주를 선택함	이론적 포화를 거쳐 성취됨
3차(고급) 코딩과 이론적 통합	특정한 현상에서 나타나는 과정이나 구조를 종합적으로 설명하는 근거이론을 추출함	스토리라인기법이 활용됨. 이론적 코딩이라고 함

코딩작업에 대하여 버크스와 밀즈(M. Birks & J. Mills)는 1차(초급, initial), 2차(중급, intermediate), 3차(고급, theoretical integration) 코딩으로 구분하고 있으나, 학자들마다 서로 다른 명칭들을 사용하고 있어 혼란이 야기된다.

표 22 코딩명칭에 대한 학자별 구분방식 비교

Glaser & Strauss(1967)	코딩과 사건의 비교분석	범주와 속성 통합	이론적 구체화
Glaser(1978)	개방코딩	선택코딩	이론적 코딩
Strauss & Corbin (1987, 1990, 1998)	개방코딩	축코딩	선택적 코딩
Charmaz(2014)	1차 코딩	초점 코딩	이론적 코딩
Birks & J. Mills(2015)	1차 코딩	2차 코딩	3차 코딩

이러한 절차와 방법을 통하여 근거이론의 연구 성과는 통합되어 하나의 포괄적 이론으로 도출되며, 이것은 특정 현상과 연관된 과정이나 구조를 설명하는 도구가 된다. 이처럼 근거이론은 근본적으로 연구자에 의하여 도출 혹은 생성되는 것이다.

6) 근거이론 방법의 연구절차

근거이론 방법을 통한 질적 연구 수행에 대하여 크레즈웰(Creswell, 2012)은 다음과 같은 단계이론을 제시하였다. 이러한 절차는 연구 목적을 달성하기 위한 도구이자 방법론적인 문제를 해결하기 위한 수단일 뿐이다. 연구자는 이러한 일련의 과정과 분석에서 엄격성을 가지고 접근하기보다는 유연성을 잃지 않도록 하여 질적 연구의 본질에 충실해야 한다.

(1) 연구방법 결정하기

근거이론을 하나의 연구방법으로 사용하기 전에 연구자는 근거이론 방법이 지닌 개념과 특성에 유의하여 연구주제와 연구문제 해결을 위해 가장 적합한 연구방법이 근거이론인지를 판단해야 한다. 연구자는 근거이론 방법이 어떠한 현상이나 사건을 통해 새로운 이론의 정립, 기존 이론의 수정, 과정에 대한 설명, 추상적인 구조 및 개념의 생성 및 발견 등의 목적에 적합한 연구방법이라는 것에 주의해야 한다. 즉, 근거이론 방법은 연구자가 특정한 이론적 틀을 가지고 관심이 있는 현상의 실질적 이론을 개발하고자 하는 경우에 적합하며, 여기에서 말하는 현상은 연구 참여자가 타인 및 주변 환경과 어떠한 상호작용을 하고, 그것이 그들의 자의식에 어떠한 영향을 미치며 왜 그러한지에 관심이 있는 경우를 말한다.

(2) 연구과정 인식하기

연구자는 근거이론 방법을 통하여 어떠한 과정을 설명하기 때문에 연구의 초기 단계에서 근거이론 방법으로 연구할 예비 과정을 설정하여 이를 검토하는 것이 좋다. 이러한 임시적인 과정은 연구를 본격적으로 수행하면서 변경될 수도 있다.

(3) 연구승인과 접근하기

이 단계에서는 근거이론 방법뿐만 아니라 인간을 연구대상으로 한 모든 종류의 연구에서 필요한 기관윤리심사위원회 및 연구자가 속한 기관에서 규정하고 있는 연구자의 윤리 사항 및 가이드라인에 의거하여 연구에 필요한 승인을 받는 것이 중요하다. 연구의 목적과 진행 방식, 연구 참여자의 안전과 프라이버시 존중, 자료수집 후 원자료 처리 등에 관한 사항이 포함된 일종의 연구서약서를 승인받은 후 자료 수집을 위해 관련자, 기관 등에 연락을 취하고 접근하는 단계이다.

(4) 표본추출 수행하기

이 단계에서는 다양한 자료 수집 방법을 통하여 연구에 필요한 자료를 수집한다. 이때 주로 사용되는 방법은 인터뷰이며, 연구자는 자료를 수집하고 동시에 분석을 통하여 나타나는 이론적 개념에 근거하면서 다음 자료 수집 표본에 대해 결정하는 과정을 거친다. 이 단계에서는 포화(saturation)의 원칙에 따라 반복적 비교 및 분석을 거쳐 자료 수집의 적정 수준을 결정한다. 연구의 초기 단계에서는 연구문제, 연구의 실질적 환경, 예비연구결과, 문헌분석결과, 연구자의 기존 경험 등을 토대로 초기 표본수집 대상이 선정되나, 표본의 대상은 원칙적으로 연구가 시작되기 이전에 결정하는 것이 아니라 연구를 수행하는 과정에서 결정된다.

(5) 코딩하기

코딩작업은 자료를 수집하는 동안 실시한다. 주로 수집된 자료를 해체하여 개념과 범주를 도출하는 개방 코딩을 가장 먼저 실시하며, 생성된 범주들을 바탕으로 축 코딩을 통해 범주들 간의 관계를 분석한다. 의미 있는 연구결과를 얻기 위해 필요한 범주의 새로운 속성과 차원의 표본을 추가적으로 수집해 나간다.

(6) 선택코딩 및 이론 구축하기

이 단계에서는 선택코딩을 실시하여 이론을 생성한다. 우선 핵심범주

(core category)를 선택하여 핵심 범주를 다른 범주들과 연관 짓고, 이들 간의 관련성을 확인하여 범주들을 연결시키고 이론을 통합시킨다. 또한 이야기윤곽(story line)을 만들어 개방 코딩과 축 코딩에서 생성된 모든 범주들을 통합하는 하나의 이야기로 서술한다.

(7) 생성이론 입증하기

여기에서는 근거이론 방법으로 생성된 이론이 연구의 목적에 부합하고 연구 참여자들에게 타당한지 그리고 사건 및 현상에 대한 기술이 정확한지에 대한 확인 작업을 실시한다. 개방 코딩 및 축 코딩 과정에서 생성된 개념 및 범주, 그리고 이론과 원자료를 비교하여 의미가 타당한지를 재검토하며 기존의 관련 문헌과 비교하여 이론의 타당성에 대하여 검토를 실시한다. 연구참여자 확인법(member check), 전문가 및 동료 검토 등의 기법을 활용하여 생성된 이론의 정당성 및 타당성을 확보할 수 있다.

(8) 보고서 작성하기

근거이론 보고서는 특정한 양식이 없이 연구자가 선호하는 방법으로 구성하여 작성한다. 하지만 근거이론 방법은 내러티브 연구 및 생애사 연구 등의 질적 연구와는 달리 연구 내용의 분석 및 기술 측면에서 좀 더 과학적으로 구성된다. 때로는 다른 질적 연구방법과는 다르게 연구자가 제3자가 되어 객관적인 입장에서 체계적으로 결과를 기술하기도 한다.

질적 연구방법으로서 근거이론 방법이 완전할 수는 없다. 장점과 단점의 접점은 우선 근거이론 방법을 통해 새로운 이론을 생성한다는 데 있다. 즉, 근거이론 방법은 연구가 잘 이루어지지 않은 새로운 분야를 탐색하는 데 적합하며, 단지 탐색에만 그치는 것이 아니라 엄격한 자료분석에 근거하여 미개척연구 분야에 새로운 이론을 정립한다. 근거이론의 두 번째 장점은 자료분석의 엄격성이다. 근거이론 방법에서의 분석은 반복적 비교와 포화의 원칙에 따라 자료의 수집단계부터 시작되며, 수집된 원자료를 해체하여 개념과 범주들을 생성하는 개방 코딩, 특정한 중심 현상을 축으로 개방 코딩에서 생성된 범주들을 하위범주와 연결하여 패러다임 모형을 추출하는 축 코딩, 선택한 핵심범주를 다른 범주들과 연관지어 이들 간의 관련성을 확인하여 범주들을 연결시키고 이론을 통합시키고 정교화하는 선택 코딩의 과정은 다른 질적 연구방법에서의 자료분석 방법과 구분되는 근거이론 방법의 특징적인 자료분석 방법이라고 할 수 있다. 자료분석의 이러한 엄격성으로 인하여 다른 질적 연구의 자료분석 시에 근거이론적 자료분석 방법을 활용하는 사례를 종종 찾아볼 수 있다. 반면에 근거이론 방법에 대해서 몇 가지 한계점과 단점도 찾아 볼 수 있다.

첫째, 근거이론 방법에서만 사용하는 고유한 용어와 개념의 올바른 이해와 사용이 필요하다. 개방 코딩, 축 코딩, 선택 코딩, 패러다임 모형, 이론적 표집, 반복적 비교, 포화, 핵심범주, 이야기윤곽 등의 용어는 근거이론 방법을 처음 접하는 연구자에게는 생소하여 다소의 개념적 혼란을 가져올 수 있다. 따라서 근거이론 방법을 자신의 연구방법으로 사용하고자 하는 연구자는 근거이론 방법에서 사용되는 용어 및 개념에 대한 올바른 이해를 바탕으로 연구를 수행해야 한다.

둘째, 근거이론 방법을 통하여 새로운 이론을 생성한다는 것은 연구자에게 고도의 창의성이 요구되는 작업이다. 양적 연구에서처럼 명확한 기준이 없는 상태에서 반복적 비교 포화, 코딩, 패러다임 모형 생성 등의 활동을 수행한다는 것은 연구자의 직감, 인지력, 이해력, 창의력, 통찰력 등이 뒷받침되어야 한다는 점을 암시하고 있다.

마지막으로, 근거이론 방법으로 생성된 이론에 대하여 독자들의 이해여부에 대한 문제이다. 즉, 근거이론 방법의 모든 과정은 연구자에 의해서 수행되고 이론이 생성되기 때문에, 이러한 복잡다단한 연구과정으로부터 도출된 이론을 제3자가 제대로 이해하기에 한계가 있다는 점이다.

글레이저와 스트라우스에 의하면 근거이론은 본래 사회과학자들을 위하여 만들어졌지만(근거이론은 사회과학자들만이 할 수 있는 것, 즉 사회학 이론 생성이라는 기본적인 사회학적 활동을 강조하는 것을 목적으로 구성되었다. 기술, 민속지학, 사실발견, 규명 등은 모두 다른 분야의 전문가들과 다양한 연구기관의 일반인들에 의하여 이루어진다. 그러나 그들이 사회학 이론을 생성하는 것은 아니다. 오직 사회학자들만이 이론을 생성하고 추구한다고 하였다), 정치, 교육, 경제, 산업과 같은 우리 사회 제반현상에 흥미가 있는 사람들, 특히 질적 데이터에 근거하여 연구를 설계하고 진행하는 사람들에게 유용하다(이병식 · 박상욱 · 김사훈(역). 2017: 7).

교육연구의 방법은 언제나 열려 있어 다양한 방법의 취사선택이 가능하다. 내러티브교육 연구도 예외는 아니다. 그럼에도 불구하고 근거이론 방법을 활용하는 이유는 무엇인가? 근거이론은 이론의 생성/개발이 목적인가? 이에 대하여 스트라우스와 코빈은 '근거이론 방법으로 획득한 지식을 통해 인간의 (다양한) 경험과 (복잡한) 상황을 설명하고, (문제가 포착되었을 때) 보다 근본적인 변화전략을 구안할 수 있다'고 주장한다(김미영 외 7(역), 2015: 12). 근거이론 연구방식이 복잡하기 이를 데 없는 교육현상에도 충분히 적용가능하고 필요한 탐구방식임은 자명하다.

3. 텍스트 마이닝(텍스트 해석)

일반적으로 텍스트 해석학은 인문사회 분야 학술담론 및 연구방법으로 널리 사용되고 있다. 텍스트 마이닝은 특정 연구주제나 내용과 관련된 중요 텍스트를 수집, 분류, 분석, 종합하는 일련의 과학적 연구법의 일종이다. 단순한 해석이나 인용이 아니라 조직적이고 체계적인 분석과정을 거쳐 의미있는 자료로 재구성되는 절차를 갖추고 있다.

1) 연구자의 전(前)이해와 연구문제

해석학적 연구방법을 통해 연구를 시작하는 텍스트 해석자(연구자)는 누구나 특정한 문제나 현상(교육과 관련된)에 대한 자신만의 고유한 관심을 갖게 되고, 그 특정한 주제와 관련된 자료나 문헌들을 수집, 분류, 해석하기 시작한다. 연구자 자신이 탐구할 교육관련 특정주제와 관련된 2차 문헌(비판판 텍스트)을 두루 섭렵한다. 텍스트 해석자(연구자)가 제기, 설정하는 연구문제는 그가 평소에 가졌던 교육학적 인식관심, 혹은 일정한 전이해(일종의 cognitive frame)가 반영되기 마련이다. 이러한 전이해는 평소 텍스트 해석자(연구자)의

소신과 문제의식의 명료화(연구문제로 진술되는) 과정을 거치면서 일정한 문제제기(연구계획서상의) 형태로 발전한다. 그러므로 텍스트 해석자(연구자)가 제기한 연구문제에는 반드시 그 사람의 전이해가 반영되기 마련이다.

2) 해석학적 순환

텍스트 해석자(연구자)는 진술문의 형태로 최초로 제기한(연구계획서상의) 연구문제를 정치(精緻)시켜 나간다. 이때 텍스트 해석자(연구자) 자신의 전이해나 문제제기를 수정하거나 교정하는 활동이 이루어진다. 텍스트 해석자(연구자)는 자신의 개인적인 선호, 성향, 문제의식 등을 기반으로 기술된 연구문제에 자신의 전이해를 반성(反省)적으로 검토한다. 경우에 따라 연구문제를 전향적으로 바꾸기도 한다. 만약 반성적 성찰의 결과 텍스트 해석자(연구자) 자신의 문제의식에 어떤 오류가 있음을 느꼈음에도 불구하고 여전히 자신의 전이해+연구문제의 정당성만을 고집한다면, 향후 연구과정에서 연구자 자신의 지각 왜곡(선입관, 선판단, 편견, 고정관념, 부정적 프레임) 등이 영향을 미치게 된다. 이러한 지각 왜곡 현상은 텍스트 해석자로서의 정당성을 상실하여 연구과정 내내 텍스트 해석상의 왜곡을 초래한다.

3) 원전 텍스트와 비판판 텍스트

텍스트 해석자(연구자)가 해석해야 할 자료는 일정한 텍스트 형태로 구성된 것을 대상으로 한다. 텍스트에는 원전의 형태(원전 텍스트)와 이에 대한 체계적인 비판을 거쳐 만들어진 해석판의 형태(비판판 텍스트)가 있다. 성경의 경우 예수의 제자들이 기록한 것이 원전 텍스트라면 현대성경은 일종의 1차 비판판 텍스트가 된다. 텍스트 해석의 연구방법을 사용하는 텍스트 해석자(연구자)가 스스로 원전 텍스트 해석 능력이 없다고 생각하면 권위가 있는 비판판 텍스트를 사용할 필요가 있다.

4) 의미론적 접근

텍스트 해석자(연구자)는 본격적으로 텍스트를 해석하는 작업에 착수하게 되는데, 이때 직면하는 최초의 문제는 텍스트에 사용된 개별단어들의 의미와 문장형식에 대한 혼란이다. 모든 텍스트는 원저자가 부여한 의미와 텍스트 해석자(독자)가 수용하는 의미가 불일치 상태에 놓여 있기 마련이다. 더욱이 말과 글이 시대상, 개인적 취향 등에 따라 변화무쌍한 점을 고려해야 한다. 그러므로 텍스트 해석자(연구자)는 원전 텍스트나 비판판 텍스트에서 저자가 사용하는 단어와 문장의 특별한 의미를 우선 확인해야 한다(권위 있는 선행연구를 통해).

5) 대립논쟁에 대한 해석

교육학적 텍스트들에는 대개 논쟁거리가 될 만한 입장과 태도들이 숨어 있기 마련이다. 따라서 텍스트 해석자(연구자)는 자신이 선택하여 읽고 있는 텍스트를 온전하게 이해(해석)하기 위해서 반드시 그 텍스트와 대립적 입장에 있는 텍스트를 동시에 읽거나 대비(비교)작업을 수행하면서 읽어나가야 한다.

6) 텍스트 내재-외재적 의미관련 설명

텍스트 해석자(연구자)는 자신이 선정한 개별 텍스트를 해석할 때, 반드시 텍스트의 내적인 관련을 넘어서 그 텍스트의 내재적 의미를 규명해주는 다른 원전들도 동시에 검토해야 한다. 한편 텍스트 외재적인 정보들(특히 원전 텍스트가 작성될 당대의 역사적 사건, 저자의 가정사 등)은 텍스트 해석자(연구자)가 읽고 있는 텍스트 안에 담겨 있는 내용들을 이해하는 데 중요한 단서를 제공할 수 있다. 텍스트 해석자(연구자)가 자신이 선택한 어떤 텍스트를 해석하는 과정에서 이해하기 어려운 언어나 문장들은 이러한 내재적－외재적 의미관련성을 통하여 해결되기도 한다. 상호텍스트성에 대한 분석으로 확장해도 무방하다.

7) 문장론적 접근

텍스트 해석의 방법으로 교육학 연구를 하는 사람은 자신이 선택하여 해석하는 텍스트에서 사용되는 문장과 문장의 연결고리들, 특히 '그러나, 그러므로, 따라서, 그렇기 때문에, 그리고, 그렇지만, 그럼에도 불구하고' 등의 의미에 특별히 주의해야 한다. 이러한 연결고리들에는 저자가 의도하는 상관, 연속, 인과, 부연 등의 의미가 숨어있고, 텍스트 해석자(연구자)는 이러한 관점에서 자신이 읽는 텍스트에 사용된 문장의 전후를 정확하게 이해해야 한다. 왜냐하면 이러한 연결고리들은 텍스트 저자의 관점, 입장이 드러나는 중요한 단서가 되기 때문이다.

8) 텍스트 의미 분석

위와 같은 문장론적 접근은 텍스트 해석자(연구자)가 읽는 텍스트 전체에 걸쳐 조직적으로 이루어져야 한다. 텍스트 해석자가 수행하는 텍스트 전반에 걸친 문장론적 접근을 통하여, 저자의 의도나 생각이 그 텍스트 전체에서 일목요연하게 정돈되고 재구성된다. 다시 말해 텍스트 저자의 교육학적 이데아(논거와 주장들)가 텍스트 해석자(연구자)에 의하여 일정한 구조적 형식(혹은 도식)으로 재구성된다. 특히, 이러한 작업은 텍스트 원저자가 (일종의 후속작업으로) 자신이 쓴 저서의 내용, 형식에 대하여 자세하거나 명확한 설명을 하지 않은 경우 더욱 필요하다.

예를 들어 『성경』의 원전에는 일정한 형식의 구분이 없었다. 성경은 후대의 신학자나 해석학자들의 텍스트 의미 분석 작업을 통하여 체계적인 구조를 갖추게 되었다. 또한 『에밀』의 경우도 루소는 특별히 장이나 절의 구분을 하지 않았지만, 후대의 교육학자나 철학자들이 체계적이고 조직적인 의미 분석 작업을 통하여 주인공 에밀의 발달적 관점에서 재구성하여 오늘날 연구자들이 참조하고 있다.

9) 비판판 텍스트 해석

텍스트 해석자(연구자)는 자신이 읽어야 할 텍스트에 대하여 저자의 교육학적 논거, 입장, 결론, 맥락 등을 검토해야 할 뿐만 아니라, 비판적인 관점에서(일종의 검증과정을 거치면서) 해석해 나가야 한다. 이는 원칙적으로 텍스트 저자도 논리적으로 오류를 범했을 가능성을 전제로 한다.

10) 해석학적 순환

텍스트 해석자(연구자)가 읽는 텍스트에 사용된 단어, 문장, 문단 등은 서로 관련되어(맥락을 갖추고 있어) 있다. 해석학적 연구방법에서 맥락(context)의 개념은 포괄성을 의미하며, 이는 반드시 개체성(text)을 전제로 한다. 결국 텍스트 해석자(연구자)가 해석하는 개별텍스트를 제대로 이해하기 위해서는 이러한 단어－문장－문단의 통일성을 반드시 확인해야 한다.

11) 텍스트에 대한 이념비판적 해석

텍스트 해석자(연구자)는 자신이 설정한 연구문제와 관련된 개별텍스트를 해석하는 작업에서 과연 저자는 자신이 살던 당대의 사회적 상황을 어떻게 이해하고 있는가?의 문제도 함께 고려해야 한다. 왜냐하면 어떤 저자든 의식적 혹은 무의식적으로 자신이 살고 있는 시대상황에 대한 사회적 관심사를 자신의 텍스트에 반영하기 때문이다. 그러므로 텍스트 해석자(연구자)가 텍스트 저자가 살던 시대－사회적 상황과 저자의 사회의식 간의 관련성(맥락)을 이해하는 것도 텍스트를 완전하게 이해하기 위해 필요한 방법이다.

표 23 대학생 학생성공관련 텍스트 마이닝(예시)

저 자	제 목	주요 시사점
G.D. Kuh, J. Kinzie, J.H. Schuh	Student Success in College : Creating Conditions That Matter	대학생의 학생성공을 만들어내는 다양한 조건과 내용에 대한 일반적인 담론체계

저 자	제 목	주요 시사점
L.F. Jacobs, J.S. Hyman	The Secret of College Success	대학성공의 본질, 대학성공의 의미에 대한 성찰
Jarom J. Schmidt	College Success : Networking	대학성공을 위한 네트워킹의 원리와 실제
Jean Raniseski	College Success	일반담론으로서 대학성공의 의미와 본질
Cal Newport	How to Win at College: Simple Rules for Success from Star Students	평범함을 뛰어넘어 탁월성을 발휘하기 위한 대학생활의 원리와 방법에 대한 안내
R. McCutcheon, T. Lindsey	It Doesn't Take a Genius: Five Truths to Inspire Success in Every Student	모든 학생들이 뒤처지지 않고 모두가 성공을 거두기 위한 대학생으로서의 비범성에 대한 성찰
L.E. Decker, V.A. Decker, P.M. Brown	Diverse Partnerships for Student Success: Strategies and Tools to Help School Leaders	학생들을 성공적인 대학생활로 안내하고 정치시키기 위한 학교 측의 노력과 방안
Hayley Mulenda	The ABCs to Student Success	학생성공의 원리
Clidie B. Cook	The Black Student's Guide to College Success: Revised and Updated by William J. Ekeler	구성원의 다양성에 대한 고려를 바탕으로 하는 학생성공 지원 방안에 대한 가이드라인
Karen Manheim Teel	Making School Count: Promoting Urban Student Motivation and Success	도시소재 대학의 재학생들을 위한 학생성공 길라잡이
Gary L. Kramer	Fostering Student Success in the Campus Community	대학 내 다양한 기구나 모임 등을 연계하여 학생들의 성공적인 캠퍼스 라이프를 지원하는 전략
Joseph E. ZIns	Promoting Student Success Through Group Interventions	그룹활동을 통해 대학생들을 성공적인 삶으로 안내하는 구체적인 방안
B. DePorter, M. Reardon, S. Singer-Nourie	Quantum Teaching: Orchestrating Student Success	학생성공을 위한 수업방식의 혁신과 학교 측의 노력에 대한 안내
E. Jensen	Student Success Secrets	학생성공 개념, 내용, 방법 등에 대한 개괄적인 이해
Norris Haynes	Pathways To School Success	학생성공을 이끌기 위한 기관의 구체적인 전략
Richard A. Villa, Jacqueline S. Thousand	Leading an Inclusive School: Access and Success for All Students	모든 학생들이 성공적인 대학생활을 영위해야 할 이유와 포용성을 기반으로 하는 학교 측의 지원방안
Bob Roth	College Success: Advice for	고등학교 및 대학교에서 학생들을 성공적인

저 자	제 목	주요 시사점
	Parents of High School and College Students	삶으로 인도하기 위한 학부모 참여방법에 대한 안내
Kenneth Leithwood, Jingping Sun	How School Leaders Contribute to Student Success: The Four Paths Framework	학생성공을 지지하고 안내하기 위한 학교행정가들의 행동전략
Lynn Hamilton	Secrets of School Board Success: Practical Tips for Board Members	학생성공을 지지하고 안내하기 위한 대학교수평의회의 역할과 관리전략
Etta R. Hollins, Eileen Iscoff Oliver	Pathways to Success in School: Culturally Responsive Teaching	문화다양성을 고려하는 학교풍토 만들기와 이를 고려하는 수업설계의 원리와 전략
Aina Tarabini, Dean Wang	The Conditions for School Success: Examining Educational Exclusion and Dropping Out	학업영역에서 실패하거나 어려움을 겪는 학생들의 문제를 해결하기 위한 학교 측의 관리 전략
Kathleen Lynne Lane, Holly Mariah Menzies, Robin Parks Ennis	Supporting Behavior for School Success: A Step-By-Step Guide to Key Strategies	학생성공을 구체적으로 구현하기 위한 학교구성원의 지지전략 실제
Megan M. Mcclelland, Shauna L. Tominey	Self-Regulation and Early School Success	학생성공을 위한 학생 스스로의 자기규율과 자기관리의 전략에 대한 안내
Robert Dillon	Powerful Parent Partnerships: Rethinking Family Engagement for Student Success	자녀의 학생성공을 위한 학부모의 학교교육 참여 방법
Franklin P. Schargel	162 Keys to School Success : Be the Best, Hire the Best, Train, Inspire and Retain the Best	최고의 성과를 거두기 위하여 필요한 학교생활의 구체적인 방안들에 대한 안내
Irving H. Buchen	Parents Guide to Student Success: Home and School Partners in the Twenty-First	학생들의 학교성공을 위하여 가정에서 부모들이 고려해야 할 몇 가지 유의사항들에 대한 안내
Debra J. Anderson	College Culture, Student Success	학교의 분위기나 역사성과 학생성공의 상관
Terry Taylor, Amy Solomon, Lori Tyler	100% Student Success	완전한 학생성공을 위한 학교생활의 전략과 성과창출형 학교교육과정 설계 방안

저 자	제 목	주요 시사점
Jack Bainter	Student Success, Everyone's Business	대중의 관심이 되어야 할 학생성공의 의미와 내용
D. Michael Pavel, Ella Inglebret	The American Indian and Alaska Native Student's Guide to College Success	특정지역 출신 대학생들의 성공적인 학교생활을 지원하는 학교 측의 관리 전략
Carol A. Dahir, Carolyn Bishop Stone	School Counselor Accountability : A Measure of Student Success	학생성공에 대한 측정·평가 분야의 기여에 대한 안내 및 학교카운슬러의 책무성
Douglas College	Student Success	학생성공의 원리와 실제
Judy Ness, Frederic Skoglund	Student Success: How to Make It Happen	학생성공을 구체화하기 위한 전략적 방안과 전략개발의 원리와 실제
Jeffrey M. Warren	School Consultation for Student Success: A Cognitive-Behavioral Approach	학생성공을 위한 인지적-행동적 접근 방안에 대한 사례중심의 안내
Christine Harrington	Student Success in College + LMS Integrated for Mindmap College Success	학생성공의 심리적 현상에 대한 이해와 학습성과시스템(LMS)을 통한 학생성공 지원방안
Rosie Phillips Bingham, Daniel Bureau, Amber Garrison Duncan	Leading Assessment for Student Success: Ten Tenets That Change Culture and Practice in Student Affairs	대학기구인 학생복지지원처에서 고려해야 할 학생성공 지원프로세스에 대한 사정 방안과 환류 전략에 대한 안내
Sarah Lyman Kravits, Carol J. Carter	Keys to College Success, Student Value Edition Plus New Mylab Student Success with Pearson Etext	학생성공의 가치분석을 위한 통계학의 활용 방안에 대한 가이드라인
Richard Faidley	Principal Leadership and Student Success	리더십과 학생성공의 연관성
Edwena Kirby	Essential Measures for Student Success: Implementing Cooperation, Collaboration, and Coordination Between Schools and Parents	학생성공을 위한 학생과 학부모간의 상호협력, 상호지지, 갈등해결 장치를 운용하는 기법들
Toni Buxton	The Secret to Your College Success: 101 Ways to Make the Most of Your College Experience	학교생활에서 이루어지는 경험들을 학생성공으로 이끄는 101가지 방법
John W. Santrock	Your Guide to College	학생들의 목표달성을 위한 성공적인 캠퍼스

저 자	제 목	주요 시사점
	Success : Strategies for Achieving Your Goals	라이프 전략과 구제척인 실천방안에 대한 안내
Raymond Gerson	Achieve College Success, 3e	학생성공을 이루는 3e
엘린 트레이시	성공적인 대학생활	성공적인 대학생활을 논의할 때 연구자들이 고려해야 할 이유 제시
가토 다이조	대학생활 어떻게 할까	대학생의 성공적인 적응 및 자기성장에 대한 구체적인 방안
사라 무어, 마우라 머피	통통통 대학생활 100: 대학에서의 학습 탐구 생존을 위한 100가지 키워드	대학생의 성공적인 학교생활의 핵심으로 학업성과에 대한 안내
권석만	인생의 2막 대학생활: 서울대 심리학과 권석만 교수가 들려주는 대학생활 이야기	심리학 기반의 대학성공에 대한 구체적인 사례와 안내
권창미	대학생활과 진로탐색(대학생의 자기계발을 위한)	대학생의 재학 중 고려해야 할 진로탐색의 의미 및 실용적인 방법 안내
김동식	성공한 인생	성공적인 삶과 생애개발의 원리와 실제
다니엘 박	성공의 8단계	성공의 개념, 성공에 이르는 삶의 방식
강규형	성공을 바인딩하라(대학생 편)	생애개발 단계에서 대학생의 성공적인 삶을 위한 조언
류영주	성공적인 대학생활	성공적인 대학생활의 구체적인 방법과 대상에 대한 성찰
홍영기, 강호주	대학 2.0시대 성공DNA를 주입하라	대학의 변화에 정합하는 대학생들의 학교생활에 대한 안내
에릭 바커	세상에서 가장 발칙한 성공법칙	성공에 대한 일반담론으로서 성공법칙의 의미와 방법
윤형렬, 김홍석 외 3	성공적인 대학생활	성공적인 대학생활의 구조적인 이해
이지은	대학생활 매뉴얼 A+	구체적인 대학생활을 위한 조언과 안내
이태현	대학생활과 진로설계(성공할 수 밖에 없는)	성공감을 느끼고 지향하는 대학생의 학교생활에 대한 가이드라인
김지현, 신의항	대학의 학부교육- 세계대학의 우수사례	세계대학의 교육혁신 사례와 학부교육의 변화 필요성에 대한 조사결과
임해규	교육에서 학습으로(학습권과 그 보장원리)	학습주권시대로 전환되는 미래의 교육생태계에서 고려해야 할 교수와 학생의 자세
손 코비	성공하는 대학생들의 7가지 습관	성공하는 사람들의 습관 중에서 특히 대학생들이 고려해야 할 사항을 구체적으로 안내함
정기오	대학이란 무엇인가	대학의 의미와 대학생의 대학생활에 임하는 자세에 대한 선배로서의 조언

저 자	제 목	주요 시사점
짐 콜린스	목표를 성공으로 이끄는 법	목표달성, 성과창출을 도모하는 일반인들의 삶의 지혜에 대한 조언
최화숙	대학생활설계(행복한 대학생활과 융합형 인재를 위한)	행복감, 성공감을 만끽하기 위하여 대학생이나 학교에서 고려해야 할 것들
주용기, 박선아 외 3	행복한 대학생활의 시작	구체적인 삶의 현장으로 대학교에서 행복한 경험을 이루는 방법에 대한 안내
입시전략연구소	명문대 진학, 인성으로 디자인하라- 17명의 대학생이 밝히는 입학사정관 전형의 비밀!	성공적인 대학생활의 핵심으로 인성의 중요성과 필요성에 대한 전문가 조언
이용익	새내기를 위한 대학생활 팁	대학생활의 정치와 비전을 만들기 위한 대학생활의 지혜에 대한 구제적인 사례중심 조언
스턴버그(저), 박성옥 외(역)	성공지능 가르치기	성공지능의 개념, 성공지능 검사지 개발의 방법에 대한 지침
킬 뉴포트	성공하는 사람들의 대학생활 백서	사회적으로 성공한 사람들의 대학생활은 어떠한가?에 대한 사례중심 안내

4. 이데아/마인드 마이닝

학술담론체에서 정의하는 존재의 현상학에 의하면 모든 실존은 이데아의 현현(顯現)이다. 쉽게 말하면 실재란 생각의 드러남 혹은 구체화된 생각이다. 따라서 아직 드러나지 않은 뭇 이데아들은 그저 개인 차원의 상념일 뿐이다. 그러나 이것들이 밖으로 드러나 일정한 소통구조 속에서 구체화된 언행을 통해 공유된 의식으로 전환될 때 비로소 객관화된 의미를 생성한다. 이데아/마인드 마이닝은 다양한 주관적 상념들을 일정한 규칙과 목적을 바탕으로 객관적으로 공유하기 위한 장치이다.

생각은 다양할 수밖에 없다. 생각은 또한 공유될 수 없다. 다만 이러한 다양성을 일정한 방식에 따라 범주화함으로써 생각의 씨줄과 날줄을 만들어 나갈 수 있다. 일반적으로 널리 활용되는 브레인스토밍(brainstorming)이라는 이데아/마인드 마이닝 형식은 난삽한 생각들을 형태를 갖춘 일종의 퍼즐(의미를 갖춘)로 전환하는 도구적 방식이다. 브레인스토밍은 창의적인 아이디어를 생산하기 위한 학습 도구이자 회의 기법이다. 브레인스토밍은 창의적 발상 기법으로 집단에 소속된 인원들이 자발적으로 자연스럽게 제시된 아이디어 목록을 통해서 특정한 문제에 대한 해답을 찾고자 노력하는 것을 말한다.

이 용어는 오스본(A.F. Osborn)의 『Applied Imagination』(1930)에서 처음 등장하였다. 광고책임자였던 그는 창의적으로 문제를 해결하는 방법을 개발하기 시작했다. 즉, 직원들이 광고 캠페인에 대한 창의적인 생각을 혼자 고안하지 못하는 것에 대해 실망하여, 협동 아이디어 회의를 주최하고 직원들로부터 질적이고 풍부한 아이디어를 끌어낼 커다란 개선 방안을 찾아냈다. 『Your Creative Power』(1948)에서 창조적 생각을 위한 모임을 조직하는 법에 그 개요를 작성했다(이하의 내용은 위키백과의 '브레인스토밍' 검색 결과를 재구성한 것임).

1) 오스본 방식의 의미

브레인스토밍에 관한 오스본의 방법론에서는 효과적인 발상을 위한 두 가지 원리를 제안한다. 즉, 판단 보류와 가능한 많은 발상을 도출하는 것이다. 두 가지 원리에 따라 그는 4가지 기본 규칙을 언급했다. 이는 멤버 간 사교적 어색함이나 거리감 줄이기, 아이디어 주장에 대한 격려 및 자극하기, 그룹의 전체적인 창의성 증대 등을 도모하기 위한 것들이다.

(1) 다양성: 총량에 포커스 맞추기

양이 질을 낳는다(quantity breeds quality)는 방식에 따라 문제해결을 꾀하는 것으로 발상의 다양성을 끌어올리는 규칙이다. 많은 숫자의 아이디어가 제시될수록 효과적인 아이디어가 나올 확률이 올라간다는 것을 전제로 하고 있다.

(2) 확장성: 비판과 비난의 자제

브레인스토밍이 이루어지는 동안 제시된 아이디어 비판은 추후의 비판적 단계까지 보류하고 계속해서 아이디어를 확장하는 것에 초점을 두어야 한다. 비판을 유예하는 것으로 참여자들은 자유로운 분위기 속에서 독특한 생각들을 꺼낼 수 있게 된다.

(3) 고유성: 특이한 아이디어 물색

생산적인 아이디어 목록을 얻기 위해서 엉뚱한 의견을 개진하는 것도 장려된다. 새로운 지각을 통해서 혹은 당연하다고 생각해 오던 인습이나 가정들을 의심하는 것으로부터 더 나은 답을 모색할 수 있는 새로운 방안이 떠오를 수 있다.

(4) 성과성: 아이디어 조합 및 개선

1+1이 3이나 또 다른 총량이 될 수도 있다는 엉뚱한 발상에 따라 새로운 아이디어들을 연계시키는 것으로써 구성원들은 이를 통해 더 뛰어난 성과(high performance)를 얻을 수 있다고 믿는다.

브레인스토밍 장면에서 다루는 문제가 가치판단을 필요로 하는 경우에 위의 원칙들을 충분히 만족시키는 것이 부적절해진다. 오스본은 브레인스토밍에 참여하는 적정인원으로 12명 정도를 구상했다. 주최자는 참여자들에게 참신하고 독특한 해답을 내놓도록 독려한다. 제시된 아이디어는 어떠한 비판이나 조언을 받지 않는다. 참여자들은 그저 해결책이 될 수 있는 수단들을 제시할 뿐 실현가능성 여부에 대한 분석적인 판단은 하지 않는다. 그에 대한 판단은 브레인스토밍 이후의 회의에서 실시한다.

2) 브레인스토밍 기법

(1) 명목집단 기법

참여자들은 생각을 익명으로 적어 낸다. 이후 진행자는 작성된 아이디어들을 모으고 참여자들은 투표한다. 투표는 간단하게 지지하는 아이디어에 거수로 표시한다. 이러한 과정은 일종의 증류 작업이라고 볼 수 있다. 이렇게 걸러진 높은 득표의 아이디어는 다시 원래의 회의 혹은 서브 그룹으로 넘어가고 추가적인 브레인스토밍을 실시한다. 각 그룹은 이후 다시 돌아와 전체적으로 제시된 아이디어들에 투표한다. 가끔 이전 단계에서 떨어진 아이디어가 다시 제기되어 재평가하기도 한다. 이러한 과정을 시도하기에 앞서 진행자는 이 기법을 매끄럽게 이끌 수 있도록 훈련을 받는 것이 매우 중요하다. 참여자들 역시 이런 과정을 받아들일 기술적인 준비가 되어 있어야 한다. 다른 모든 팀 차원의 활동들처럼 중요한 문제를 다루기 전에 기법에 적응하도록 약간의 연습 회의를 하기도 한다.

(2) 그룹전달 기법

둥근 형태의 그룹에서 각각의 사람은 하나의 아이디어를 기록하고 난 다음, 다음 사람에게 종이를 돌리는데 그는 받은 종이에 자신의 생각을 더한다. 모든 사람이 자신의 종이를 받을 때까지 계속한다. 마침내 그룹은 각각의 아이디어에 대해 상세히 설명할 수 있게 될 것이다. 아이디어 북을 만들고 그 앞에 배포 목록이나 회람을 붙인 쪽지를 부착하기도 한다. 첫 페이지에는 문제에 대하여 기록한다. 책을 받는 첫 번째 사람은 아이디어 목록을 기록하고 회람에 적힌 다음 사람에게 넘긴다. 다음으로 받은 사람은 이전 사람이 기록한 아이디어에 새로운 아이디어를 기록하거나 덧붙인다. 목록의 모든 사람이 다 참여할 때까지 계속한다. 그리고 낭독 회의를 개최하여 책에 기록된 아이디어들에 대해 의논한다. 이 기법은 더 오랜 시간이 걸릴 수 있으나, 참여자들에게 더 깊이 생각할 수 있는 시간을 줄 수 있다.

(3) 매핑 기법

팀 아이디어 매핑 기법은 연관성(association)을 이용한 브레인스토밍이다. 이 방법은 참여자 간의 공조를 향상시키고, 아이디어 수를 늘리며, 모든 참가자들이 참가하고 아이디어를 내지 않는 행위가 거부되는 식으로 설계된다. 이 기법의 과정은 명확하게 정의된 주제로 시작한다. 각 참여자는 주제에 대해 개인적인 브레인스토밍을 실시하고 그 뒤 모든 아이디어를 하나의 거대한 맵으로 합쳐낸다. 이러한 통합 단계에서 참여자들은 각자의 아이디어에 내포된 의미를 공유하며 문제에 대한 공통적인 이해를 하게 된다. 공유 과정 중에 아이디어가 서로 연관되면서 새로운 아이디어가 생겨나고 이 아이디어들도 역시 맵에 추가된다. 모든 아이디어가 종합되면 구성원들은 우선순위를 매기거나 행동을 취한다.

(4) 통제 기법

통제 브레인스토밍은 컴퓨터나 손으로 실시한다. 이는 사람들에게 더 잘 알려진, 더 선호하는 해결 영역에서 작용한다. 이러한 기준은 고의적으로 관념화하는 과정을 제한하는 데 사용된다. 각각의 참가자들은 종이 한 장, 혹은 전자 양식을 받는다. 그리고 브레인스토밍 질문거리에 대해 의견을 나눈다. 참가자들은 각각 하나의 응답을 적고, 모든 종이와 양식을 무작위로 참가자들끼리 바꾼다. 그들이 받은 아이디어를 보고 기준 아이디어를 근거로 아이디어를 향상할 수 있게끔 개선한다. 양식을 바꾸고 응답하면서 아이디어를 향상시키는 과정을 반복한다.

(5) 유도 기법

이는 특정한 주제에 대하여 시간 및 사고 범위에 제한을 두고 각자 생각하는 시간과 그룹이 함께 생각하는 시간을 따로 떼어두는 회의 방식이다. 이런 종류의 브레인스토밍은 문제에 대한 관심을 끌고, 개인과 집단의 균형이 잡힌 환경 속에서 비판적이거나 창의적인 사고를 자극하고, 갈등 및 회의의 제한요소를 제거한다. 참가자들은 그들의 아이디어를 미리 임명한 수기사에 의해 그려진 마인드맵의 중앙에 위치시키기 위해 노력하면서 제한시간 동안 다른 사고방식을 받아들여야 한다. 다양한 관점을 점검하는 동안 참가자들은 간단한 해결책이 모아지며 점점 커지는 과정을 지켜본다. 각각의 행동이 개개인에게 할당된다. 유도 브레인스토밍 영역을 사용하는 참가자들은 더 나은 브레인스토밍을 위해 우선순위를 메기고, 미답변인 조사와 질문을 남겨두고, 행동 가능한 목록들을 작성해 모두에게 무엇이 필요한지, 다음에는 어떻게 할 것인지를 명확하게 이해한다. 이를 통해 집단의 더 큰 목표와 혼합된 미래에 초점을 맞추는 것을 실현시킨다.

(6) 개인 기법

브레인스토밍을 혼자 스스로 수행하는 것이다. 그것은 전형적으로 무엇이든 자유롭게 쓰고 말해보기, 단어들 연관시키기, 마인드맵 그리기(사람들이 그들의 생각을 도형으로 그리는 시각적 필기)와 같은 테크닉을 포함한다. 개인적

브레인스토밍은 창의적 글쓰기에 유용한 방법이고, 전통적인 브레인스토밍보다 우월하다.

(7) 질문 기법

이는 어떤 문제에 대해 즉각적으로 답을 구상하기보다 문제에서 파생되는 질문에 대해 사고를 회전시키는 기법이다. 이론적으로 이 기법은 참가들에게 답을 내놓을 필요가 없다는 식으로 제한을 걸지 않는다. 질문의 답은 미래 행동 계획을 구성해서 구조화하는 것으로 대체한다. 일단 질문 리스트를 작성하고, 올바른 방법으로 최고의 해답에 도달하기 위해 우선순위를 정한다. 큐스토밍(question+storming)은 질문방식의 다른 용어이다.

브레인스토밍 방식과 기법은 활용의 확장과 더불어 다양한 형태로 파생되었다. 이러한 브레인스토밍 파생기법들은 아래와 같이 브레인스토밍 계열, 브레인라이팅 계열, 혼합계열 등으로 분류된다.

표 24 브레인스토밍 파생기법

구 분	기 법	참가자가 아이디어 구두제시	참가자가 아이디어 용지기록	구두 접촉	비구두 접 촉	아이디어 선별포함	카드 사용	용지 사용
브레인스토밍 계 열	고든법	O		O				
	역브레인스토밍	O		O				
브레인라이팅 계 열	브레인라이팅 풀		O		O			O
	브레인스토밍 게시판		O					O
혼합계열	미쯔비시	O	O	O				O
	트리거법	O	O	O				O

3) 브레인스토밍의 특장(特長)과 취약성

(1) 다양성

브레인스토밍은 쉽게 실행할 수 있고, 다양한 주제를 가지고 실행할 수 있다. 무엇이 옳은가? 어떠한 대안을 선택하는 것이 좋은가? 등과 같은 판단을 필요로 하는 주제가 아니라면 어떠한 주제라도 가능하다. 집단의 소규모 의사결정부터 대규모까지 복잡하지 않은 절차를 통해 구성원들과 아이디어를 자유롭게 생성, 공유할 수 있다.

(2) 시너지

아이디어의 질보다 양에 초점을 맞추고 있어 구성원들은 즉각적으로 생각나는 아이디어를 제시할 수 있다. 이 때문에 다량의 아이디어가 생성된다. 구성원들은 본래 자신이 가지고 있던 기존의 아이디어를 개선하여 발전된 아이디어를 창출할 수 있다. 다른 사람의 의견을 참고하여 창의적으로 조합할 수 있기 때문이다. 또한 여러 가지 발상들이 모여 수정되고 개선하는 방안을 거치면 혁신적인 아이디어가 도출될 수도 있다. 즉, 무심코 제시한 의견도 다른 사람들에게는 독창적인 아이디어를 도출해 내는데 좋은 준거나 참고가 될 수 있고, 다양한 아이디어들이 모여 새롭고 유용한 아이디어가 창출될 수 있는 환경이 마련된다.

(3) 자유감

비판과 비난을 자제하는 것을 원칙으로 삼고 있기 때문에 구성원들이 부담 없이 의견을 표출할 수 있다. 부담감은 창의성의 최대의 적(敵)이다. 제시된 아이디어에 대한 비판은 추후의 비판적 단계까지 유예된다. 즉, 아이디어를 표출하고 확장하는 데 초점을 맞추는 것이기 때문에 참여자들은 비교적 자유롭게 자신의 의견을 제시할 수 있는 분위기와 환경 속에서 다양하고 독특한 아이디어들을 표현할 수 있게 된다.

(4) 효율성

임의로 발상 시간을 늘리거나 줄일 수 있기 때문에 시간 조정이 가능하다. 즉, 시간 관리가 탄력적으로 이루어진다. 어떤 사람은 적극적으로 의견을 개진하는 반면, 어떤 사람은 거의 말을 하지 않는다. 주어진 시간 내에 아이디어를 생각해보고 모든 참여자들이 자유롭게 말할 수 있다. 뿐만 아니라 혼자서도 얼마든지 할 수 있다. 타이머 등을 준비하여 발상의 시간을 정하고, 생각나는 아이디어를 정리할 수 있다. 제대로 이루어지지 않으면 오히려 시간 낭비를 불러일으킬 수 있으므로, 체계적인 과정 속에서 이루어져야 한다.

(5) 산출 방해

타인의 이야기를 경청하기 때문에 자신의 사고가 방해를 받아 제대로 된 아이디어 산출이 어려울 수 있다. 즉, 집단이 커질수록 개인의 아이디어를 표현하는 데 방해 또는 지연될 가능성이 높으므로 개인역량을 온전히 발휘할 수 없게 된다. 제한된 시간을 설정할 경우 창의적인 아이디어를 충분히 설명할 시간을 갖지 못해 좋은 아이디어가 사장될 가능성도 있다. 더욱이 그룹 내에 집단적 성향을 가진 사람이 많은 경우나 일치를 강요하는 압력이 강할 경우 자신의 의견을 왜곡하여 발언하기도 한다.

(6) 평가 불안

집단 내에 권위를 행사하는 주체가 존재하거나 성원들이 사회적 차원에서 이루어지는 상호작용에 대해 불안이나 부담을 느낄 때 소모적인 아이디어가 생성된다. 이는 권위적 인물 또는 상급자가 자신의 아이디어에 대하여 부정적 평가를 내릴 것에 대한 두려움과 부담감에서 비롯된다. 즉, 어떠한 아이디어를 말할 때 상급자 혹은 동급자 내에서 역량에 대한 부정적 평가받기를 회피하기 때문에 아이디어를 낼 때 자기검열을 하는 사람이 발생한다. 또한 대다수의 의견과 유사한 아이디어를 제안하는 동조 혹은 강화 현상이 나타나기도 한다.

(7) 사회적 태만

아이디어들이 집단수준에서 합해지기 때문에 다른 구성원들의 노력에 단순히 무임승차하게 되는 링겔만 효과가 나타날 가능성이 크다. 이는 집단 속에 참여하는 개인의 수가 늘어갈수록 성과에 대한 1인당 공헌도가 오히려 떨어지는 현상이다. 즉, 혼자 일할 때보다 집단 속에서 함께 일할 때 노력을 덜 기울이기 때문에 나타나는 현상이다. 자신이 낸 아이디어에 대한 보상이 제대로 이루어지지 않는다고 생각될 때 이 효과가 나타날 가능성이 크다. 자신과 관련이 없는 업무라고 생각될 때 일정 상황에 만족하려는 성향이 나타나기 때문에 덜 비판적인 태도를 취할 가능성도 크다. 도출된 아이디어나 결론에 대하여 구성원 모두가 최선의 결과라고 여기게 되어 그에 대한 단점이나 취약점에 대하여 간과하는 현상이 나타나기도 한다.

(8) 시간 낭비

브레인스토밍 장면은 마감 설정이나 부담감이 지배적일 때 제대로 일을 하지 못한다고 생각하기 때문에 충분한 시간을 보장한다. 그러나 아이디어에 대한 기준이나 목적이 불확실하거나, 목표에 대한 성취동기가 명료하지 않은 구성원들이 참여할 경우 과도한 시간이 투자되어 오히려 효율성이 떨어질 수 있다. 또한 많은 인원이 참여할 경우 주제에 벗어나거나 혼란스러워질 우려도 있으며, 그렇게 될 경우 오히려 시간 낭비의 개연성이 높아진다.

• • •

집단 지성(collective intelligence)이란 다수 개체들이 서로 협력하거나 경쟁하는 과정을 통하여 얻게 된 집단 차원의 지적 능력을 의미하며, 이는 개체의 지적 능력을 넘어서는 힘을 발휘한다. 이 개념은 미국의 곤충학자 휠러(W.M. Wheeler)가 1910년 출간한 『개미 그들의 구조·발달·행동 AntsTheir Structure, Development, and Behavior』에서 처음 제시하였다. 그는 개체로는 미미한 개미가 공동체로서 협업하여 거대한 개미집을 만들어내는 것을 관찰하였고, 이를 근거로 개미는 개체로서는 미미하지만 군집할 때 고도의 지능체계를 형성한다고 설명하였다. 이후 피터 러셀(Peter Russell)·톰 애틀리(Tom Atlee)·하워드 블룸(Howard Bloom) 등의 후속연구가 이루어졌으며, 제임스 서로위키

(James Surowiecki)는 실험 결과를 토대로 특정 조건에서 집단은 집단 내부의 가장 우수한 개체보다 지능적이라고 주장하였다. 한편 피에르 레비(Pierre Levy)는 사이버 공간의 집단지성을 제시하였는데, 그는 "누구나 자신의 공간을 가지고 일종의 형성하는 시대가 오면 어디에나 분포하고, 지속적으로 가치 부여되며, 실시간으로 조정되고, 역량의 실제적 동원에 이르는 집단지성이 발현될 것"이라고 주장하였다. 집단지성은 사회학이나 과학, 정치, 경제 등 다양한 분야에서 발현될 수 있으며, 인간행동뿐만 아니라 동식물까지 연구 대상에 포함된다. 집단지성의 대표적 사례로 인터넷을 기반으로 구성되는 위키피디아 및 웹2.0을 꼽을 수 있다. 위키피디아의 발전 과정은 지식·정보의 생산자나 수혜자가 따로 없이 누구나 생산할 수 있고 모두가 손쉽게 공유하면서도 정체되지 않고 계속 진보하는 집단지성의 특성을 가장 잘 보여준다.

출처: 집단지성[集團知性, Collective Intelligence] 네이버 백과사전(2021. 03. 31)

집단 지성이란 간단히 말해서 집단적 능력을 말한다. 소수의 우수한 개체나 전문가의 능력보다 다양성과 독립성을 가진 집단의 통합된 지성이 올바른 결론에 가깝다는 주장이다. 이는 월드와이드웹의 발전 방향인 웹 2.0의 핵심 키워드이다. 중지(衆智, 대중의 지혜), 집단지능, 협업지성, 공생적 지능이라고도 한다. 이 개념에 의하면 집단의 지적 능력을 통해 개체적으로는 미미하게 보이는 박테리아, 동물, 사람의 능력이 총의를 모으는 과정을 통한 결정 능력의 다양한 형태로 한 개체의 능력 범위를 넘어선 힘을 발휘할 수도 있다. 이에 대한 개념적 활용은 사회학, 경영학, 컴퓨터공학 등 다양하게 연구되고 있다. 위키위키 사이트들이 대표적인 사례이지만, 다양한 학문 분야가 관심을 가지고 있으며, 특히 컴퓨터공학에서는 자유 소프트웨어가 집단 지성을 적극 활용하여 발전하고 있는 사례로 들 수 있다. 또한 빅 데이터 기술은 집단 지성을 대규모의 정보 수집과 처리라는 방식으로 대체한 기술이라고 볼 수 있으며, 개인들이 제공한 정보를 빅 데이터 프로세싱으로 처리하여 집단 지성을 창출하기도 한다.

출처: 집단지성, 위키백과사전(2021. 03. 31)

표 25 학생성공 관련 전문가 이데아/마인드 마이닝

<table>
<tr><th>전문가</th><th>요약</th></tr>
<tr><td>A</td><td>• 어느 상황이든 조직이나 개인의 성공은 목표설정의 합리성과 비전의 명료성에 있음
• 합리적인 목표설정은 후속적으로 이루어지는 모든 행위나 원칙의 목적론적 정합성을 담보하기 때문에 매우 중요함
• 대학에서 말하는 성과개념은 대학교육의 목표를 기관이나 교수가 아니라 학생이 성과를 거둘 수 있도록 지원하는 생태계를 의미함
• 학생성공과 대학성공 간 유기성에 대한 전향적인 인식 변화가 우리 대학에서 필요한 개혁의 출발점임
• 학생성공(성과)이란 개별학생의 학업성취, 사회정서 역량, 취업 및 창업, 역량 있는 사회구성원으로 사회에 진입함 등임
• 본 연구에서 대학생의 학교생활 성공인식요인에 대한 준거설정과 이에 기반을 둔 검사지를 제작함에 다음의 몇 가지 물음들에 대한 성찰이 우선되어야 함

✓ 우리 대학에는 어떤 학생들이 들어오는가?
✓ 정작 입학을 했지만 마음 붙이지 못하고 떠나려는 학생들은 누구인가?
✓ 학업분야에서 뒤처지거나 실패하는 원인은 무엇인가?
✓ 인간관계나 정서적인 어려움을 겪는 학생들은 누구인가?
✓ 대학의 교육프로그램은 과연 교육적 정합성 측면에서 타당한가?
✓ 취업이 어려운 학생들은 누구이고 원인은 무엇인가?

• 학생성공 인식요인 추출 및 이를 기반으로 검사지를 제작함에 있어 좋은 진단도구와 분석역량은 필수적임
• 진단도구는 과정진단(학습과정, 학습태도, 대학 만족도), 결과 진단(학업성과, 역량수준)으로 구분되며, 도구 개발은 반응자의 진정성을 극대화시킬 수 있는 참 평가가 되어야 함
• 분석역량은 종단분석, 횡단분석을 망라하는 종합성과 연계성을 고려해야 함
• 학생성공의 패러다임은 문제없이 졸업하는 것→제대로 배우고 성장해서 졸업하는 것→제몫 하면서 살아가는 것으로 전환되고 있는 점도 본 연구에서는 주목할 필요가 있음

* 참고로 학생성공 인식요인 추출 및 검사도구 개발을 수행하면서 생각해볼 몇 가지 문제점들을 적시하면 다음과 같음

• 미래사회의 인재상, 학생들의 역량개발, 학생들의 요구, 학생만족도, 입학학생들의 제반특성, 대학의 교육적 정합성, 대학교육의 인간교육 생태계로서 기능 등에 대한 진지한 성찰이 선행되어야 함
• 대학의 생존은 대학기구나 대학의 성공이 아니라 학생의 성공에 주목하고 이에 대한 체계적인 생태계 전환능력에 달려 있음
• 대학에서의 학생성공은 학생의 요구, 역량, 흥미, 경험, 호기심 등을 배려하는 대학기관 측의 전향적인 노력에 달려 있고, 이에 대한 검토가 본 연구과정에 투영되어야만 연구수월성이 담보됨</td></tr>
<tr><td>B</td><td>• 연구자는 대학생의 학생성공에 대한 문화인류학적 차이점을 고려하고 있는가?
• 문화적 다양성에 대한 고려가 선행되어야 대학생 학생성공 인식요인 분석의 정당성이 확보될 수 있을 것이다</td></tr>
</table>

	• 본 연구에서 대학의 규모, 대학의 설립배경, 정체성(UI) 등에 대한 인구학적 정보처리는 어떤 방식으로 처리할 것인가? • 지방소재 vs. 수도권소재 대학의 학생들 간 성공감에 대한 인식의 차이가 실재한다고 생각하는가? • OO대학교 학생성공을 위한 지원원칙은 지방소재 대학생이 갖고 있는 심리적 특징을 충분히 고려하여 추진하고 있는데, 이러한 현상이 모든 대학에서 가능한가? • 4차 산업혁명시대의 대학생태계와 대학생들의 학생성공에 대한 이해의 관계예측은 가능한가? • 학생성공의 인식이 과연 실제적인 사회성공 기준과 연계된다는 가설 설정이 가능하고 타당하다고 생각하는가? • 사회적 성공을 거둔 유명인들의 대학생활을 문화인류학적으로 연구한 성과나 사례조사는 이루어졌는가? • 대학의 학습경험과 관련분야의 사회적 진출을 교육부에서는 바람직한 매치라고 주장하나 정작 우리사회에서는 미스매치의 사례가 많다. 이러한 사실들이 학생성공 인식요인을 연구하는 데 어떻게 반영되고 있는가? • 연구자는 학생성공의 시계열적 연계성, 즉 초중등학교에서의 성공과 대학생활의 성공 간 어떤 의미 있는 내적 연관성이 있는지 고려하고 있는가? • 대학생 성공인식과 성공실제 간 어떤 분석틀을 활용하여 분석할 것인가? • 향후 대학생 성공인식요인에 대한 국제비교를 준비하고 있는데, 어떤 방식, 어떤 내용, 어떤 분석틀을 개발할 것인가? • 연구자는 근거이론을 통해서 대학생의 학생성공 인식요인을 추출했다고 하는데 학술적 연구와 검사도구 개발을 위한 근거이론 적용 간에 차이점이 있을 때 어떤 방법으로 이 문제를 해결했는가?
C	• 대학생의 학생성공 요인을 분석하기 위한 합리적인 준거를 우선 설정하는 것이 가장 중요함 • 사회적으로 대학에 입학하는 이유와 목적의 현상학적 의미는 무엇인가에 대한 근본적인 물음이 선행되어야 함 • 대학에는 사회적 가치와 개인적 가치의 구현을 위한 가치 사이의 충돌이 실재하는데 우리나라 대학생들은 과연 개인적 가치를 선행적인 것으로 여기는가?를 검토해야 함 • 대학의 사회적 가치는 결국 사회적 성공, 사회적 출세, 사회적 인정을 의미하는데 이때 개인의 의미는 소외될 수 있음 • 대학생의 학창생활 성공에 대한 연구는 사회적 가치와 개인적 가치충돌 문제를 현명하게 다루어야 함 • 우리나라 대학의 현상학적 고찰은 대학생의 성공인식요인 분석에 부분적으로 의미가 있지만 총체적으로 완전한 요인분석 가능성은 희박함 • 대학생 학교성공에 대한 인식요인을 연구함에 있어 우선 고려해야 할 사항은 반응자의 진정성에 근거를 둔 준거 설정임 • 학생성공의 준거에 대한 사회과학적 연구방법 적용이 필요함 • 성공준거란 예를 들어 제도적인 차원의 학업과 졸업, 개인적인 차원의 성장과 변화, 취업 개인+사회적 차원의 취업과 진학 등을 고려해야 함 • 대부분의 학생들은 학사경고나 유급 등의 학사상의 문제없이 졸업하여 이름난 기관이나 회사에 취업하는 것을 성공으로 여길 가능성 높아 협소한 인식요인 추출이 예견됨 • 대학생 학생성공에 대한 인식요인 추출을 위한 연구수행에서 가장 우선적으로 고려할 점은 반응하는 학생들의 진정성에 대한 검토임

- 대학생 학생성공 인식요인은 합리적인 준거설정, 준거별 하위요인 구성, 요인분석, 타당도와 신뢰도 검증 등 과학적인 절차에 따라 이루어져야 함
- 대학생 학생성공 인식요인을 추출하여 이를 기반으로 검사지를 제작하는 데 필요한 제반 통계학적, 교육학적, 심리학적 기저이론에 대한 철저한 사전 숙지가 필요함

D

- 대학생의 학생성공 인식요인을 추출하기 위하여 근거이론을 적용했다고 하는데, 이에 대한 기본개념 및 활용방법을 요약하면 다음과 같다

category	component	subfactor
academic outcome	finish course(graduation)	timely graduation, balanced studying on liberal arts and major curriculum
	academic excellence	academic excellence, get a scholarship, no academic probation
	academic adaptation	satisfaction on liberal arts and major curriculum, satisfaction on campus life, pride on college, positive identity on one's college
career achivement	career development	finding on strength, studying on special knowledge, development on industrial practice, competency-based employment and career development
	employment on good job	major connected career, entrance on upper school, studying aboard, successful employment as hoping, start up
	development on expertise(get a special certification)	acquisition of major connected certification, special certification
self growth	cultivation of character	positive identity, self-esteem, pride on self, altruism, experience of volunteer work, feeling for sucess, ability on self control
	cultivation of sociality	leadership development, understanding on diversity, equity, openness, improvement on interpersonal relationship
	self improvement	excellent achievement, meaningful experience, ability on flexible thinking and creative thinking

factor	content
석세스 이데아(SId)	성공의 일반적 의미, 본질, 관련이론에 대한 학술담론 전반
석세스 프로세스(SPr)	성공적 수행의 절차 및 방법론
석세스 인텔리전스(SIn)	성공지능의 개념 및 학술적 의의
석세스 스토리(SSt)	학생성공 관련 사례 및 내러티브 일체
석세스 코아(SCoA)	학생성공에 대한 인식요인(cause of awareness) 추출 및 검사도구
석세스 브릿지(SBr)	학생성공을 지원하는 대학기관의 기능과 역할에 대한 개념화
석세스 러닝(Sle)	대학에서의 성공적인 학습수행 원리와 방법

- 근거이론이란 모종의 현상이 갖는 의미를 다음과 같은 일련의 물음에 기초하여 정돈해 가는 질적 연구의 유형이라고 할 수 있다. 이 점에 대하여 정직하고 진지하게 접근하고 있는가?

✓ 탐구 주제 현상에 존재하는 행위자들은 어떤 행동/상호작용을 보이는가?
✓ 이들의 행동/상호작용은 시간 흐름에 따라서 어떻게 드러내는가?

	✓ 이들이 보이는 일련의 행동/상호작용은 어떤 조건에 의해서 나타나는가? ✓ 이러한 행동/상호작용에 의해서 어떤 결과가 나타나는가? ✓ 이상의 물음에 대한 답들은 어떻게 통합되어 구성될 수 있는가? ✓ 이상의 물음에 대한 답들을 통합하여 정리하였을 때 그것은 결국 어떤 의미인가?
E	• 근거이론에 대한 해박한 이해가 본 연구의 완성도를 높이는 데 필요한 전제조건임 • 자료 분석의 이러한 엄격성으로 인하여 다른 질적 연구의 자료 분석 시에 근거이론기반의 자료 분석 방법을 활용하는 사례를 종종 찾아볼 수 있고, 반면에 근거이론 방법에 대해서 몇 가지 한계점과 단점이 제기되고 있음 • 다음의 몇 가지를 고려하여 근거이론 기반의 인식요인 분석이 이루어져야 할 것임 • 첫째, 근거이론 방법에서만 사용하는 고유한 용어와 개념의 올바른 이해와 사용이 필요하다. 개방 코딩, 축 코딩, 선택 코딩, 패러다임 모형, 이론적 표집, 반복적 비교, 포화, 핵심범주, 이야기윤곽 등의 용어는 근거이론 방법을 처음 접하는 연구자에게는 생소하여 다소의 개념적 혼란을 가져올 수 있음. 따라서 근거이론 방법을 자신의 연구방법으로 사용하고자 하는 연구자는 근거이론 방법에서 사용되는 용어 및 개념에 대한 올바른 이해를 바탕으로 연구를 수행해야 함 • 둘째, 근거이론 방법을 통하여 새로운 이론을 생성한다는 것은 연구자에게 고도의 창의성이 요구되는 작업임. 양적 연구에서처럼 명확한 기준이 없는 상태에서 반복적 비교 포화, 코딩, 패러다임 모형 생성 등의 활동을 수행한다는 것은 연구자의 직감, 인지력, 이해력, 창의력, 통찰력 등이 뒷받침되어야 한다는 점을 암시하고 있음 • 마지막으로, 근거이론 방법으로 생성된 이론에 대하여 독자들이 이를 얼마나 제대로 이해하는가?의 문제로 즉, 근거이론 방법의 모든 과정은 연구자에 의해서 수행되고 이론이 생성되기 때문에, 이러한 복잡다단한 연구과정으로부터 도출된 이론을 제3자가 제대로 이해하기에는 한계가 있음
F	• 학생성공이라는 개념은 1950년대 미국의 성공에서 시작되어 세계적으로 확산된 것임 • 미국의 많은 대학에서는 학생성공센터가 설치되어 이미 학생성공에 대한 대학의 인식과 교육생태계 변환이 이루어지고 있음 • 학생성공을 위한 프로그램은 주로 신입생 경험, 학습커뮤니티, 해외유학, 글쓰기, 인턴십, 캡스톤, 학부연구 등 다양하게 이루어지고 있음 • 해외대학의 학생성공센터 운용성과는 중도탈락 방지, 졸업률 증가, 정시졸업지원, 편입학지원, 직업진출, 평생학습지원 등에서 나타나고 있음 • 이외에도 기부유도, 분실물 관리, 장소 대여, 식사 제공 등의 학생편의 프로그램이 다양하게 운용되고 있음 • 해외대학의 학생성공센터가 향후 우리나라 대학의 변화에 시사하는 점을 요약하면 다음과 같음 ✓ (포털) 한 곳에서 1차적으로 다양한 도움을 줄 수 있는 창구역할을 하는 기구의 설치, 운용의 필요성 증가 ✓ (유기) 연결 및 조정을 통한 교내 기관 간 유기적 협동 도모 및 기관 간 정보교류 활성화 필요성 증가 ✓ (특성) 우리나라의 사회적 특성, 대학의 특성, 학생구성의 특성 등을 고려한 학생지원 기구의 역할 설정이 필요함 ✓ (관리) 위기상황에 처한 재학생, 소외학생들, 학습약자 등에 대한 특별관리 필요성이 증가함

	• 학생성공 인식요인 추출을 위한 두 가지 요인은 외적 현상들과 내적 잠재력임 • 외적 현상들이란 정시졸업, 장학금 수혜, 우수한 학점, 졸업 후 취업 등이며, 내적 잠재력이란 개인 인성 및 사회적 인성, 스트렝스(strength), 자기효능감, 자신감 등임 • 그동안 우리나라 대부분의 대학은 교육부가 주도하는 정책에 정합하는 학생정책을 폈왔지만 향후 학생성공을 핵심적 가치로 두는 경우 교육부, 대학본부, 대학교수가 아니라 학생 자체가 의미 있는 대학교육의 본질로 전환되어야 함 • 이러한 현상들을 전체적으로 조망하는 노력이 이루어질 때 의미 있는 연구 성과가 도출될 것으로 보임 • 최근 국내의 많은 대학에서 기관차원 및 총장의 의지 차원에서 학생성공에 대한 관심과 실질적인 학사반영이 이루어지고 있어 본 연구는 의미 있는 시사점을 제공할 것으로 보임
G	• 조사의 적합성, 논리성, 타당성 등을 제고하기 위하여 학생성공에 대한 개념적 정의가 선행되어야 함 • Student success인가 아니면 College success인가? • 성공의 개념을 목표달성(goal attainment)의 개념으로 제한하는 것에 대한 숙고가 필요함 • 미국대학생들과 한국대학생들의 학생성공 인식에 대한 문화적 차이를 고려할 필요가 있음 • 학생이 기대하는 것과 학교나 사회가 기대하는 것의 차이에 대한 충분한 고려가 없음 • Gap Year에 대한 한국대학과 학생들의 인식은? • 가장 중요한 문제점으로 '학생성공 인식요인 간 하이어라키' 설정에 대한 고민이 있었는가? • 학생성공의 요체는 학생들의 정신건강 및 학교생활 전반에 걸친 안정감 확보가 중요함 • 학생성공인식 요인에 학생들의 학교생활 전반에 대한 참여의 민주성을 고려하고 있는가? • 학생성공을 위한 학교의 지원시스템은 모든 대학이 갖추고 있으나 정체성 문제와 연결시킬 필요가 있음 • 실제적인 학생성공과 성공인식요인 간에 어떤 차이가 있는가? • 학교의 지원이 항상 학생들의 만족도와 연결되는가? • Kortschark 센터의 핵심 사무는 학생들의 정신건강과 창의적인 학습역량 제고를 위한 부단한 관심과 실질적인 지원에 있음 • 모든 학생이 자신의 전공에 대한 확신과 비전을 설정하는 것이 바로 학생성공의 핵심임 • 학교생활을 하면서 겪는 다양한 어려움을 해결해주는 백업시스템의 실질적인 가동이 학생성공의 핵심임 • 학생들의 능동적이고 주체적인 학교생활을 위한 학교의 지원이 절대적으로 필요함 • 졸업과 성공의 관계에 대한 강박이 최소화되도록 학생 스스로 노력하는 것도 중요함 • 자신의 전공에 대한 정체성과 자부심이 과연 성공요인과 연관되는가? • 졸업 후 취업이 반드시 성공의 기준인가? • 전문적인 능력계발이나 실질적인 자격요건 갖춤도 성공의 주요한 요인이 되고 있음 • 학생성공을 위하여 무엇보다 중요한 것은 학생들의 건전한 의식과 바람직한 애티튜드의 형성을 위한 학교 측의 지원이 반드시 필요함
H	• 학생성공 인식요인을 연구하는 근본적인 취지는 무엇인가? • 연구자는 학생성공 개념을 무엇으로 규정할 것인가? 단순한 목표달성인가 아니면 과정 측면을 고려하는 전반적인 프로세스인가? • 졸업을 통한 성공의 실제와 학교생활 동안 이루어지는 캠퍼스 라이프 전반에 대한 인식 간에 어떤 차이가 있는가? • 학생성공 인식요인 설정에 대한 내용타당도, 구안타당도는 확보했는가? • 대학생의 학생성공은 단지 대학생활에 국한되는 문제인가 아니면 고등학교생활과 연계되

	어 이루어지는가? • 한국과 미국대학생의 의식과 문화의 차이를 반영할 때 문항구성은 어떻게 할 것인가? • 한국 대학생의 학교생활 성공요인 중 가장 핵심적인 컴퍼넌트는 졸업, 취업, 자격 취득 등으로 제한되어 있음에도 불구하고 다양한 인성요인들을 포함시킨 이유는 무엇인가?
I	• 설정한 학생성공 인식요인에 대한 카테고리 설정은 타당함 • 그럼에도 불구하고 engagement라는 측면에서 좀 더 신중한 카테고리와 하위요인 구성이 반드시 필요함 • 미국 대학생들의 성공에 대한 인식이 문화적 차이를 고려하더라도 한국 학생들과 상당한 차이가 있음을 전제로 해야 함 • 대학원 진학은 성공인가? 취업의 어려움에 대한 도피인가?

5. 레거시 마이닝

레거시(legacy)란 본래 조상으로부터 물려받은 유산이나 유물을 의미한다. 본 책에서는 이를 대학의 전통에 기반을 둔 정체성, 고유성, 교육적 독창성과 수월성 등을 망라하는 개념으로 사용하며, 레거시 마이닝이란 유서 깊고 전통 있는 국내외 대학들을 직접 방문하여 1차 자료를 수집하거나 관련 공간(대학박물관이나 기념관 등)을 관찰함으로써 당해대학이 거둔 탁월한 고등교육 성과의 원인을 현상학적으로 파악하는 것을 말한다.

In law, a legacy is something held and transferred to someone as their inheritance, as by will and testament. Personal effects, family property, marriage property or collective property gained by will of real property.

출처: 위키백과, 레거시(2021. 03. 31)

표 26 학생성공 관련 대학별 기구 검색

대학명	대학전체 교육이념 및 목적 명시	학생/대학성공과 관련된 센터나 기구	센터의 이념 및 설립목적 명시
UNCW COLLEGE OF HEALTH AND HUMAN SERVICES	https://uncw.edu/about uncw/	https://uncw.edu/oss/index.ht m l	https://uncw.edu/oss/about us.html
JOHNS HOPKINS CAREY BUSINESS SCHOOL	https://carey.jhu.edu/ab out/mission-and-values	https://carey.jhu.edu/current-s tudents/carey-life/academic-s upport/student-success-cente r/	https://carey.jhu.edu/current -students/carey-life/acade mic-support/student-succe ss-center/
COLLEGE OF NATURAL RESOURCES (CNR STUDENT SUCESS CENTER)			
UT DALLAS	https://www.utdallas.ed u/president/vision-and-goals/	https://www.utdallas.edu/stud entsuccess/	https://www.utdallas.edu/st udentsuccess/
CUESTA COLLEGE	https://www.cuesta.edu /about/leadership/presi dent/missionstatement. html	https://www.cuesta.edu/stude nt/resources/ssc/index.html	
PEPPERDINE SEAVER COLLEGE	https://seaver.pepperdi ne.edu/about/our-story/ seaver-mission/	https://seaver.pepperdine.edu/ academics/academic-support/ student-success-center/	https://seaver.pepperdine.e du/academics/academic-su pport/student-success-cent er/
CONCORDIA UNIVERSITY	http://www.concordia.c a/academics/undergrad uate/calendar/current/ mission.html	http://www.concordia.ca/stud ents/success.html	http://www.concordia.ca/stu dents/success/about-ssc.ht ml
USC(UNIVERSITY OF SOUTH CAROLINA)	https://www.sc.edu/ab out/south_carolina_at_a_ glance/our_mission.php	https://www.sc.edu/about/offi ces_and_divisions/student_suc cess_center/index.php	https://www.sc.edu/about/o ffices_and_divisions/student _success_center/about/inde x.php
UT(THE UNIVERSITY OF TENNESSEE)	https://tennessee.edu/ mission-statements/	https://studentsuccess.utk.edu /	https://studentsuccess.utk.e du/about/about-ssc/
UNIVERSITY OF CALGARY	https://www.ucalgary.c a/hr/about_hr/our_vision _mission_and_values	https://www.ucalgary.ca/stude nt-services/student-success	https://www.ucalgary.ca/stu dent-services/student-succ ess

대학명	대학전체 교육이념 및 목적 명시	학생/대학성공과 관련된 센터나 기구	센터의 이념 및 설립목적 명시
RICHARD COMMUNITY COLLEGE			
JAMES MADISON UNIVERSITY	https://www.jmu.edu/jmuplans/about/	https://www.jmu.edu/successcenter/	https://www.jmu.edu/successcenter/about/index.shtml
USC(UNIVERSITY OF SOUTHERN CALIFORNIA)	https://about.usc.edu/policies/mission-statement/	https://kortschakcenter.usc.edu/	https://kortschakcenter.usc.edu/mission-statement/
UNR(UNIVERSITY OF NEBADA, RENO)	https://www.unr.edu/accreditation/mission	https://www.unr.edu/academic-central/academic-advising/all-topics/contact-advisors/university-advising-center / https://www.unr.edu/around-campus/william-n-pennington-student-achievement-center	https://www.unr.edu/academic-central/academic-advising/all-topics/contact-advisors/university-advising-center
THE GEORGE WASHINGTON UNIVERSITY	https://irp.gwu.edu/gw-mission-statement	https://students.gwu.edu/office-student-success	https://students.gwu.edu/office-student-success
성균관대학교	https://www.skku.edu/skku/about/vision/vision05.do	https://success.skku.edu/success/index.do	https://success.skku.edu/success/intro/purpose.do
Manchester University	https://www.manchester.edu/about-manchester/mission-and-values	https://www.manchester.edu/academics/student-success-center	https://www.manchester.edu/academics/student-success-center
Trinity University	https://new.trinity.edu/about-trinity/traditions-heritage/mission-values	https://new.trinity.edu/academics/centers/student-success-center	https://new.trinity.edu/academics/centers/student-success-center
Loyola University New Orleans	https://online.loyno.edu/about/mission-and-values/	http://success.loyno.edu/	http://success.loyno.edu/vision-statement
University Of the West	https://www.uwest.edu/about-uwest/our-mission/	https://www.uwest.edu/current-students/student-resources/student-success-center/	https://www.uwest.edu/current-students/student-resources/student-success-center/our-mission-goals/
Oregon State University	https://leadership.oregonstate.edu/trustees/oregon-state-university-mission-statement	https://success.oregonstate.edu/	https://success.oregonstate.edu/mission-vision-and-goals
The University of	https://www.utdallas.ed	https://www.utdallas.edu/stud	

대학명	대학전체 교육이념 및 목적 명시	학생/대학성공과 관련된 센터나 기구	센터의 이념 및 설립목적 명시
Texas at Dallas	u/president/vision-and-goals/	entsuccess/	
Oregon State University	https://leadership.oregonstate.edu/trustees/oregon-state-university-mission-statement	https://success.oregonstate.edu/	https://success.oregonstate.edu/mission-vision-and-goals
University of Michigan-Flint	https://www.umflint.edu/chancellor/mission-vision	https://www.umflint.edu/studentsuccess/student-success-center	https://www.umflint.edu/studentsuccess/student-success-center
Potsdam SUNY	https://www.potsdam.edu/about/mission	https://www.potsdam.edu/academics/resources/student-success-center	https://www.potsdam.edu/academics/resources/student-success-center
Virginia Tech	https://vt.edu/about/facts-about-virginia-tech.html	https://studentsuccess.vt.edu/	
University of Missouri	https://www.umsystem.edu/about-us	https://success.missouri.edu/	https://success.missouri.edu/about/
University of Winsconsin Milwaukee	https://uwm.edu/mission/	https://uwm.edu/studentsuccess/	https://uwm.edu/studentsuccess/what-is-the-student-success-center/
Idaho State University	https://www.isu.edu/graduate/about/	https://www.isu.edu/success/	https://www.isu.edu/success/about/
Eastern Illinois University	https://www.eiu.edu/about/mission.php	https://www.eiu.edu/success/	https://www.eiu.edu/success/goals.php
Loyola University New Orleans	http://www.loyno.edu/mission-statements/	http://success.loyno.edu/	http://success.loyno.edu/vision-statement
Geneva College	https://www.geneva.edu/about-geneva/identity/mission-doctrine	https://www.geneva.edu/student-life/services/ssc/	https://www.geneva.edu/student-life/services/ssc/
Indiana University Southeast	https://www.ius.edu/about-southeast/mission-vision-values.php	https://www.ius.edu/student-success-center/	https://www.ius.edu/student-success-center/mission.php
Eastern Kentucky University	https://strategicplanning.eku.edu/vision-mission-and-values	https://successcenter.eku.edu/	https://successcenter.eku.edu/
University of California Davis Campus	https://ue.ucdavis.edu/vision-mission-and-goals	https://studentaffairs.ucdavis.edu/resources/scc	https://studentaffairs.ucdavis.edu/about-us/mission-vision
Vassar College	http://info.vassar.edu/about/vassar/mission.html	https://alana.vassar.edu/	https://alana.vassar.edu/about/

대학명	대학전체 교육이념 및 목적 명시	학생/대학성공과 관련된 센터나 기구	센터의 이념 및 설립목적 명시
Bryn Mawr College	https://www.brynmawr.edu/about/mission	https://www.brynmawr.edu/career-civic	
Barnard College	https://barnard.edu/college-and-its-mission	https://barnard.edu/beyond-barnard	
National University of Singapore	http://www.nus.edu.sg/about	http://nus.edu.sg/	http://nus.edu.sg/cfg/content/aboutus
University of Cambridge	https://www.cam.ac.uk/about-the-university/how-the-university-and-colleges-work/the-universitys-mission-and-core-values	https://www.cambridgestudents.cam.ac.uk/student-services-centre	
The London School of Economics and Political Science	https://www.cems.org/academic-members/our-members/london-school-economics-and-political-science	https://info.lse.ac.uk/staff/divisions/Human-Resources/Organisational-learning	
Peking University	http://roundranking.com/universities/peking-university.html?sort=O&year=2019&subject=SO	http://english.pku.edu.cn/intro_organization_admindetail.shtml?id=046	비고: 중국어
Cornell University	https://www.cornell.edu/about/mission.cfm	https://www.oadi.cornell.edu/	https://oadi.cornell.edu/about/mission-vision.html
University of Tokyo	https://www.u-tokyo.ac.jp/en/about/mission.html	https://www.careersupport.adm.u-tokyo.ac.jp/internationalstudents	비고: 일본어

표 27 학생성공 관련 대학 레거시 현장조사(사례)

대 학		주요 시사점
한 국 성균관 대학교		• 2019년 우리나라 대학 최초로 학생성공센터를 학내기구로 만들어 각종 상담, 학생성공프로그램 개발 및 운용, 부서간 협업 플랫폼 구축 및 운용, 학생성공 데이터 측정 및 분석, 성균관대 학생성공모델 구축 등을 수행하고 있음 • 학생성공과 관련된 외부기관과의 연대, 각종 세미나 개최 등 한국형 학생성공센터의 모델이 되고 있음
미 국 USC		• 학생헬스센터에서는 카운슬링과 정신건강 서비스를 제공하고 있음 • KORTSCHAK센터에서는 학업 및 창의성과 관련된 백업서비스를 체계적으로 운용하고 있음 • 학생지원처에서는 Student basic needs 조사를 통해 학생성공지원의 기초를 수립하고 있음 • 세계적인 수준으로 자부심이 강한 USC TROJAN을 통해 세계 최고의 졸업생을 배출하는데 지원시스템을 집중하고 있음
미 국 UCLA		• 학교의 오랜 전통(정체성)에 대한 자부심과 자긍심을 다양한 학사제도나 교육프로그램을 통해 비형식적으로 고취하고 있음 • 특히 문화 및 인종의 다양성에 대한 깊은 성찰과 탁월성을 추구하기 위한 진정성을 학부교육의 정신으로 삼고 있음 • 학생들의 대학생활 성공 여부인 교수와 학생, 학생과 학생 간 이루어지는 인간적 유대를 기반으로 학교 측이 다양한 방식으로 지원하고 있음
미 국 CALTECH		• WC급의 공과대학 특성 기반의 학생성공지원 거버넌스가 구축되어 있음 • 그럼에도 불구하고 연구중심대학의 특성으로 인해 학생대상 지원시스템이나 프로그램이 타 대학에 비하여 비교적 부족한 면이 발견됨 • 학생성공을 위한 학사지원의 핵심은 모든 학생들의 학습 성과 창출 및 창의적 사고의 인큐베이팅에 있음 • 교수의 성공지원이 학생 성공과 연결될 수도 있음 • 학생성공 인식에 대한 체계적인 조사의 필요성에 대한 공감이 생김 • 전문성 확보 및 계발이 학생성공의 실체가 되는 현실에서 성공 인식요인에 대한 성찰이 필요함 • 각 대학의 설립에 대한 고유한 건학이념과 학교의 교육과정 특성을 반영한 학생성공 인식요인 연구가 이루어질 필요가 있음

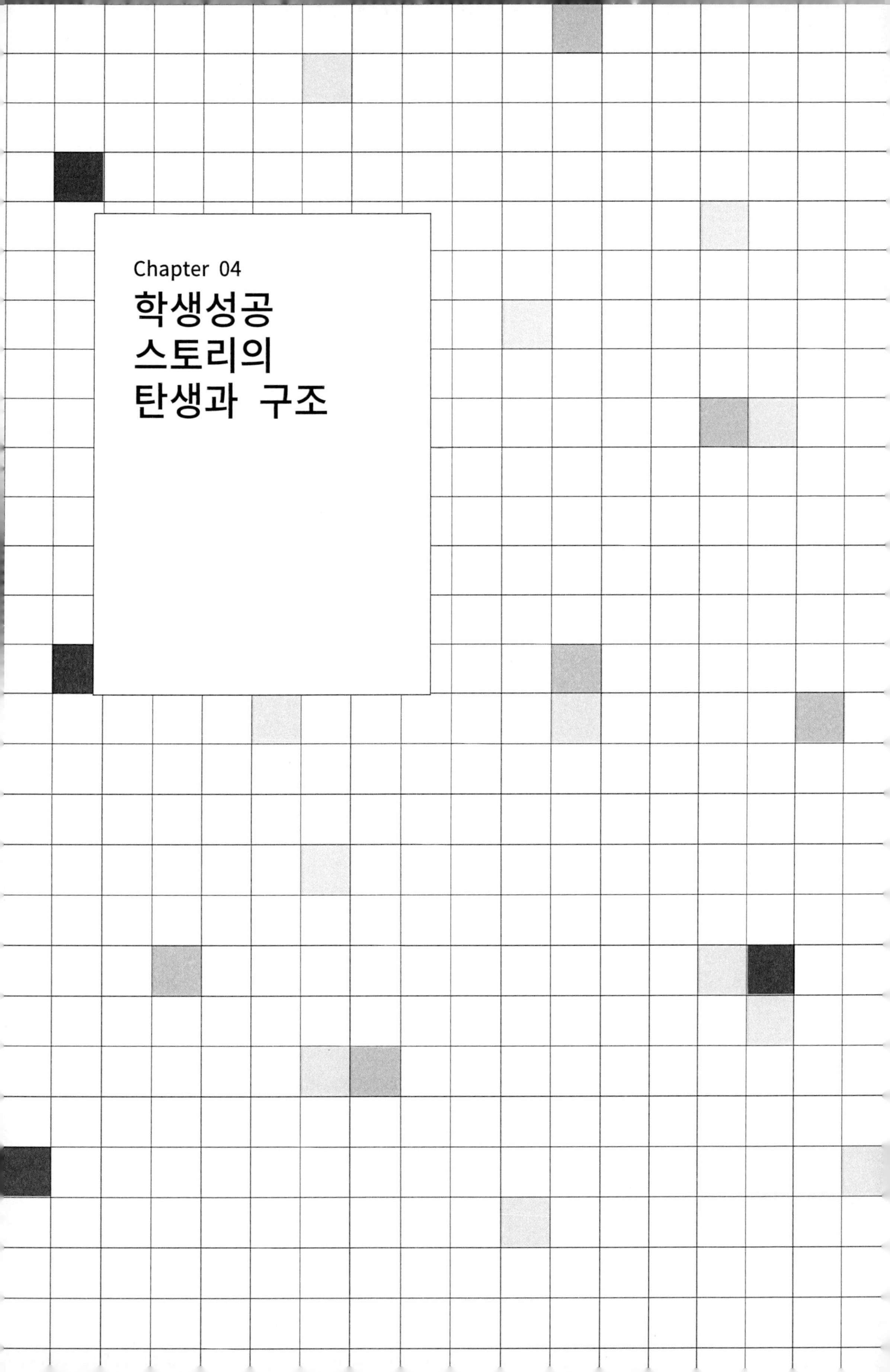

Chapter 04

학생성공 스토리의 탄생과 구조

본 장에서는 대학에서의 학생성공 스토리 형성과 확산 현상에 대하여 교육인간학적 관점에서 고찰하였다. 우리사회에 서울대 신화가 있듯이 글로벌 수준에서 하버드 성공스토리도 실재한다. 하버드대학을 대상으로 대학에서의 학생성공 스토리가 형성, 확산, 공유되는 현상과 이에 대한 교육인간학적 성찰을 제시하였다.

1. 학생성공 스토리의 탄생

우리사회에서 학생성공(특히, 대학생의 성공에 관한)의 전형은 하버드 성공 스토리일 것이다. 이는 입학에 따른 영광과 졸업에 의한 성과로 이루어진다. 즉, 전 세계 고등학교 졸업자(학력인정 포함)들이 하버드에 진학하면 상급학교 진학에서 가장 탁월한 성공으로 간주하며, 하버드를 졸업한 학생이 사회에 진출하여 탁월한 기술적 성과나 공헌을 하게 되면 하버드 수학(修學) 경험으로 귀인(attribution)시키기 때문이다. 따라서 하버드는 입학이든 졸업이든 대학생의 성공 스토리 공장이 되는 셈이다. 우리사회에서 하버드 성공 담론은 어떻게 만들어지는가? 전 세계에서 하버드에서의 수학 경험이 있는 사람이 과연 얼마나 될까? 왜 경험이 없어서 잘 알지도 못하는 하버드교육에 우리는 환호하고 열광하는가? 그것은 사회적 평판에 대한 대중들의 무의식적 수용학습(reception learning)과 다양한 텍스트들에 매혹되는 심리적 습관에 기인한다. 특히 개발도상국의 경우처럼 '교육의 정치경제학'이 위력을 발휘하는 국가 상황에서 이러한 수용학습과 심리적 습관은 극대화되기 마련이다. 우리나라도 예외는 아니었고 어쩌면 지금도 진행형이다. 대형서점의 베스트셀러 진열대나 겉멋에 길들여진 대중들의 번듯한 집 서가(書架)에는 아래와 같은 책들이 자랑스럽게 진열되어 있다.

표 28 하버드 성공 스토리를 담고 있는 텍스트들

텍스트	저 자	주요내용 혹은 메시지
Making the most of college	R.J. Light	하버드대 교육학교수가 하버드생(재학생 및 졸업동문) 1,600명을 대상으로 10년에 걸쳐 연구한 수재들의 공부법! 그것은 바로 자기표현의 힘과 자기관리의 힘!
Harvard time management	쉬센장	하버드 청춘들의 꿈을 이루는 시간! 성공은 시간을 어떻게 쓰는가에 달려 있음. 최고의 인재, 하버드 청춘들은 하루 24시간을 어떻게 쓰는가? 하버드학생들의 꿈을 이루는 도구, 시간관리!
150년 하버드 글쓰기 비법	송숙희	하버드대학에서 가르치는 글쓰기 기술을 도구화한 OREO MAP 익히기! 이는 하버드에서 시행하는 글쓰기 수업의 핵심을 고스란히 담아낸 글쓰기 도구임
Harvard speaking class	류리나	인생을 바꾸는 말하기 불변의 법칙! 54명의 하버드교수와 동문들이 집약한 100년 전통의 말하기비법 바이블! 대화의 마침표를 찍는 사람이 되지 말아라!
Harvard: What the best college student learn	후쿠하라 마사히로	세계 최고대학에서는 무엇을 가르치는가? 하버드의 토론수업, 옥스퍼드의 압박 면접, INSEAD…… 최고의 지성들은 부단히 생각하는 방법을 배움
Driven to distraction at work	E. Hallowell	일과 삶의 모든 것을 결정하는 1% 차이! 자기 분야에서 최고가 된 사람들의 가장 핵심적인 경쟁력은 무엇인가? 하버드 의과대학 교수가 들려주는 성공하는 사람들의 심리적 강점들!
Harvard 24 hours	스웨이	인생은 지름길이 없다! 하버드졸업생이 전하는 하버드 인생학 명강의! 가장 평범한 노력으로 가장 뜨거운 열정을 가르치는 하버드대학교의 지혜! 당신은 지금 얼마나 치열하게 살고 있는가? 24가지 하버드 성공습관으로 인생을 혁신하라!
Harvard teaching	D. Lee	하버드 정신을 만든 위대한 인성교육 이야기! 하버드 교육학자가 들려주는 하버드 정신과 철학이 담긴, 도덕을 통한 명문가의 자녀교육법! 꿈, 성실과 신용, 지식탐구, 근면, 자신감, 실패와 좌절, 존중, 진정한 사랑, 우정, 서로 돕기 등의 가치를 자녀에게 가르치기
Survey of 300 A+ students	K. Green	하버드를 비롯한 세계 유수의 명문대학에서 평점 A+를 받은 300명 대학생들이 밝히는 자기관리, 생활습관, 공부전략을 전체적으로 체크하여 최고점수를 얻는 확실한 방법을 소개함
Best lectures in Harvard	하오련	하버드 성공학 명강의! 세계 최고의 상아탑 하버드, 그 강의실에서 위대한 사상과 지혜를 배우다!
Harvard's 4:40 AM	웨이슈잉	최고의 대학이 청춘에게 들려주는 성공습관! 하버드 캠퍼스는 구석구석이 움직이는 도서관이라 할 수 있을 정도로 시간과 공간을 제한하지 않는 공부환경을 자랑함
하버드 공부벌레들의 명문 30훈	이우각	젊은이들에게 전하는 인생설계도! 성공하는 하버드 공부벌레들의 30계명
What should we learn in Harvard	쑤 린	대통령 8명, 노벨상 44명, 퓰리처상 30명! 무엇이 하버드를 글로벌 인재의 요람으로 만들었나? 그것은 성격, 자신감, 변화,

텍스트	저 자	주요내용 혹은 메시지
		감정, 잠재력, 열정, 커뮤니티, 행동, 리더십 등 하버드 정신에서 비롯됨
Harvard sampler	S. Pinker 외	전 세계의 수재들이 모여드는 지성의 전당 하버드! 그들은 하버드에서 무엇을 배우고 교수들은 어떻게 가르치는가? 하버드 교육과정 개편의 핵심은 21세기 교양교육과 관련해 다양한 시각들이 포함되어 있음. 그 주제들을 어떻게 가르칠 것인가?
하버드 vs. 서울대	장미정	하버드대학생의 눈에 비친 서울대학교의 모습은? 교수, 학교시스템, 교육과정 등 우리가 체감하지 못하거나 깨닫지 못하는 우리나라 고등교육의 문제점에 대하여 하버드 체험을 바탕으로 비판함
Philosophy of life learned at Harvard	허우수성	인생을 선택하는 사람은 이미 존재하는 것에 적응하려 애쓰고, 인생을 창조하는 사람은 아직 존재하지 않는 것으로부터 무언가를 발견하려 노력함. 자신의 탁월한 인생을 창조해 나가는 방법을 배우는 것, 이것이 바로 하버드 인생교육의 핵심임

하버드의 수월성(탁월성)은 학생의 학업역량 못지않게 교수들의 연구 및 교육역량에 달려 있다. 그들은 대중을 향한 교육적 메시지들을 부단히 만들어내고 공유하면서 학교 안과 밖에서 하버드 교육의 탁월성을 무한대로 확장시키고 있다. 이는 하버드 성공 스토리의 지속성을 담보하게 만드는 원동력이 된다.

하버드교육의 수월성은 하버드 스피릿(Harvard spirit), 하버드 파워(Harvard power), 하버드 석세스 해빗(Harvard success habit) 등으로 확인된다. 언젠가 우리 내러티브연구 분야에서도 이에 대한 현상학적, 질적 연구가 수행되어야 할 필요성이 높아지고 있다. 즉, 내러티브연구의 지평을 확대하기 위한 노력의 일환으로 대학교에서의 학생성공 담론에 대하여 주목할 시점이 되었다. 하버드 정신, 하버드 힘, 하버드 성공습관이란 무엇인가? 먼저 『하버드대 인생학 명강의 : 어떻게 인생을 살 것인가』 '서문'에서 저자 쑤린은 하버드 정신의 의미에 대하여 다음과 같이 말하고 있다.

"우리는 흔히 자아실현을 통해 삶의 의미를 찾고, 또 이를 인생의 궁극적인 목적으로 삼는다. 자아실현이란 자신의 재능과 잠재력을 찾아내 이를 발휘함으로써 자신의 가치를 실현하고 그 속에서 만족감을 얻는 것을 말한다. 자아를 실현해 스스로 만족감을 느끼는 삶을 살기란 결코 쉽지 않다 …… 누구나 자아실현을 통하여 더 나은 나로 거듭나기를 갈망하지만 모두가 그런 삶을 살지 못하는 것이 바로 그 방증이다. 그러나 이렇게 어려운 자아실현을 척척 해내는 사람들이 있다. 이들이 바로 하버드 출신자들이다. 성공을 거머쥔 채 흥미롭고 의미 있는 삶을 살아가는 그들을 바라보고 있노라면 '완벽한 인생'의 모습이 떠오른다. 그들을 성공의 길, 자아실현의 길로 인도한 하버드의 힘은 무엇인가? 이는 하버드에 진학하는 학생들의 지능이 월등히 높거나 운이 좋아서가 아니라 하버드 특유의 정신이 학생들을 무장시켜 졸업시켰기 때문이다. 즉, 하버드 재학생들은 하버드 정신의 영향을 받아 독립적인 사고로 내가 누구인지를 들여다보고, 자아를 개발한다. 또한 그들은 어려움에 쉽게 굴복하지 않고, 자기 자신을 통제해 온전한 나로 거듭날 수 있도록 온 마음을 다하여 노력함으로써 자아를 완성해 나가려 한다. 그렇다면 하버드 정신이란 무엇인가? '도전에 직면했을 때 주도적 위치에 서서 성공을 이끌어내는 방법은 무엇인가?', '역경에 처했을 때 어떻게 해야 상황을 반전시킬 수 있을까?', '인간관계에서 자신의 매력지수를 높여 좀 더 폭넓은 인맥을 쌓는 방법은 무엇인가?'. '학업과 업무에서 어떻게 하면 자신의 능력과 잠재력을 충분히 발휘해서 자랑스러운 성과를 거둘 수 있을까?' (뛰어난 인재를 만들기 위해서는 이러한 고민들에 스스로 답하는 힘을 길러주는 것이 필요하다) 하버드 출신자들의 석세스 스토리가 반드시 정답은 아니다. 그들의 성공사례를 맹목적으로 따라서 하기보다 그들의 성공 속에 숨어 있는 하버드 정신을 깨달아 나만의 가치로 전환시켜야 한다."(원녕경(역), 2015: 4-6)

그가 관찰한 하버드 정신의 구체적인 내용을 보면 '자신의 성격 올바로 파악하기, 자신감 갖기, 실패에 대한 적응과 끈기 갖기, 긍정의 마인드로 감정을 다스리기, 잠재적 능력 이끌어내기, 호기심과 열정 발휘하기, 개인의 브랜드와 신뢰의 힘 증진하기, 행동으로 실천하기, 자제력을 길러 자기주도성 회복하기, 일을 통해 자아 실현하기' 등이다. 한편, 스웨이(중국인으로 베이징대학교를 졸업하고 10년 간 하버드대학교의 교육학이론을 연구함)는 『Harvard: 하버드대 인생학 명강의』 '서문'에서 하버드의 성공습관에 대하여 다음과 같이 설명하고 있다.

"전 세계 수많은 사람들이 동경하는 이른바 수재들의 집합소 하버드대학교! 그곳의 학생들은 어떤 성공습관으로 미래를 준비하고 있을까? '평정심 유지하기, 가치관 수립하기, 초조함에서 벗어나기, 잠재력 개발하기, 현재의 행복 즐기기'등 그들은 쉬워 보이지만 실천하기 어려운 것들을 일상에 부단히 적용하면서 성공하는 인생을 만들어가고 있다. 하버드생들은 지식을 쌓는 일에만 목매지 않는다. 언뜻 보기에 치열한 경쟁체제 속에서 주야장천 학문만 파며 공부벌레로 살아가는 듯하지만, 그들 또한 현실적 목표를 향해 부단히 노력하며 자신의 성공스토리를 만들어 나간다. 그들은 안다. 성공의 비결은 생각이 아니라 행동에 있음을. 누구나 성공을 바란다. 그러나 바란다고 성공을 쥐는 건 아니다. 성공을 얻기 위해서 그에 걸맞은 실천이 선행되어야 한다. 평범한 삶에서 벗어나고 싶다면, 무엇에도 흔들리지 않는 내면의 힘을 기르고 싶다면, 성공하는 인생을 살고 싶다면 공상에 머무는 생각을 뛰어 넘어 그 목표에 상응하는 행동을 해야 한다. 하버드학생들처럼 말이다. 전 세계에서 가장 많은 노벨상 수상자와 유명 기업인을 배출한 하버드에는 바로 이 순간에도 행동하는 지성인이 저마다 인생목표를 향해 열정을 불사르고 있다. 이제 우리는 하버드의 그들처럼 열정을 불살라야 한다."(김정자(역), 2019: 서문 중에서)

그가 관찰한 하버드 성공습관의 구성요소는 '긍정적으로 생각하기, 신중하게 선택하기, 자신에게 충실하기, 잠재력 개발하기, 올바른 신념 지키기, 호기심과 상상을 이용하기, 부담이나 초조함에서 벗어나기, 긍정적 변화를 위한 자기암시하기, 감정 통제하기, 성격 조절하기, 고집 버리기, 용감해지기, 행복한 생각하기, 즐거운 마음 갖기, 현재 행복을 즐기기, 자신과 남을 사랑하기' 등이 있다.

이상에서 살펴본 바와 같이 하버드 스피릿과 하버드 석세스 해빗을 구성하는 구체적인 요소나 전략들은 대부분 심리철학 탐구방식이나 구성주의 인식론의 경향이 매우 강하다. 앞으로 교육관련 학회들은 교육연구의 보편성은 유지한 채, 고유성이나 정체성을 확보하기 위한 확장 전략으로 심리철학에 기반을 둔 인간 및 교육 이해방식에 좀 더 관심을 기울일 필요가 있다. 특히, 성공 스토리에 주목할 필요가 있다. 대학교에서 학생성공에 대한 담론은 하버드에만 있는 것이 아니다.

대학교육에 봉사하고 있는 구성원들은 대학의 성공 스토리에 대한 레거시를 꾸준히 발굴, 확산하여 우리나라 대학생들에게 성공적인 학교생활을 가능하게 만드는 물리적, 심리적 지지체계를 만들어 주어야 한다. 이는 기관계/산업계 관점의 교육에서 비롯된 대학생들의 학습주권 상실을 회복시키는 단초가 될 것이다. 학생성공담론(특히 대학생의)에 대한 현상학적 관심과 질적 연구는 우리 교육연구 분야에서 선도해야 할 것이다.

2. 학생성공 스토리의 구조

허우수성(侯書生)은 자신의 교환교수 경험을 바탕으로 펴낸 『Philosophy of life learned at Harvard』(2005)를 통해 하버드의 인문정신(Harvard humanistic spirit), 즉, 학생성공교육 이데아(idea of student success)를 생생하게 묘사한 바 있다. 그는 새로움과 자신감이 가득한 교육을 성공적으로 시행하고 있으며 교학상장(教學相長)의 학습분위기를 만끽하는 공간으로 하버드를 이해했다. 지금부터 논의하게 될 내용은 '학생성공이 곧 인생성공의 바탕이며 필요조건'이라는 거창한 웅변을 내포하고 있다. 허우수성은 이에 대하여 '하버드 학생들의 성공은 곧 하버드 인생철학(하버드 스피릿)의 열매이자 하버드 교육이념의 과학적 증거'라고 주장한다.

인재의 성장과 인생의 성공은 결국 각자가 인생에 대하여 어떤 태도를 가지며 또 어떤 의식과 관념으로 스스로의 인생을 창조하느냐?에 달려 있다. 그는 이를 증거하기 위하여 하버드 인생철학을 위주로 귀감이 될 만한 다양한 성공 스토리를 소개하고 있다. 즉, 하버드대 교수들의 명언을 이용하거나 강연에 담긴 메시지를 예시하면서 하버드의 학생성공이 어떻게 이루어지는지 생생하게 묘사하고 있다. 그는 하버드 학생성공 이데아 10가지를 조직적인 이해와 구체적인 설명으로 제시하고 있다(자기신뢰, 마음챙김, 장점발휘, 목표설정, 신뢰구축, 적극사고, 자기성찰, 핑계없음, 사랑정신, 일상생활 등). 그의 일관된 주장을 살펴보면 개인의 성숙, 성장, 성취, 성과 등은 학업이나 인생의 성공을 이루는 구성요소들로, 성공이라는 것은 단일한 현상이 아니라 복잡하기 이를 데 없는 심리철학 현상이다.

1) 자기신뢰의 철학

하버드대의 어느 교수는 학생들에게 이렇게 말한다. 누구든 자신의 잠재력을 외면해서는 안 된다. 잠재력은 하늘이 부여한 능력에 실천을 통한 배움이 결합된 것이다. 결과에 대한 걱정을 덜 할수록 성공에 가까워질 수 있다. 또한 성공한 사람들에게 영감은 항상 기적을 일으키는 강력한 힘이다. 잠재력의 보물창고를 열어 다른 사람과는 다른 자신만의 영감을 찾는다면 누구든 성공에 다가갈 수 있다. 사람은 누구나 스스로를 즐겁게, 성공으로 이끌 수 있는 능력과 힘을 갖고 있다. 누구든 자신감을 갖게 되면 인생은 성공으로 나간다. 자신의 선택을 확신하고 자신의 일이 성공할 수 있다는 가능성을 믿을 때 바라는 목표는 이루어지기 마련이다. 신뢰와 더불어 책임감을 바탕으로 책무를 완수하는 사람만이 성공할 수 있다. 자신감은 성공을 위한 가장 절대적인 힘이다. 자신감으로 충만한 사람의 앞길을 막을 수는 없다. 성공하는 모든 사람은 자신감으로 가득하고 그것은 오래 간다. 어떤 일을 할 때 재능은 필요하다. 그러나 자신감은 재능보다 더 필수불가결한 것이다. 성공하려면 말과 행동, 마음가짐과 태도 등에 자신감이라는 세 글자를 새겨두어야 한다. 허우수성의 경험에 의하면 자신감으로 성공하는 자신을 만들어가는 것이 하버드 인생철학의 핵심이다.

성공하는 사람들에게 반드시 배워야 할 것은 낙관적인 사고와 주저하지 않는 결단력, 미래에 대한 두려움 제거 등이다. 성공하는 사람들은 자신이 남보다 능력이 앞서고 똑똑하고 노련하며 모든 승리가 항상 자신으로부터 나온다고 믿는다. 실패하는 사람들의 이유는 자신의 능력을 확신하지 못하고 자신을 성공할 수 없는 존재로 단정하는 데 있다. 자신에게 성공할 수 있는 능력이 있음을 스스로가 믿어야 한다. 성공할 수 있다는 신념은 스스로의 정신을 깨우는 각성제다. 이를 복용하면 의심, 두려움, 후퇴, 방황 등은 멀어진다. 자신감으로 충만하고 스스로의 생각을 우직하게 고집하며 용기 있게 싸우는 사람만이 성공할 수 있다. 인생에서 성공하려면 자신의 이상과 출발선을 명료하게 해야 한다. 모든 성공은 정확한 목표에서 시작되기 때문이다. 마음속의 모토는 성공을 위한 큰 힘이 된다. 상상한다고 해서 반드시 성공하는 것은 아니지만 얼마나 절실하게 상상하느냐?는 성공의 열쇠가 된다.

사람들은 적극적인 마음가짐으로 인해 스스로를 상상하고 믿는 것들을 이루어낼 수 있다. 권위의 힘으로 잠재력을 불러일으키는 것도 역시 성공으로 가는 지름길이다. 권위 있는 사람들이 전해주는 정보는 그 지위의 특수성으로 인해 다른 사람의 잠재력을 야기하고 그 사람이 성공으로 향하는 데 강력한 영향을 미칠 수 있다. 사람과의 관계에서 콤플렉스를 대하는 태도에 따라 성공과 실패의 갈림길이 만들어진다. 이를 극복하면 자신의 단점이 오히려 성공을 촉진하는 역할을 하게 된다. 성공한 사람들의 면면을 들여다보면 처음에는 자신의 성공과 발전을 가로막는 단점을 갖고 있다. 그러나 그들은 이를 자신의 약점으로 여기지 않고 오히려 자신감으로 역이용할 줄 알았다.

현대를 살아가는 사람이라면 누구든 실패를 용인해야 한다. 세상은 성공의 가능성 못지않게 실패의 가능성도 크기 때문이다. 실패할 때마다 깨달음을 얻고 실패를 경험할 때마다 성공의 전주곡으로 삼는다면 소극적인 태도는 적극적으로 전환되고 콤플렉스는 자신감으로 변화될 것이다. 스스로에 대한 도전은 자신감과 잠재력을 야기하는 지름길이다. 성공을 거둔 사람들은 지극히 평범한 지혜와 능력의 소유자일 뿐이다. 의지, 인내, 믿음, 즉, 스스로에 대한 도전정신을 갖고 있다면 누구나 성공할 수 있다. 스스로에 대한 도전이란 실패와 비난을 두려워하지 않고 오로지 앞을 향해 나가는 강력한 동력(動力)으로 허우수성은 이를 '마음속의 경쟁'이라고 표현했다.

2) 마음가짐의 철학

누구든 학생성공, 인생성공을 원한다면 가장 먼저 갖추어야 할 것은 적극적인 마음가짐 혹은 마음챙김(mindfulness)이다. 이것을 갖게 되면 성공은 그다지 멀지 않은 곳에 있다. 하버드 교수들은 어떤 마음가짐을 갖느냐?에 따라 사람이 달라질 수 있다고 말한다. 마음가짐은 강조해야 하는 성공의 요소이다. 적극적인 마음과 소극적인 마음 중에서 어느 것을 택할 것인가?는 인생의 성패에 있어 관건이 된다. 적극적인 마음을 지니도록 종용하는 것이 바로 하버드 인생철학의 핵심이다. 마음가짐이 바로 성공을 위한 필수요소이자 전제조건이기 때문이다. 적극적인 마음을 가진 사람은 가장 좋으면서도 새로운 생각을 궁리한다. 이러한 새로운 생각은 성공의 잠재력을 배가시켜준다. 나아가 스스로를 성공한 사람으로 간주한다. 적극적인 마음은 생활에 대한 낙관적인 생각에서 비롯된다. 하버드의 오랜 전통 중에 비관적이고 절망적으로 생각하면 눈앞의 세계가 어두워질 수밖에 없다는 말이 있다.

학자들이 성공한 사람들의 생애를 연구하면서 얻은 정보는 성공스토리에 반드시 등장하는 요소가 바로 진취정신이라는 사실이다. 성공의 크기는 그 사람이 얼마나 높은 곳에 올랐는가?의 문제가 아니라 성공과정에서 얼마만큼의 장애를 극복했느냐?에 달려 있다. 성공을 얻는 과정에서 진취정신의 중요성이 낮게 평가되어서는 안 된다. 인생의 전진과 성공은 진취정신과 의지력에 달려 있으며 쉬지 않는 추진동력이 있어야 가능하다.

누구나 살다보면 수많은 실패의 순간을 겪기 마련이다. 실패 경험은 가장 중요한 자산의 하나로 우리에게 독특한 배움의 기회를 제공한다. 물론 성공이 좋은 것이지만 우리가 가진 약점을 더욱 분명하게 볼 수 있는 것은 다양한 실패 장면이다.

여기서 마음가짐의 영향력은 매우 중요하다. 왜냐하면 마음가짐은 실패를 성공으로 전환시키기도 하지만 성공에서 실패의 나락으로 떨어뜨릴 수도 있기 때문이다. 성공동력은 부단히 스스로를 넘어서는 목표를 갖고 삶의 참뜻을 궁리하는 데 있다. 목표가 없는 삶은 눈앞의 이익에 종속된다. 인생성공은 뛰어난 재능, 높은 수준의 교육, 건강한 신체만으로 부족하다. 이들을 갖추고 있어도 성공을 얻겠다는 적극적인 태도가 없다면 인생에서 실패하거나 평범함에서 벗어나지 못할 것이다. 성공은 선택과 포기의 과정이다. 즉, 가치있음과 없음 사이에서 일종의 선택행위다. 가치있는 일의 추구를 위하여 가치없는 일을 포기하면 성공의 가능성이 다가온다.

3) 장점발휘의 철학

누구든 자신의 장점을 발휘할 때 성공의 가능성은 높아진다. 누구든 자신의 장점을 발견해서 전력을 다한다면 그 장점이 극대화되면서 해내지 못하는 일이 없어진다. 학생성공이든 인생성공이든 성공을 위한 기본은 자신의 장점을 최대한 발휘하는 것이다. 노력하면 성공할 수 있다는 것은 사실이다. 그러나 중요한 것은 자신이 잘 하는 것을 마음껏 하는 것이다. 이때 성공을 위해 투자하는 에너지는 절약될 수 있다. 자신이 처한 환경 속에서 자신의 강점을 발휘한다면 해당조건 아래서 최대의 성공을 얻을 수 있다. 만약 누군가 성공할 수 있다는 믿음을 갖고 실제로 성공했다면, 그것은 그에게 그러한 능력과 특장(特長)이 있기 때문이다.

자신이 갖고 있는 장점을 찾아내어 마음 속 깊이 새겨야 성공가능성은 높아지며, 자신의 결점에 대처하는 방법을 찾은 다음에는 자신의 장점을 발휘하기 위한 다음 단계로 최대한 빨리 진전해야 한다. 성공하는 사람들은 온 힘을 쏟아 부을 수 있고, 자신의 성격에 부합하며, 자신의 장점을 충분히 발휘할 수 있는 직업을 선택한다. 사람은 장점도 있고 단점도 있는 복잡하고 다중적인 존재다. 자신의 장점을 어떻게 발휘할 것인가?의 문제는 성공을 위한 어려운 숙제다. 성공한 사람들의 공통된 특성은 머리가 좋든 나쁘든 재주가 많든 적든 어떤 일을 하든 항상 자신이 잘 하는 일을 한다는 것이다.

학령기의 학생들은 반드시 해야 할 일(must do), 하고 싶은 일(want to do), 할 수 있는 일(can do) 사이에서 선택의 순간들을 겪는다. 아무래도 해야 할 일이 많은 시절이다. 그러나 학생성공을 넘어 인생성공으로 전환하기 위해서는 하고 싶고, 할 수 있는 일에 대한 대비가 충분히 이루어져야 한다.

자신이 잘 하는 일을 착실하게 해 나가는 것은 성공을 위한 귀중한 보물이다. 또한 좋아하는 관심에서 자신의 장점을 발견하는 것이 중요하다. 자신의 장점을 충분히 발휘하고자 원한다면 자신이 정말로 좋아하는 것이 무엇인가?에 정합(整合)하는 직업을 선택해야 한다. 자신의 장점을 키우고 자신만의 능력을 발휘해 나갈 때 성공의 길로 들어선다. 자신의 열성을 다해 성취를 이루어내는 것이 바로 성공의 길이다. 성공을 위한 조건들을 하루하루 쌓아나가야 한다. 인생성공을 거둔 사람들에 대한 생애사 연구를 보면, 처음에는 어떤

한 방면에서 약간 뛰어난 능력을 보이다가 점차 여러 조건들과 결합하면서 한 분야의 전문성을 뛰어 넘어 성공인사가 된다. 자신을 정확하게 이해하고 분석하면서 자신에 대한 정확한 진단을 내린 후 자신의 특성에 적합한 장점을 찾아내 독자적인 지능구조를 만들고, 장점이 효과적으로 발휘될 수 있도록 하는 것이 성공의 요체다.

배움은 이러한 장점을 통해서 성공으로 가는 첫 단계다. 성공한 사람들은 늘 새로운 무언가를 배우고자 하며 이를 통해 자신의 장점을 배양한다. 진정으로 성공하는 사람은 바쁨을 핑계 삼지 않고 시간을 내어 공부를 계속하고 스스로 엄격하게 자신을 대한다. 노력이 성공을 부른다는 것은 분명하지만 한 번의 노력과 성공이 종점은 아니다. 자신을 완벽하게 만드는 도구를 손에 쥐고 쉼 없이 그것을 사용해야 한다.

4) 목표설정의 철학

자신의 이상과 목표를 실현할 수 있는 사람은 성공한 사람이자 행복한 사람이다. 하버드 인생철학에 의하면 원대한 이상은 위대한 목표이며, 원대한 목표는 성공을 끌어당기는 자석이다. 이상이 있다고 해서 성공을 보장받는 것은 아니다. 그러나 목표마저 없다면 성공을 입에 담는 것은 삼가야 한다. 이룰 수 없을 만큼 큰 꿈은 없고, 세울 가치가 없을 만큼 작은 목표는 없다. 목표를 확실히 세워 그에 따라 행동할 때 성공의 희망이 다가온다. 뜻을 세우고(立志), 그것을 추구하고(實事), 마침내 이루는 것이(達成) 인생성공의 3대 요소다. 단번에 성공하는 것은 드물다. 성공의 가능성을 모색하는 것이 인생이다. 하버드대 교수들은 학생들에게 요행으로 성공을 바라거나 행운이 다가올 날만 기다릴 때 성공은 오지 않는다고 조언한다. 성공하는 사람들은 인생의 목표를 낮은 곳에서 높은 곳으로, 작은 것에서 큰 것으로, 평범한 것에서 위대한 것으로 단계를 거쳐 실현해 나간다. 이러한 원리를 이해해야 우리는 거대한 목표를 구체적인 현실로 나눌 수 있다.

우리가 학교에서 공부를 하든 아니면 주어진 어떤 일을 하든 간에 작은 것, 가까운 곳에서 시작하는 것이 성공을 위하여 하버드교육에서 제시하는 '피라미드의 법칙'이다. 예상 밖의 상황, 계획하지 않았던 돌발 사태나 위기상황 등에 대한 대비를 마련하는 것도 중요하다. 소위 플랜B의 중요성을 간과해서는 안 된다. 왜냐하면 성공으로 가는 길은 결코 순탄하거나 곧지 않기 때문이다.

성공하는 사람들은 어떤 일에 대한 열정이 충만하면 바로 실행에 옮긴다. 기다림과 미룸이 성공의 적(敵)임을 잘 알기 때문이다. 모든 성공인의 행동특성은 생각하는 것을 곧바로 실행에 옮기는 것이다. 성공척도는 얼마나 했느냐?의 문제가 아니라 어느 정도 성과를 거두었느냐?의 문제다. 단순히 바쁜 것 자체나 일거리 자체를 성공으로 여기는 사람들이 많다.

5) 신뢰구축의 철학

하버드정신은 말한다. 학업성공이나 인생성공을 원한다면 우선 자신에 대한 주변의 신뢰부터 쌓아야 한다. 현명한 사람은 신용으로 자신의 가치를 스스로 높일 줄 안다. 세상을 사는 지혜와 능력뿐만 아니라 타인에 대한 성실함과 솔직함을 갖추는 것도 중요하다. 목전의 이익이 신용보다 더 중요하다고 여기는 사람들도 있지만 신뢰를 잃으면 현실의 이익을 얻을 방법도 동시에 없어진다. 허우수성은 이에 대하여 신뢰는 성공으로 가는 특별통행증이라고 주장한다. 진실과 믿음으로 상대를 대해야 그 사람도 나를 존중하며 스스로를 신뢰할 수 있는 존재로 만들어야 성공에 이른다. 사람은 반드시 성실할 필요가 있다. 성실함은 곧 사람됨의 기본이며 사회생활을 하면서 성공을 거두기 위한 중요한 전제 중의 하나다. 정직하고 성실한 사람은 결코 손해를 보지 않는다. 스스로 똑똑하고 잘 났다고 내세우며 남을 기만하거나 속이는 사람은 반드시 실패한다. 성공한 사람들의 가장 확실한 성공요인은 바로 성실함이다. 성실한 모습으로 살아온 인생을 값어치로 매길 수 없다. 사람들의 마음과 세상의 모습이 어떻게 변하든 정직과 성실이라는 품성은 영원히 빛을 잃지 않으며 더욱 중요한 가치로 평가된다.

하버드대학 교수들은 학생들에게 성실과 지식, 경험이 하모니를 이루는 것이 인생의 지혜라고 가르친다. 학교 장면이든 작업장 장면이든 자기 자신을 성실하게 대하지 못하는 사람은 결코 성공할 수 없다. 진실하지 못한 사람은 마침내 자신의 본질이 드러나면서 신뢰나 신용이라는 성공 요소를 상실하고 만다.

이러한 품성의 양분을 받아 우리는 더욱 행복해지고 성공적이며 아름다워질 수 있다. 신용은 결코 돈으로 구매되는 것이 아니고, 금전으로 가치를 매길 수도 없다. 이는 하버드 인생철학의 핵심이다. 한 사람의 성공에서 외부의 객관적 요소는 단지 보조일 뿐, 중요한 것은 자신의 의지와 노력 여부이다. 신용 역시 자신의 노력 여하에 따라 얻어지는 것이다.

6) 적극사고의 철학

하버드 교육철학에 '하루를 생각하는 것이 무턱대고 일주일을 행동하는 것보다 낫다'는 교훈이 있다. 학생성공이나 인생성공을 위하여 생각하는 것은 매우 중요하다. 적극적인 생각으로 자신을 무장하고 그것으로 커다란 목표를 향해 나갈 때 성취는 다가온다. 성공한 사람들의 수많은 능력들 중에서 가장 신기한 것이 바로 사고능력이다. 성공하는 사람들은 생각하는 힘을 갖고 있다. 어떤 고난과 역경이 목전에 놓이더라도 그들은 운명에 굴복하지 않고 성공에 대한 희망을 믿는다. 여기서 성공을 꿈꾸는 사람들이 반드시 알아야 할 사실이 있다. 생각만으로는 부족하다는 점이다. 생각을 실천에 옮길 수 있는 굳은 결심이 중요하다. 사고력보다 중요한 것은 바로 실천력이다. 실천의 힘을 이끌어내지 못하는 사고는 아무런 의미가 없다. 실질적인 사고, 즉 생각하는 동시에 수고를 감내하고 부단히 노력하는 사고만이 진정한 가치를 지닌 것이다. 생각은 운명을 바꾼다. 적극적인 사고를 통해 소극성을 벗어나면 자신의 성장에 도움이 되고 성공에 필요한 습관이 된다.

사실에 근거해 일을 처리하면 자신감을 얻게 되고 자신감을 얻은 사람은 머뭇거리지 않는다. 이때 자신의 노력이 어떤 성과를 가져올 지 이미 예상하고 있다면 일의 효율이 높아지며 성취도 탁월해진다. 이것이 바로 성공하는 사람들의 습관이다. 어떻게 성공규칙을 자기 자신의 것으로 만들 수 있는가? 사물을 긍정적으로 바라보는 습관을 기르면 된다. 마음에서 우러나는 주변에 대한 칭찬은 성공으로 가는 지름길이다. 긍정적인 사고는 복잡하고 험난한 인생과 어려운 상황에서도 희망과 적극성을 잃지 않는, 현실에 대한 적극적인 반응을 의미한다. 긍정적인 사고와 습관이 형성되면 성공은 가까워진다. 학생성공 혹은 성공인생을 창조하는 사람들은 사실에 부합하는 가장 중요한 문제들에 집중한다. 중요한 사실을 먼저 생각하는 습관을 기르고 이에 기초하여 성공의 기반을 닦는다면 강한 창조의 힘을 갖출 수 있다. 중요한 것부터 생각하는 습관을 통해 인생성공을 이룬 사례는 무수히 많다.

전면적이고 집중적인 사유만이 성공을 보장한다고 하버드 스피릿은 말한다. 정신을 집중하여 전면적인 사고를 하게 되면 평범한 일상에서도 성공의 기회가 생긴다. 성공하는 사람들은 이러한 기회를 결코 놓치지 않는다. 더 깊고 더 멀리 생각하는 만큼 성공 가능성은 높아진다. 반드시 목표달성을 보장할 수는 없지만 깊은 사고의 습관이 만들어지면 성공 기회는 높아진다. 깊은 사고에 영향을 주는 요소들은 극복해야 한다. 과거의 나쁜 경험, 주변의 스트레스 유발요인들, 통찰력 부족 등에서 벗어나야 한다. 누구에게나 성공의 기회는 보장되어 있다. 그러나 성공을 상상하고 자신을 믿는 사람만이 그 기회를 성공으로 전환시킨다. 상상력의 문을 열고 상상하는 훈련을 지속해야 한다.

긍정적 성취에 대한 상상이나 예견은 학업수행은 물론 인생성공의 길을 만들어준다. 특히, 추론과 논리를 바탕으로 하는 상상력은 학생들에게 학업수행의 과정을 수월하게 만든다. 성공하는 사람들의 습관을 보면 예외 없이 창조사고의 힘이 발휘된다. 이는 한 개인의 지적 역량을 나타내는 기준이다. 창조사고의 결과가 반드시 성공을 보장하지는 않는다. 그러나 결과의 좋고 나쁨을 떠나 나름대로 의미는 있다.

비록 창조적 사고가 성공적인 성취를 보장하지 않더라도 다른 길에 대한 모색의 기회를 제공할 수 있음은 분명하다. 성공을 원한다면 미지의 사물에 대하여 이전 사람들과 다른 사유방법을 모색하고 선례가 없는 방법으로 대상을 분석하며 이를 통해 새로운 인식의 방법을 장악해서 스스로의 인식능력을 고양해야 한다. 창조적 사고를 통해서 만들어진 관념 하나하나, 새로운 이론 하나하나, 새로운 발명과 창조 하나하나가 성공을 향해 달리는 어떤 인간의 능력치를 잘 보여준다. 하버드대 교수들은 성공에서 가장 중요한 것은 창조적 사고이며, 이를 가져야만 학업이나 인생의 진정한 가치와 행복을 느낄 수 있다고 가르친다.

그들은 창조적 사고를 성공적으로 실천에 옮김으로써 행복과 성취감을 맛보며, 이로 인해 고무되어 열정적으로 창조적 활동에 매진하고 다시 이 활동을 성공의 기초로 삼아 자아를 실현해 나가게 된다. 성공 비결은 대단히 단순하다. 현실과 타협하지 않고 부단히 새로움을 찾는 반역자가 되는 것이다. 창조적 사고는 하버드의 오랜 전통을 지닌 성공철학이다. 하버드대 교수들은 학생들에게 말한다.

성공적인 학업이나 인생을 창조하는 과정에서 잠재의식을 효과적으로 이용하는 사람일수록 성공을 거둘 가능성이 높아진다. 역사적으로 수많은 사람들이 잠재의식이라는 순간의 영감을 통해 성공을 이룬다. 자신의 잠재의식을 제대로 이용할 수 있다면 자기도 모르는 사이에 성공한 학업, 성공한 인생으로 가는 지름길에 올라서 있을 것이다.

7) 자기성찰의 철학

성공이 대부분 내적 요인에서 비롯되는 것과 마찬가지로 실패 역시 마찬가지다. 누구나 부단히 자신을 되돌아보고 잘못을 고쳐 나가면서 실수나 실패에 대한 반복의 굴레를 벗어난다. 반성적 성찰을 통해서 자신을 살펴야 실패에서 벗어나 성공이라는 지점에 다다를 수 있다. 하버드대 교수들은 학생들에게 말한다. 진정으로 성숙한 사람은 솔직하게 반성하고 정확하게 고쳐 나갈 줄 아는 사람이다.

증자(曾子)는 '吾日三省吾身 - 爲人謀而不忠乎? 與朋友交而不信乎? 傳不習乎?'라고 하여 하루 세 번 이상 스스로 성찰하는 것을 중시했다. 이처럼 자신에게 암시를 던지고, 새롭게 일깨우고, 꾸짖고, 용기를 주면서 인생이나 학업의 성공을 위해 노력해야 한다. 자기성찰의 주요한 덕목을 보면 절제, 침묵, 질서, 결단, 절약, 근면, 성실, 정의, 중용, 청결, 평정, 순결, 겸손 등이다. 성공하는 사람이 되기를 원한다면 학교에서 배운 지식이나 학업지능만으로는 부족하다. 사회적 지식이나 지혜(結晶知能)가 필요하다. 사회에서 엄격한 선생은 생활 자체이며, 교과서 중심의 학교교육과 전혀 다르다. 사회적으로 이루어지는 삶의 교육방식은 실수를 한 후 거기서 교훈을 끄집어내는 것이다. 학교에서 실수를 하지 않는 학생은 매우 총명한 학생이지만, 사회적 장면에서 실수를 저지른 후에 그로부터 가르침을 스스로 터득하는 자가 지혜로운 사람이다.

학업과정이나 인생에서 저지르는 실수는 두려운 것이 아니라고 하버드 스피릿은 가르친다. 정말로 두려운 것은 아무런 가치도 없는 실수일 뿐이다. 좌절을 극복하지 못하는 사람은 어떤 일도 제대로 해내지 못하며, 결코 성공한 사람이 될 수 없다. 발견되지 않은 새로운 길을 찾는 것은 성공에 큰 도움이 된다. 새로움에 대한 도전과 모색은 언제든지 성공의 가능성을 증가시킨다. 하버드대 교수들은 학생들에게 성공은 재능과 관심, 개성과 가치관의 부합 여부에 달려 있다고 가르친다. 누구든 어떤 일에 뜻을 두고 성공을 원한다면 그 일을 할 수 있다고 스스로 믿어야 한다.

자신에 대하여 잘 알고, 일의 경중과 완급을 구분하고, 만약 실패하면 먼저 스스로를 반성하는 태도나 습관 등은 성공으로 이끄는 힘이다. 자신의 잘못을 인정하고, 다른 사람들의 정당한 비판을 수용하고, 이를 통해 반성할 줄 아는 사람은 타인을 존중하는 동시에 자기 스스로를 부단히 발전의 상태에 놓이게 만든다. 허우수성은 이에 대하여 '성공에너지'라고 표현하였다. 성공한 사람들의 성격상 공통점은 성공에너지가 보통사람들에 비하여 현저히 높았다는 점이다.

8) 핑계없음의 철학

성공에 이르는 길은 어떤 핑계도 용납되지 않는다. 성공하지 못한 사람들의 특성을 보면 실패의 이유를 잘 알면서도 자기가 생각하기에 핑계거리밖에 되지 않는 이유들을 들먹이면서 변명을 한다는 점이다. 핑계는 핑계에 불과할 뿐 사람들은 그저 누가 성공했느냐?만을 물을 것이다. 변명의 습관은 인류와 함께 공존하면서 살아온 성공의 치명적인 장애물이다. 최대 그리고 최초의 성공은 자신을 정복하는 것이다. 가장 치욕스러운 실패는 자기 자신에게 패하는 것이다. 어느 하버드대 심리학교수는 학생들에게 만약 어떤 사람이 핑계를 대면서 뒤로 물러서려고 한다면 그는 어떤 일을 하든 전력을 기울이지 못할 것이라고 조언했다. 핑계는 성공의 걸림돌에 불과하고, 이 걸림돌을 제거하여 용감하게 나갈 때 성공의 문에 다가선다.

어느 누구도 『파우스트』의 메피스토펠레스처럼 자신의 운명을 다른 이에게 위탁할 수 없다. 성공을 원한다면 우선 스스로를 책임질 줄 알아야 한다. 하버드대 교수들은 성공에 별다른 비결이 없다고 가르친다. 즉, 성공의 진리는 지극히 평범하다. 그것은 노력을 위한 의지수립과 실천행동 여부에 달려 있을 뿐이다.

이 점에 비추어 볼 때 성공하는 사람들의 생각은 동일하다. 즉, 미래가 걱정되어 미리 회피하고 핑계만 찾는다면 평생 자신을 뒤덮는 것은 후회일 뿐이라고 여긴다. 시간, 나이, 능력, 경제 등을 핑계로 공부를 미루거나 게을리 할 때, 자신의 처지를 비관하기만 하고 미래에 대한 희망을 상실했을 때, 그 누구라도 결코 학업이나 인생성공을 기대할 수 없다. 성공은 자신에 대한 정확한 이해와 이를 기반으로 비겁한 변명을 내세우기보다 올바른 행동과 실천 원칙을 바로 세우는 것이다.

9) 사랑실천의 철학

사랑 없이 세상은 존재할 수 없다. 사랑은 우리에게 공기나 빛, 물과 같은 아르케(arche: 고대 그리스어로 처음이나 시초를 의미함. 그리스 고대철학자들은 우주 근원에 대해 깊이 생각했는데 초기 그리스철학에서 아르케는 세상의 근원이자 근본 원리를 의미함. 물질개념으로는 우주만물을 구성하고 있는 근본입자를 뜻하고 철학적 개념으로 사물이나 현상의 근원을 이루는 성질인 원리 개념을 뜻함)이다. 관계적 삶에서 사랑은 재산이며 소중한 자원이다. 누구든 이러한 재산과 자원을 갖고 있다면 더욱 행복해지고 성공으로 향하는 발걸음도 가벼워질 수 있다. 타인을 도움으로써 인생은 기쁨과 즐거움이 가득해지고 삶의 의미와 가치가 풍부해진다. 사랑을 베푸는 습관을 통해 기쁨과 희열을 느껴야 진정으로 성공하고 진정으로 행복한 사람이 된다. 누구에게 주는 것, 베푸는 것이 우리의 삶을 풍요롭고 풍부하게 만든다.

> 다른 사람에게 장미를 선물하면 그 사람의 손에는 오래도록 그 향기가 남아 있는 법이다. 우유를 배달하는 일은 다른 사람에게도 도움이 되지만 정작 배달하는 자신이 건강해지고 돈벌이를 통해 행복해질 수 있는 법이다.

다른 사람을 사랑하기 위해서 우선해야 할 일은 자기 자신과 사랑의 관계를 맺는 일이다. 이 관계에는 믿음, 성실, 존중, 융통성, 낙관, 관용, 창조성 등이 충만해 있어야 한다. 타인을 도움으로써 인생은 더 큰 기쁨과 즐거움으로 넘친다. 사람들에게 선의와 친근함과 사랑을 보여줌으로써 얻는 기쁨과 즐거움이 있어야 비로소 성공과 행복을 말할 수 있다.

10) 일상생활(열정)의 철학

학교장면이나 일상생활과 관련된 성공담론을 살펴볼 때 여러 가지 성공요소들 중에서 가장 중요한 것은 열정이다. 허우수성은 열정이 있는 사람은 어떤 신(神)이 그의 마음속에 들어가 있는 것이나 마찬가지라고 말한다. 열정을 키워준 것에 대한 보상은 적극적인 행동과 성공 그리고 행복으로 다가온다. 성공의 요소는 대단히 많다. 그러나 그중에서 가장 중요한 것은 바로 열정이다. 열정이 없으면 능력도, 노력도, 재산도, 희망도 아무 의미가 없다. 열정은 실패한 사람에게 다시 일어서는 힘을 준다. 이것을 소위 회복탄력성(resilience)이라고 한다. 열정을 통해 사람들은 성공의 문으로 향할 수 있고 난제를 극복해 나갈 수 있다. 역으로 말해서 열정이 없으면 아무것도 이룰 수 없다. 만약 열정이 어떤 사람에게 놀라운 성과를 거두게 만들었다면 그것은 특정인의 전유물이 아니다.

열정적인 태도는 어떤 일을 하든지 필요한 전제조건이다. 만약 이러한 조건이 결여되어 무기력하고 나태함에 길들여질 때 성공의 문과 열쇠는 저 멀리 달아나게 될 것이다. 열정과 적극적인 태도가 누군가의 성공과정에서 차지하는 비중은 엔진에서 연료가 차지하는 비중과 같다. 열정은 실천의 동력이다. 열정과 믿음은 역경과 실패, 좌절을 딛고 새롭게 일어나는 힘을 준다. 분명한 목표가 있고, 그것의 실현을 위해 노력할 때 우리는 성공에 대한 희망으로 가득하고, 열정과 자신감으로 충만해진다. 누구든 삶을 열정으로 가득 채우고 그 열정이 마음껏 활개를 펼칠 때 그로 인해 삶의 주인공이 될 수 있다. 이것은 인생의 큰 교훈이기도 하지만 학교생활에서도 예외가 아닌 작은 교훈이 될 수 있다.

3. 교육인간학적 분석

다음은 JTBC의 '차이나는 클라스'라는 교양프로그램에서 다룬 내용을 요약한 것이다. 핵심은 대학 그리고 학생성공에 대한 마이클 샌델 교수와의 대담이다. 이는 대학생의 학생성공에 대한 담론거리로 매우 의미있고, 특히 대학이 과연 성공의 결과인가? 아니면 성공을 위한 브릿지인가?라는 근본적인 문제의식을 대중에게 제시하고 있다. 왜 사람들은 명문대 입학을 놓고 경쟁하는가? 그것은 능력주의사회에서 대학이 우리의 사회적/경제적 가치, 계층을 만들어내고 있기 때문이다. 불법을 동원해서라도 명문대에 보내려는 부모들 때문에 우리 사회의 기회와 보상을 분배하는 데 대학이 어떤 역할을 해왔는지 우리는 진지하게 생각해 봐야 한다.

미국이든 한국이든 사람들에게 명문대학이란 어떤 의미일까? 불법까지 동원해 자녀를 명문대에 보내려는 이유는 무엇인가? 이 물음에 대한 마이클 샌델 교수의 답변은 비교적 간단하다. 즉, 누구나 명문대 간판의 후광효과를 원하기 때문이다. 사람들은 '내가 명문대 나온 훌륭한 사람이구나!'라고 생각하고 그에 따른 사회적 혜택을 원한다. 경제적 보상과 기회만 할당하는 게 아니다. 그건 일부일 뿐, 명문대학의 간판이 사회적 인정을 받는 방법이 되기도 한다. 교육의 본질이 철저하게 붕괴된 것이다. 부모 개인이나 사회 전반의 지나친 압박이 교육을 출세도구로 전락시킬 위험성이 증가했다. 즉, 자녀나 학생을 성취 도구, 성공 도구로 전락시킬 위험이 항상 도사리고 있는 것이다. 이것은 마침내 부모와 자녀, 교사와 학생의 관계에 큰 상처를 남기게 된다.

마이클 샌델은 자녀도 명문대 출신인데 자신이 부모로서 노력한 것은 사춘기 시절 아이들이 경쟁의 노예가 되지 않도록 최선을 다한 것이라고 주장한다. 특히, 자녀들에게 강조한 것은 배움의 즐거움을 깨닫게 만드는 것이다. 박물관을 찾아 피부로 경험시켜 주고, 자연을 사랑해야 한다고 가르치고, 아프리카 숲을 연구하여 침팬지의 사회적 행동 양식에 대한 글을 쓰게 했다. 경쟁보다 배움 자체를 즐길 수 있도록 이끌었다. 그러나 그는 사회적 압박 속에서 부모가 이런 선택을 하기는 쉽지 않았다고 솔직하게 고백한다.

대학에 입학한 학생들이 '과연 어디까지가 온전한 나의 실력일까? 능력은 과연 내가 잘해서 얻은 결과인가?'라는 상투적인 물음에 대하여 마이클 샌델은 다음과 같이 대답한다. 하버드대학에 합격한 학생들은 내 노력으로 얻은 것이라 생각하는데 그들이 이기적이라는 것을 의미하는 건 아니다. 대부분의 학생이 다양한 봉사활동에 참여하고 이기주의와는 다른 것으로 수년간 온갖 부담감(압박감, 스트레스, 불안감 등)에 시달린 결과다.

명문대 입학이 내 노력의 결과라고 믿을 수밖에 없게 된 학생들, 그들이 느낀 엄청난 스트레스는 사실 그들의 성공 뒤에 더 많은 요소가 있었다는 것이다. 자신의 노력 이상의 요소들이 성공의 발판이 되어준 것이다. 치열한 능력주의 경쟁으로 인한 또 다른 문제는 이 압박이 젊은이들에게 입히는 상처로 많은 학생이 호소하는 우울증, 불안, 극단적인 선택에 대한 생각이다. 승자도 불행하게 만든 능력주의 폭정이다. 그런데 그들은 왜 그렇게 불행해 하는 것인가?

명문대 입학이라는 큰 성공을 이루었지만 압박과 스트레스에 너무 익숙해진 학생들, '내가 정말 원하는 배움과 삶의 목적은 무엇일까?'라고 스스로에게 묻는 것조차 어려워진 학생들에게 우리 사회는 경쟁이 그들에게 주는 엄청난 부담감을 다시 생각해봐야 한다. 하버드와 많은 미국 명문대에서는 점점 더 많은 학생이 A학점을 받아 간다. 능력주의 경쟁에 길들여진 만큼 대학에서도 끊임없이 노력하는 학생들이 많아지기 때문이다. 험난한 능력주의 시스템을 뚫고 명문대학에 입학한 학생들은 과연 성공한 것인가? 아니면 새로운 성공을 위한 탄탄한 다리를 어렵게 건너고 있는가?

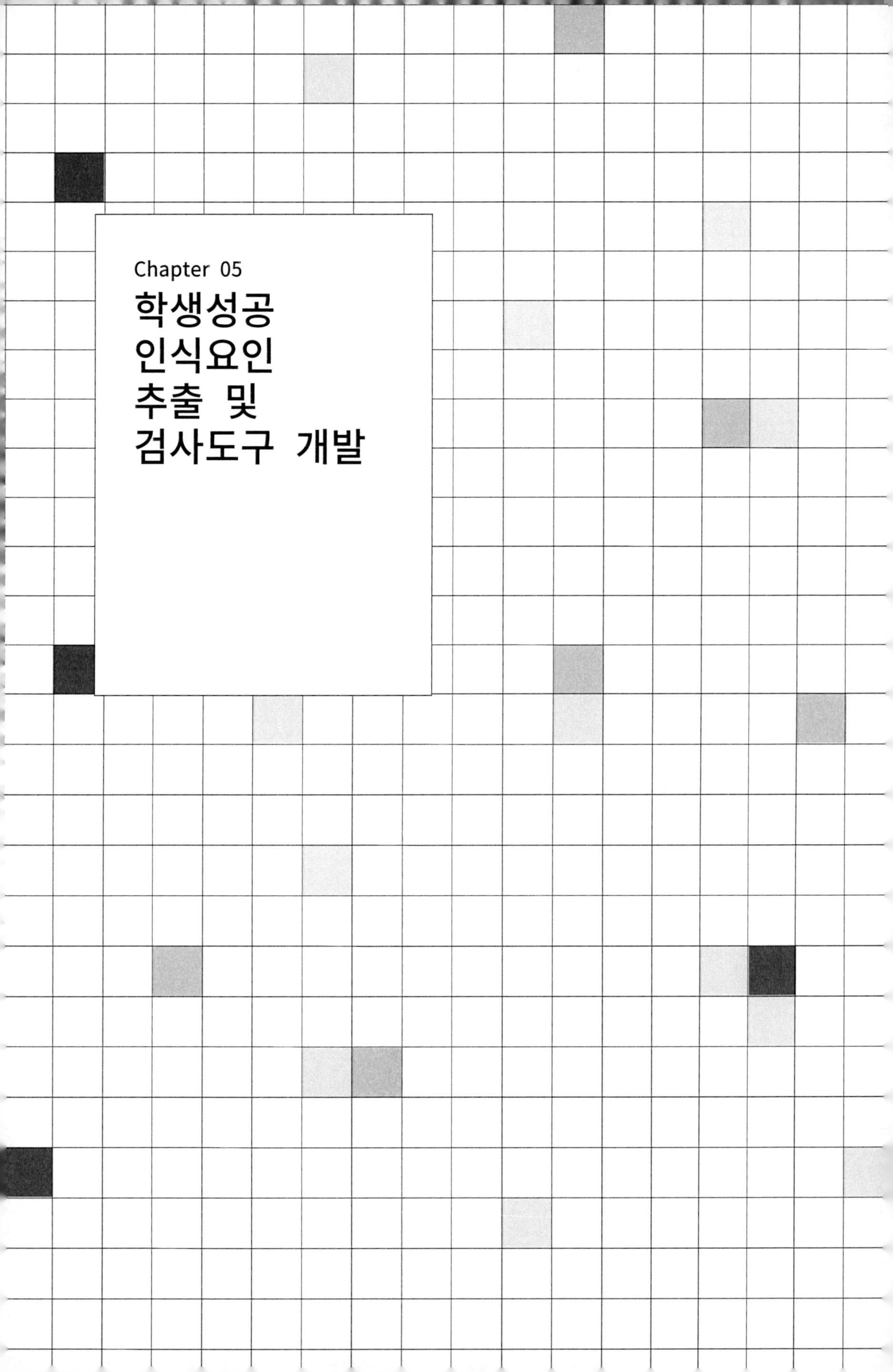

Chapter 05

학생성공 인식요인 추출 및 검사도구 개발

본 장에서는 조사지를 이용하여 대학 재학생의 학생성공 인식요인을 추출하고, 수집된 데이터에 대하여 근거이론 방법(코딩작업)을 통해 요인을 범주화하였다. 또한 이를 기반으로 이루어진 검사도구 개발, 파일럿 검사(예비검사) 결과에 대한 통계처리 등 일련의 절차를 예시하였다.

대학 내외의 요인에 의해 고등교육 생태계가 급변하고 있다. 학령인구 급감의 인구학적 변인, 고도과학기술기반의 4차 산업혁명 사회생태계, 고등학교 교육과정의 변화 등에 영향을 받은 고등교육 변화는 불가피하다. 기왕의 기관계/산업계 관점 고등교육시스템은 사회전반에 걸친 변화에 능동적으로 대응하거나 변화된 대학생들의 특성에 부응하는데 한계가 있다. 학교, 교수, 기업체가 성공하는 것이 아니라 대학교육의 주체인 학생들이 성공적인 학교생활 및 진로정치(定置)가 이루어질 수 있는 방안을 적극적으로 모색해야 한다. 본 조사는 대학생들이 캠퍼스 라이프를 통해 성공적인 학사이수, 성공/행복감 형성, 성공적인 진로정치를 이루어가기 위해 필요한 인식요인을 조사, 추출하여 표준화된 진단검사 도구를 제작하고, 이를 활용한 결과를 성찰하여 학생성공을 지원하기 위한 학사시스템 및 성과관리시스템 개선 방안을 모색하는 것이다.

성공인식 요인 조사 및 검사도구 개발의 핵심적인 아이디어인 학생계 관점으로의 고등교육 생태계 전환은 무엇을 의미하며 구체적인 방안은 무엇인가? 간단히 말하면 그것은 학생들의 요구, 흥미, 역량, 경험 등을 조사, 분석하여 학사제도 전반 및 학생지원시스템 개선에 반영하는 것이다. 조사 및 개발 목적은 최근 대학교육 혁신의 주요관심사인 대학생들의 대학생활 성공(대학성공 혹은 학생성공으로 표현함)에 대한 이론 및 실제 연구 동향을 비판적으로 검토하여, 대학교에서의 학생성공에 대한 인식요인을 추출하고, 이를 기반으로 진단검사 도구를 개발, 활용하기 위한 기초 작업을 수행하는 것이다. 고도과학기술기반 4차 산업혁명사회, 학령인구 급감에 따른 인구학적 위기, 문·이과 통합교육, 학사제도 및 입시제도 변화 등 교육생태계가 급변하고 있다. 특히, 고등교육 분야에서 이루어지는 혁신의 핵심은 기왕의 기관계/산업계 관점의 교육에서 학생계 관점의 교육으로 전환할 필요성과 당위성이다. 즉, 기성세대, 기성사회, 기존학문의 관점이 아니라 성장세대인 학생의 관점(요구, 흥미, 능력, 경험을 교육시스템 전반에 반영하는)에서 고등교육 생태계를 재편성하는 것이다.

이를 요약하면 대학성공(혹은 학생성공)이다. 조사의 목표는 각 대학의 정체성을 바탕으로 재학생들이 지각하는 대학생활 성공에 대한 인식요인들을 추출하고, 이를 기반으로 진단검사 도구를 개발, 운용함으로써 재학생들의 학생성공이 이루어지도록 지원하는 지속 가능한 학사 플랫폼 구축과 학생주도형 콘텐츠 개발의 기초 방안을 수립하는 것이다.

1. 인식요인 추출

학생성공 인식요인 추출은 조사도구(개방형 질문지) 제작→대상(대학 3,4학년 재학생) 선정→조사 실시→데이터 수집→코딩 작업의 과정을 거쳐 이루어졌고, 이를 기반으로 검사도구 제작 및 통계처리 등 후속작업이 수행되었다.

표 29 인식요인 추출을 위한 조사 설계

구 분		주요 내용	비 고
조사 실시	도구활용	연구자가 자작한 설문지를 이용함	4개의 개방형 질문형식으로 구성된
	조사대상	Y대학 5개 교양과목 수강생(3,4학년)을 대상으로 실시함	
	조사기간	2019. 10. 1 - 12. 20	
	조사인원	348부를 배부하여 330부를 회수함	중복응답자의 경우 회수부수 계산에서 제외하여 사례수가 감소함
	조사방법	과목별로 수업시간을 이용하여 담당교수가 조사지를 직접 배포하고 회수함	
	자료분석	근거이론을 적용, 코딩작업을 통해 분류표를 작성함	

1) 1,2차 코딩(자유기술식 반응에 대한 중요용어 색인화)

조사를 위하여 활용한 검사도구는 아래와 같이 4개의 자유기술식 개방형 질문형태로 만들어졌고, 수집된 데이터는 1,2차 코딩 작업을 통해 학생들이 반응한 용어중심으로 색인화 작업을 수행하였다. 동일/유사용어가 다수의 학생 응답에(중복반응의 경우) 나타났을 경우는 1개로 처리하였다.

표 30 1,2차 코딩 결과

A-1	'나는 OO캠퍼스에서 성공적인 대학생활을 했다'는 졸업생 선배나 동료의 말을 들었을 때, 어떤 부분의 만족 혹은 성취가 연상됩니까? 5가지를 생각나는 대로 기술하기 바랍니다.
A-2	대학성공 인식요인의 상위준거를 아래와 같이 임의로 설정하였습니다. 합리적인 구분이라고 생각합니까? 만약 아니라고 생각하는 경우 이유를 설명하기 바랍니다. • 재학중 성과 변인: 적기(適期) 졸업, 우수한 학점 이수, 장학금 수혜 경험, 교양교육 이수경험, 전공교육 이수경험, 전공 관련 필수자격 및 특수자격 취득 등 • 졸업후 성취 변인: (예정된) 취업경쟁력, 양질의 취업, 도전적 창업, 상급학교 진학, 유학 등 • 잠재적 성장 변인: 자기주도 학습능력, 정체성 확립, 좋은 대인관계, 인성 함양, 잠재 역량 계발, 공동체적 가치 내면화, 사회적 적응능력 형성, 다양한 동아리활동 경험, 건전한 이성교제, 학교 밖 활동경험, 우리 대학에 대한 자부심 등
B-1	만약 여러분이 졸업을 앞두거나 졸업한 후 '나는 대학생활을 성공적으로 해냈다'라고 자신 있게 말할 수 있다면, 이때 성공이란 구체적으로 무엇을 의미합니까?(예를 들어 학사경고 경험이 없었다. 정해진 학사일정에 따라 졸업을 했다. 내가 원하는 회사에 취업을 했다. 공동체적 가치를 배웠다, 좋은 인간관계를 맺었다. 의미 있는 국제봉사활동을 했다 등과 같이 구체적인 문장으로 작성해 주기 바랍니다)
B-2	꿈꾸는 성공적인 대학생활이 이루어지도록 우리학교가 새롭게 도입해야 할 학생중심 프로그램 신설, 학사제도 개선, 학생지원 방안 등이 있으면 자유롭게 기술하기 바랍니다.

한국어	영어(외국대학 전문가 자문시 활용함)
갈등해결 능력 계발	development of ability on conflict solving
강점 발견 및 강화	finding & reinforcement of strength
건전한 이성교제 경험	experience of sound dating
경제적 독립	economic independence
경험의 다양성	diverse experience
경험의 중요성 느낌	feeling on importance of experience
공동체적 가치형성	formation on communal value
공모전 성과(대내외 공모전에서 우수	outcome on contest exhibit

한국어	영어(외국대학 전문가 자문시 활용함)
한 성과를 거둠)	
공정과 정의의 의미를 배움	learning on meaning of fairness and justice
교내인프라 적극 활용	practical use of school infrastructure
교양과정 만족	satisfaction on liberal arts curriculum
교양교육을 통한 성장	growth by liberal arts curriculum
글로벌 역량 계발(해외여행, 교환학생 및 연수프로그램 활용)	development on global competency(by overseas trip, program of exchange student and training)
기억과 추억	beautiful memory and remembrance on campus life
기초소양 계발	development on basic refinement(knowledge)
꿈을 발견함	finding on dream
내면의 성장(내적 성장 경험)	growth of inner side(beauty)
다양한 동아리활동	various circle activity in campus
교수님과의 좋은 영향 관계	good influencing by professor
다양한 전공교육 경험	various experience on major education
도전의식	spirit of challenge
독립심과 책임감 향상	cultivation of independence and accountability
리더십 계발	development of leadership
만족감(재미있는 대학생활)	satisfactory campus life
멘토링	mentoring & tutoring in learning
목표달성	goal attainment
문제해결능력	development of ability on problem solving
부정적인 성격이나 태도 개선	improvement on negative character and attitude
긍정적 가치관 형성	formation of positive view of value
사고능력 향상	improvement on thinking ability
사회성 계발	development on sociality(presentation and interpersonal relationship
사회적 기여 의식 형성	formation of consciousness on social contribution
사회적응능력 갖춤	formalization on social adaptability
산업실무역량 계발	development of ability on industrial practice
삶에 대한 지혜	wisdom on life
상급학교 진학	entrance on upper school
성장 계기나 동기 유발	motivation on growth
성장감	feeling of growing up
세계관 확충(견문확대)	expansion on a view of the world by travel
소극적인 성격이나 태도 개선	improvement of negative character and attitude
소속감 유지	maintenance on sense of belonging
수상경력	career on award-winning
신중한 태도 계발	development of careful attitude
실패나 실수로부터 배움(학점이나 대인관계)	learning by failure and mistake
약점 발견 및 개선	finding on demerit and improvement
양질의 기관취업	employment on good job
역량기반 진로계발	competency-based career development

한국어	영어(외국대학 전문가 자문시 활용함)
연구윤리	formation on researcher ethics
외국어 어학능력 향상	improvement of foreign language
원만한 인간관계(넓은 교우관계)	well integrated personality and interpersonal relationship
위기대처 및 해결능력	ability on crisis management and solving
유연한 사고	flexible thinking/creative thinking
유학	experience on a study aborad
의미있는 수업경험	meaningful classroom
의미있는 여가생활	meaningful leisure
의미있는 휴학경험	meaningful leave of absence
의사소통 역량	communication skill
이타심(봉사활동, 동아리 공동체활동을 통한)	altruism by volunteer activity or community activity
인간관계	understanding on human being
인간에 대한 이해	humanitarianism
인간의 존엄성(인도주의)/ 인간존중 및 인권의식	respect for man's life and dignity
인격성숙	character maturity
인내심	learning to be patient(endurance)
인맥(인적 네트워크) 구축	personal networking building
인턴십	internship
자기계발	self development
자기관리	ability on self control
자기변화	self changing
자기성찰	reflection on my self
자기애	self-love
자기조절능력	make up ability ofself control
자기주도성(생애개발능력)	personal initiative
자신감	confidence
자아실현	self realization
자존감	self-esteem
잠재역량 계발(새로운 적성 발견)	development latent ability finding on new aptitude
장학금 수혜	get a scholarship
적기졸업(졸업유예,초과학기 없음)	timely graduation by requirement
적절한 시간 활용	proper time utilization
전공 관련 직업진로	major related vocational career
전공과정 만족	satisfaction on major curriculum
전공분야 전문성 계발	development on expertise related one's major
전공지식 습득	learning on major(special study)
전문자격증 취득	acquisition of special certification
정체성 확립	establishment on good identity
좋은 가치관 형성/좋은 영향	establishment of good values
좋은 이성관계 경험	experience of good heterosexual relationship

한국어	영어(외국대학 전문가 자문시 활용함)
좋은 취미	discovery and development on good habit
좋은 친구들을 사귐	good friendship
좋은 평판	good reputation
지역사회 특성 및 중요성 이해	understanding on character and importance of community
취미의 발견	
취업(원하는 기업, 양질의 기업에 취업함. 취업경쟁력)	have a good job
취업경쟁력 향상	improvement on employment competitiveness
커리어 혹은 스펙 갖춤	being a man of ripe experience
풍부한 감성	rich emotion
풍부한 독서(풍부한 독서를 통한 인격성장)	rich reading and growth of character by it
학교에 대한 자부심	pride on one's college
학교환경에 대한 만족	satisfaction on school environment
학사경고 없음	no experience on academic probation
학생회 활동(공동체의식 함양)	activity on student council
	activity as a club member on campus
학업성적이 우수함	academic excellence by one's effort(high GPA)
해외봉사활동	aborad voluntary service oa activity
행복감 경험	experience on happiness
효율적인 학습방법	improvement on effective learning skill
후회없는 대학생활	campus life without regret

2) 범주화(가설에 의한 성분/요인 분류)

1,2차 코딩작업을 통해 색인화 작업을 거친 반응용어들을 대상으로 9개 중분류 및 3개 대분류로 범주화하고, 각 범주별로 해당되는 용어들을 하위항목으로 배치하여 아래와 같은 매트릭스를 작성하였다.

표 31 3차 코딩 결과

대분류	중분류	하위항목
학업 성과	학사 이수	적기 졸업, 교양과 전공과정 균형 이수
	학업 탁월성	우수한 학점, 장학금 수혜 경험, 학사경고 무경험
	학사 적응	교양교육과정 만족, 전공교육과정 만족, 학교생활 만족, 긍정적인 대학정체성(자부심)
진로 성취	커리어 개발	적성(강점재능) 발견, 전문지식 습득, 산업실무역량 개발, 역량기반 취업 및 진로개발
	진로 확정	전공관련 진로 확정, 상급학교 진학 확정, 유학, 희망진로 성공, 창업 예정

대분류	중분류	하위항목
	전문성 향상 (자격취득)	전공관련 자격 취득, 특수자격 취득
자기 성장	개별인성 함양	긍정정체성, 자부심(자긍심, 자존심), 이타심(봉사), 성공감, 행복감, 자기관리(조절) 능력
	사회적 인성 함양	리더십 개발, 다양성 이해, 관계능력 향상
	자기계발	탁월한 성취, 의미있는 경험, 유연한 사고, 창의적 사고

category	component	subfactor
academic outcome	finish course(graduation)	timely graduation, balanced studying on liberal arts and major curriculum
	academic excellence	academic excellence, get a scholarship, no academic probation
	academic adaptation	satisfaction on liberal arts and major curriculum, satisfaction on campus life, pride on college, positive identity on one's college
career achievement	career development	finding on strength, studying on special knowledge, development on industrial practice, competency-based employment and career development
	employment on good job	major connected career, entrance on upper school, studying aboard, successful employment as hoping, start up
	development on expertise (get a special certification)	acquisition of major connected certification, special certification
self growth	cultivation of character	positive identity, self-esteem, pride on self, altruism, experience of volunteer work, feeling for sucess, ability on self control
	cultivation of sociality	leadership development, understanding on diversity, equity, openness, improvement on interpersonal relationship
	self improvement	excellent achievement, meaningful experience, ability on flexible thinking and creative thinking

2. 진단검사 도구 개발

1,2,3차 코딩작업을 거쳐 추출된 용어들을 바탕으로 대학생의 학생성공 인식수준을 알아보기 위한 진단검사 도구를 개발하였다. 이를 활용하여 일종의 파일럿 검사(예비검사)를 실시하였고, 검사도구의 타당성 및 신뢰성 검증을 위하여 필요한 통계처리를 하였다. 진단검사 도구 개발 및 통계처리 과정을 요약하면 다음과 같다.

표 32 진단검사 도구 개발 개요

진단검사 도구개발	첫째, 4개의 개방형 질문으로 구성된 기초조사용 설문지를 활용하여 학생성공 인식요인에 대한 무제한 반응결과를 수집함. 둘째, 질적 연구를 위한 근거이론을 적용하여 1차 코딩 및 2차 코딩작업을 실시함. 셋째, 2차 코딩의 결과를 바탕으로 3개의 요인(성분)을 가설적으로 설정함. 넷째, 측정·평가 전문가의 자문(이데아/마인드 마이닝)을 통해 개별문항 제작을 논의함. 다섯째, 리커트 척도식 70개 개별문항을 개발하여 진단검사 도구 제작에 반영함
검사결과 통계검증	개방형 질문으로 구성된 기초조사용 설문을 기반으로 제작된 검사도구를 활용하여 예비 및 본 검사를 실시하였고, 검사결과를 바탕으로 검사도구의 타당도와 문항신뢰도를 검증하였음. 요인분석 결과 연구시작 전에 가설적으로 설정한 하위요인을 3개로 묶어 최종 검사도구 제작 시 3개 요인은 유지하되 각 요인별 개별문항에 대한 신뢰수준을 고려하여 문항을 선별할 필요가 있음

1) 문항 및 검사지 개발

【1차】 문항 개발

□ 대학입학 시 설정한 목표를 달성하였다
□ 학사일정에 맞추어 정상적으로 졸업이 예정되어 있다
□ 졸업유예나 초과학기 없이 졸업할 예정이다
□ 교양과목과 전공과목을 균형 있게 이수하였다
□ 의미있는 휴학을 경험하였다(선택)
□ 우수한 학점으로 성적관련 수상경험이 있다
□ 조기졸업을 할 것이다(선택)
□ 성적관련 장학금 수혜경험이 있다
□ 학사경고 경력이 없다
□ 논문표절 예방, 실험실 안전 등 연구윤리의식이 함양되었다
□ 우리 대학이 자랑스럽다

☐ 내가 선택한 전공에 대하여 만족한다
☐ 교양교육과정 이수에 만족한다
☐ 다양한 교양과목이수를 통해 기초소양 및 교양수준을 향상시켰다
☐ 전공교육과정 이수에 만족한다
☐ 학교환경이나 학생지원시스템에 전반적으로 만족한다
☐ 대학생이 된 것이 자랑스럽다
☐ 대학생활에 후회가 없다
☐ 대학생활은 행복한 추억이 될 것이다
☐ 우리 대학 및 구성원으로서 자부심을 갖고 생활하였다
☐ 대학 및 학과 등에 대한 높은 소속감을 갖고 생활하였다
☐ 교내의 각종 학생지원 기구나 시설을 충분히 활용하였다
☐ 교수님과 좋은 관계를 맺고 많은 도움을 얻었다
☐ 적극적인 동아리활동을 통해 다양한 취미를 계발하였다
☐ 수업경험을 통해 문제해결능력을 갖추었다
☐ 나의 적성(강점재능)을 발견하였다
☐ 대내외 공모전에 적극 참여하여 우수한 성과를 거두었다
☐ 전문적인 지식을 습득하였다
☐ 졸업 후 산업실무 수행을 위한 예비능력을 갖추었다
☐ 역량기반 취업 및 진로개발 역량을 갖추었다
☐ 교내 인턴십 프로그램에 적극 참여하여 산업실무역량을 갖추었다
☐ 교내프로그램(해외 인턴십, 교환학생 등)을 통해 글로벌 역량이 향상되어 었다
☐ 해외여행 경험을 통해 세계관이 확충되었다
☐ 졸업 후 전공과 관련된 진로가 확정되었다
☐ 전문지식 계발을 위해 상급학교에 진학 혹은 유학이 예정되어 있다
☐ 내가 희망하는 진로계획이 이루어졌다
☐ 양질의 기관취업이나 공공기관 임용이 예정되어 있다
☐ 전공분야 전문지식을 활용하여 창업에 도전할 것이다
☐ 외국어 능력이 향상되었다
☐ 전공과 관련된 공적인 자격을 취득하였다
☐ 전공과 무관하지만 취업에 도움이 될 만한 자격을 취득하였다
☐ 나를 사랑하고 존중하는 태도를 갖추었다
☐ 긍정적인 정체성이 형성되었다
☐ 인내심이 형성되었다
☐ 부정적인 성격이나 태도가 개선되었다
☐ 대학교육 경험이 나의 인격성장에 도움이 되리라 믿는다
☐ 다양한 봉사활동 참여를 통해 공동체적 가치를 알게 되었다
☐ 인생에서 성공에 대한 자신감을 갖게 되었다
☐ 시간관리 등 자기관리 능력을 갖추었다
☐ 행복한 삶을 준비하는 자세를 갖게 되었다
☐ 인간에 대한 존중 및 인권에 대한 의식이 형성되었다
☐ 교내의 다양한 동아리활동에 적극 참여하였다
☐ 학생회 활동 등을 통해 사회 적응에 필요한 리더십을 갖추었다
☐ 문화 및 사회의 다양성을 충분히 이해하고 있다
☐ 바람직한 이성관계를 맺는 방법을 경험하였다
☐ 원만하고 효율적인 의사소통 능력을 갖추었다

□ 경제적 독립 및 성인으로서의 책임감을 갖추었다
□ 수업중 적극적인 발표를 통하여 사회성을 함양하였다
□ 교내의 다양한 멘토링 프로그램에 적극 참여하였다
□ 친구나 교수님들로부터 좋은 평판을 얻으며 생활하였다
□ 좋은 친구들을 많이 사귀었다
□ 대학과 지역사회 간 상호 공존의 의미 및 필요성을 알게 되었다
□ 갈등을 효율적으로 해결하는 능력을 갖추었다
□ 졸업 후 사회적으로 성공할 것이라고 확신한다
□ 자기성장 및 동기유발의 계기가 많았다
□ 교내 비교과프로그램에 참여하여 탁월한 성취를 거두었다
□ 학교생활은 나의 성장을 위한 의미있는 경험이었다
□ 유연하게 사고하고 행동하는 능력을 갖추었다
□ 창의적으로 사고하는 능력을 갖추었다
□ 풍부한 독서를 통하여 인격성장이 이루어졌다
□ 실패나 실수를 통해 배우거나 도전하는 경험을 하였다

【2차】 검사지 개발

	문 항	전혀 아니다 ①	아니다 ②	그저 그렇다 ③	그렇다 ④	매우 그렇다 ⑤
1	대학입학 때 스스로 설정한 목표를 달성하였다(할 것이다)					
2	학사일정에 맞추어 정상적으로 졸업할 것이다					
3	졸업유예나 초과학기 없이 졸업할 예정이다(선택)					
4	교양과목과 전공과목을 균형 있게 이수하였다					
5	의도적으로 휴학하거나 의미있는 휴학을 경험하였다(선택)					
6	우수한 학점으로 성적관련 수상경험이 있다					
7	조기졸업을 할 것이다(선택)					
8	성적관련 장학금 수혜경험이 있다					
9	학사경고 경력이 없다					
10	논문표절 예방, 실험실 안전 등 연구윤리의식이 함양되었다					
11	우리대학이 자랑스럽다					
12	내가 선택한 전공에 대하여 만족한다					
13	교양교육과정 이수에 만족한다					
14	다양한 교양과목이수를 통해 기초소양 및 교양수준을 향상시켰다					
15	전공교육과정 이수에 만족한다					
16	학교환경이나 학생지원시스템에 전반적으로 만족한다					
17	대학생이 된 것이 자랑스럽다					
18	대학생활에 후회가 없다					
19	사는 동안 대학생활은 행복한 추억이 될 것이다					
20	우리대학 구성원으로서 자부심을 갖고 생활하였다					
21	대학 및 학과 등에 대한 높은 소속감을 갖고 생활하였다					
22	교내의 각종 학생지원 기관이나 시설을 충분히 활용하였다					

23	교수님과 좋은 관계를 맺고 많은 도움을 얻었다					
24	적극적인 동아리활동을 통해 다양한 취미를 계발하였다					
25	수업경험을 통해 문제해결능력을 갖추었다					
26	나의 적성(강점재능)을 발견하였다					
27	대내외 공모전에 참여하여 우수한 성과를 거두었다(선택)					
28	생애개발에 도움이 되는 전문적인 지식을 습득하였다					
29	취업할 경우 산업실무 수행을 위한 예비능력을 갖추었다					
30	역량기반 취업 및 진로개발 역량을 갖추었다					
31	인턴십 프로그램에 적극 참여하여 산업실무역량을 갖추었다					
32	해외인턴십, 교환학생프로그램 등을 통해 글로벌 역량이 향상되었다					
33	해외여행 경험을 통해 세계관이 확충되었다(선택)					
34	졸업 후 전공과 관련된 진로가 확정적이다					
35	전문지식 계발을 위해 상급학교에 진학(혹은 유학)할 것이다(선택)					
36	내가 희망하는 진로계획이 이루어졌다					
37	양질의 기업체나 공공기관 취업을 준비하고 있다					
38	전공분야 전문지식을 활용하여 창업에 도전할 것이다					
39	외국어 구사능력이 향상되었다					
40	전공과 관련된 공적인 자격증을 취득하였다					
41	전공과 무관하지만 취업에 도움될 만한 자격을 취득하였다					
42	나를 사랑하고 존중하는 태도를 갖추었다					
43	긍정적인 정체성이 형성되었다					
44	사회적 불의에 저항하며 불굴의 인내심이 형성되었다					
45	부정적인 성격이나 생활태도가 개선되었다					
46	대학교육 경험이 나의 인격성장에 도움이 되리라 믿는다					
47	다양한 봉사활동 참여를 통해 공동체적 가치를 알게 되었다					
48	인생에서 성공에 대한 자신감을 갖게 되었다					
49	돈, 학습, 시간관리 등 자기관리 능력을 갖추었다					
50	행복한 삶을 준비하는 마음자세를 갖게 되었다					
51	인간에 대한 존중 및 인권에 대한 의식이 형성되었다					
52	교내의 다양한 동아리활동에 적극 참여하였다					
53	학생회 활동 등을 통해 사회 적응에 필요한 리더십을 갖추었다					
54	인간, 문화, 사회, 역사의 다양성을 충분히 이해하고 실천하였다					
55	인격적이고 바람직한 이성교제를 경험하였다					
56	원만하고 효율적인 의사소통 능력을 갖추었다					
57	부모로부터 경제적 독립 및 성인으로서 책임감을 갖추었다					
58	수업중 적극적인 발표를 통하여 사회성을 함양하였다					
59	다양한 멘토링 프로그램에 적극 참여하여 도움을 얻었다					
60	친구나 교수님들로부터 좋은 평판을 얻으며 학교생활을 하였다					
61	내게 선한 영향을 주는 좋은 학교친구들을 많이 사귀었다					
62	대학과 지역사회 간 상호 공존의 의미 및 필요성을 알게 되었다					

63	갈등을 효율적으로 해결하는 능력을 갖추었다					
64	졸업 후 사회생활을 원하는 대로 잘 할 것이라고 확신한다					
65	자기성장 및 동기유발의 계기가 많았다					
66	교내 비교과프로그램에 참여하여 탁월한 성취를 거두었다					
67	대학생활은 나의 성장을 위한 의미있는 경험이었다					
68	유연하게 사고하고 행동하는 능력을 갖추었다					
69	독창적, 창의적으로 사고하는 능력을 갖추었다					
70	풍부한 독서를 통하여 인격성장이 이루어졌다					

2) 통계 검증

(1) 타당도 및 신뢰도 분석 결과

표 33 본 조사 결과 통계값

문항	N	최소값	최대값	평균	표준편차	분산	왜도		첨도	
	통계량	통계량	통계량	통계량	통계량	통계량	통계량	표준오류	통계량	표준오류
a1	158	1	5	3.80	0.934	0.872	−0.833	0.193	0.532	0.384
a2	159	1	5	4.03	1.052	1.107	−1.021	0.192	0.385	0.383
a3	138	1	5	4.22	1.046	1.095	−1.394	0.206	1.314	0.410
a4	159	2	5	4.23	0.789	0.623	−0.909	0.192	0.527	0.383
a5	125	1	5	2.18	1.470	2.162	0.819	0.217	−0.883	0.430
a6	159	1	5	2.14	1.287	1.656	0.971	0.192	−0.275	0.383
a7	137	1	5	1.85	1.137	1.293	1.403	0.207	1.291	0.411
a8	159	1	5	2.27	1.417	2.009	0.726	0.192	−0.972	0.383
a9	159	1	5	4.64	0.971	0.942	−3.080	0.192	8.730	0.383
a10	159	3	5	4.16	0.707	0.500	−0.234	0.192	−0.976	0.383
a11	159	1	5	3.87	0.840	0.706	−0.342	0.192	−0.160	0.383
a12	159	1	5	3.91	0.951	0.904	−0.718	0.192	0.094	0.383
a13	159	1	5	3.81	0.838	0.702	−0.598	0.192	0.310	0.383
a14	159	1	5	3.76	0.830	0.689	−0.333	0.192	−0.018	0.383
a15	159	2	5	3.81	0.807	0.652	−0.361	0.192	−0.237	0.383
a16	159	1	5	3.49	0.980	0.960	−0.300	0.192	−0.490	0.383
a17	159	1	5	3.97	0.907	0.822	−0.518	0.192	−0.340	0.383
a18	159	1	5	3.50	1.006	1.011	−0.332	0.192	−0.452	0.383
a19	159	2	5	4.11	0.869	0.754	−0.621	0.192	−0.471	0.383
a20	159	2	5	3.67	0.861	0.740	−0.037	0.192	−0.704	0.383
a21	159	1	5	3.75	1.012	1.025	−0.514	0.192	−0.491	0.383
a22	159	1	5	3.38	1.004	1.009	−0.171	0.192	−0.426	0.383
a23	159	1	5	3.40	0.962	0.926	−0.108	0.192	−0.466	0.383

문항	N	최소값	최대값	평균	표준편차	분산	왜도		첨도	
	통계량	통계량	통계량	통계량	통계량	통계량	통계량	표준오류	통계량	표준오류
a24	158	1	5	3.29	1.293	1.673	−0.236	0.193	−1.200	0.384
a25	159	2	5	3.60	0.756	0.571	−0.158	0.192	−0.258	0.383
a26	158	1	5	3.41	0.997	0.994	0.012	0.193	−0.747	0.384
a27	121	1	5	2.26	1.301	1.692	0.804	0.220	−0.468	0.437
a28	159	1	5	3.47	0.926	0.858	−0.382	0.192	−0.035	0.383
a29	159	1	5	3.11	1.006	1.012	−0.230	0.192	−0.452	0.383
a30	159	1	5	3.17	0.963	0.927	−0.304	0.192	−0.131	0.383
a31	159	1	5	2.06	1.109	1.231	0.929	0.192	0.025	0.383
a32	159	1	5	1.81	1.139	1.297	1.432	0.192	1.120	0.383
a33	132	1	5	3.10	1.497	2.242	−0.129	0.211	−1.430	0.419
a34	158	1	5	3.56	1.103	1.216	−0.492	0.193	−0.476	0.384
a35	138	1	5	2.78	1.318	1.737	0.171	0.206	−1.025	0.410
a36	159	1	5	3.19	0.936	0.876	0.036	0.192	−0.564	0.383
a37	159	1	5	3.21	1.175	1.381	−0.412	0.192	−0.606	0.383
a38	158	1	5	2.18	1.165	1.357	0.750	0.193	−0.343	0.384
a39	159	1	5	2.97	1.055	1.113	0.116	0.192	−0.589	0.383
a40	159	1	5	2.25	1.222	1.493	0.813	0.192	−0.313	0.383
a41	159	1	5	2.79	1.239	1.536	0.051	0.192	−1.108	0.383
a42	159	1	5	3.87	0.877	0.769	−0.607	0.192	0.371	0.383
a43	159	1	5	3.92	0.871	0.759	−0.770	0.192	0.709	0.383
a44	159	2	5	3.74	0.851	0.724	−0.226	0.192	−0.548	0.383
a45	159	1	5	3.68	0.916	0.840	−0.518	0.192	0.167	0.383
a46	159	1	5	4.06	0.847	0.718	−0.753	0.192	0.432	0.383
a47	159	1	5	3.67	1.034	1.070	−0.595	0.192	−0.015	0.383
a48	159	1	5	3.50	0.954	0.910	−0.275	0.192	−0.148	0.383
a49	159	2	5	3.75	0.857	0.734	−0.285	0.192	−0.504	0.383
a50	159	1	5	3.90	0.936	0.876	−0.735	0.192	0.213	0.383
a51	158	2	5	4.04	0.840	0.705	−0.607	0.193	−0.188	0.384
a52	158	1	5	3.43	1.328	1.763	−0.402	0.193	−1.004	0.384
a53	158	1	5	3.20	1.398	1.955	−0.243	0.193	−1.253	0.384
a54	158	1	5	3.53	1.014	1.028	−0.366	0.193	−0.292	0.384
a55	158	1	5	3.38	1.300	1.689	−0.331	0.193	−0.947	0.384
a56	158	1	5	3.95	0.796	0.634	−0.368	0.193	0.044	0.384
a57	158	1	5	3.58	1.005	1.009	−0.381	0.193	−0.490	0.384
a58	158	1	5	3.53	0.942	0.888	−0.166	0.193	−0.460	0.384
a59	158	1	5	2.93	1.168	1.365	0.040	0.193	−0.771	0.384
a60	158	1	5	3.79	0.799	0.638	−0.821	0.193	1.667	0.384
a61	158	1	5	4.04	0.916	0.839	−0.831	0.193	0.454	0.384

문항	N	최소값	최대값	평균	표준편차	분산	왜도		첨도	
	통계량	통계량	통계량	통계량	통계량	통계량	통계량	표준오류	통계량	표준오류
a62	158	1	5	3.84	0.892	0.796	-0.499	0.193	-0.145	0.384
a63	158	1	5	3.90	0.815	0.665	-0.525	0.193	0.321	0.384
a64	158	1	5	3.89	0.951	0.904	-0.490	0.193	-0.280	0.384
a65	158	1	5	3.94	0.857	0.735	-0.922	0.193	1.433	0.384
a66	158	1	5	3.09	1.110	1.233	0.150	0.193	-0.636	0.384
a67	158	1	5	4.20	0.802	0.643	-0.971	0.193	1.176	0.384
a68	158	2	5	4.07	0.766	0.587	-0.549	0.193	0.029	0.384
a69	158	1	5	3.64	0.946	0.895	-0.226	0.193	-0.428	0.384
a70	158	1	5	3.04	1.021	1.043	-0.004	0.193	-0.317	0.384

3, 5, 7, 27 33, 35 등 6개 문항의 경우 경험이 있는 학생에 한해 응답한 선택문항으로, 이를 제외한 전체 문항을 토대로 요인을 구분하기 위해 요인분석을 실시하였다. 사전에 개발된 요인은 '자기계발 또는 성장', '학사적응 및 학업성과', '진로측정 및 개발' 등의 세 가지였지만, 문항이 무작위로 선정되어 요인분석을 통해 요인이 세 가지로 잘 나타날 때까지 분석을 실시하였다.

(2) 요인분석(주성분 분석)을 통한 공통성 추출: 타당도 분석

표 34 1-3차 요인분석 결과

1차			2차			3차		
문항	초기	추출	문항	초기	추출	문항	초기	추출
a1	1.000	0.258	a11	1.000	0.531	a11	1.000	0.553
a2	1.000	0.072	a17	1.000	0.572	a17	1.000	0.597
a4	1.000	0.141	a19	1.000	0.555	a20	1.000	0.662
a6	1.000	0.237	a20	1.000	0.661	a21	1.000	0.633
a8	1.000	0.246	a21	1.000	0.595	a22	1.000	0.482
a9	1.000	0.037	a22	1.000	0.466	a23	1.000	0.484
a10	1.000	0.162	a23	1.000	0.498	a24	1.000	0.446
a11	1.000	0.498	a24	1.000	0.449	a28	1.000	0.421
a12	1.000	0.285	a25	1.000	0.489	a29	1.000	0.702
a13	1.000	0.369	a26	1.000	0.503	a30	1.000	0.650
a14	1.000	0.273	a28	1.000	0.453	a31	1.000	0.559
a15	1.000	0.371	a29	1.000	0.685	a36	1.000	0.513
a16	1.000	0.257	a30	1.000	0.649	a40	1.000	0.460
a17	1.000	0.551	a31	1.000	0.539	a42	1.000	0.636
a18	1.000	0.278	a36	1.000	0.514	a43	1.000	0.633

1차			2차			3차		
문항	초기	추출	문항	초기	추출	문항	초기	추출
a19	1.000	0.495	a40	1.000	0.437	a44	1.000	0.411
a20	1.000	0.584	a42	1.000	0.635	a45	1.000	0.489
a21	1.000	0.587	a43	1.000	0.634	a46	1.000	0.453
a22	1.000	0.409	a44	1.000	0.408	a48	1.000	0.616
a23	1.000	0.454	a45	1.000	0.489	a49	1.000	0.465
a24	1.000	0.433	a46	1.000	0.456	a50	1.000	0.631
a25	1.000	0.446	a48	1.000	0.612	a51	1.000	0.464
a26	1.000	0.463	a49	1.000	0.462	a56	1.000	0.520
a28	1.000	0.404	a50	1.000	0.623	a58	1.000	0.388
a29	1.000	0.535	a51	1.000	0.471	a60	1.000	0.485
a30	1.000	0.519	a54	1.000	0.432	a61	1.000	0.403
a31	1.000	0.581	a56	1.000	0.527	a63	1.000	0.434
a32	1.000	0.312	a58	1.000	0.394	a64	1.000	0.544
a34	1.000	0.293	a60	1.000	0.479	a65	1.000	0.478
a36	1.000	0.499	a61	1.000	0.401	a67	1.000	0.528
a37	1.000	0.137	a63	1.000	0.435	a68	1.000	0.583
a38	1.000	0.135	a64	1.000	0.547	a69	1.000	0.431
a39	1.000	0.233	a65	1.000	0.480			
a40	1.000	0.457	a67	1.000	0.540			
a41	1.000	0.371	a68	1.000	0.575			
a42	1.000	0.560	a69	1.000	0.430			
a43	1.000	0.536						
a44	1.000	0.412						
a45	1.000	0.422						
a46	1.000	0.432						
a47	1.000	0.234						
a48	1.000	0.580						
a49	1.000	0.468						
a50	1.000	0.611						
a51	1.000	0.447						
a52	1.000	0.286						
a53	1.000	0.342						
a54	1.000	0.445						
a55	1.000	0.211						
a56	1.000	0.560						
a57	1.000	0.309						
a58	1.000	0.393						
a59	1.000	0.299						

1차			2차			3차		
문항	초기	추출	문항	초기	추출	문항	초기	추출
a60	1.000	0.457						
a61	1.000	0.428						
a62	1.000	0.262						
a63	1.000	0.412						
a64	1.000	0.488						
a65	1.000	0.484						
a66	1.000	0.344						
a67	1.000	0.528						
a68	1.000	0.574						
a69	1.000	0.419						
a70	1.000	0.183						

1차 분석에서 공통성이 0.4 미만인 요소는 1번, 2번, 4번, 6번, 8번, 9번, 10번, 12번, 13번, 14번, 15번, 16번, 18번, 32번, 34번, 37번, 38번, 39번, 41번, 47번, 52번, 53번, 55번, 57번, 58번, 59번, 62번, 66번, 70번 문항이다. 58번 문항의 공통성은 0.4에 근접한 수치이므로 이를 제외한 문항을 제거해 준 후 공통성이 0.4 미만인 요소가 나오지 않을 때까지 요인분석을 재실시하였다. 2차 분석에서 공통성이 0.4인 문항을 제외한 결과 58번 문항을 제외한 전 문항이 0.4 이상의 공통성을 가지므로, 추후 분석이 잘 안될 경우 58번 문항을 우선적으로 제거한다. 3차 분석의 경우 기존분석에서 나왔던 58번 문항을 제외한 모든 문항이 0.4 이상의 공통성을 가지는 것으로 나왔다.

(3) 회전된 성분행렬

표 35 회전된 성분행렬값

2차				3차			
문항	1	2	3	문항	1	2	3
a42	0.775	0.166	0.079	a43	0.776	0.041	0.173
a43	0.774	0.030	0.185	a42	0.774	0.181	0.065
a50	0.734	0.140	0.255	a50	0.743	0.154	0.235
a56	0.686	0.226	-0.068	a68	0.693	0.270	0.171
a68	0.680	0.275	0.196	a56	0.690	0.186	-0.092
a45	0.678	0.085	0.149	a45	0.680	0.090	0.134
a65	0.667	0.147	0.115	a65	0.676	0.113	0.091

2차				3차			
문항	1	2	3	문항	1	2	3
a64	0.666	0.218	0.238	a64	0.671	0.198	0.235
a48	0.654	0.179	0.391	a48	0.668	0.200	0.360
a63	0.648	0.116	-0.030	a63	0.651	0.089	-0.039
a51	0.623	0.251	-0.139	a51	0.625	0.229	-0.143
a46	0.605	0.300	-0.011	a67	0.609	0.383	0.102
a49	0.601	0.161	0.274	a46	0.607	0.291	-0.016
a67	0.597	0.408	0.129	a49	0.603	0.162	0.275
a44	0.589	0.119	0.217	a44	0.596	0.124	0.199
a60	0.570	0.353	0.171	a60	0.577	0.353	0.164
a61	0.564	0.288	-0.005	a61	0.573	0.273	-0.021
a69	0.556	0.218	0.271	a69	0.571	0.225	0.232
a19	0.537	0.504	-0.113	a58	0.432	0.367	0.258
a25	0.488	0.461	0.195	a21	0.142	0.778	0.086
a54	0.484	0.443	-0.034	a20	0.239	0.775	0.062
a58	0.417	0.373	0.285	a17	0.252	0.721	0.116
a20	0.228	0.777	0.077	a11	0.190	0.706	0.133
a21	0.124	0.754	0.103	a22	0.060	0.685	0.098
a17	0.233	0.705	0.146	a24	0.320	0.579	-0.095
a11	0.174	0.692	0.146	a23	0.362	0.503	0.316
a22	0.039	0.671	0.115	a29	0.166	0.041	0.820
a24	0.306	0.591	-0.073	a31	-0.056	0.132	0.734
a23	0.341	0.507	0.353	a30	0.212	0.276	0.727
a29	0.153	0.037	0.812	a40	-0.011	-0.125	0.666
a30	0.194	0.272	0.733	a36	0.407	0.229	0.544
a31	-0.069	0.108	0.723	a28	0.364	0.316	0.435
a40	-0.019	-0.140	0.646				
a36	0.399	0.228	0.551				
a28	0.346	0.339	0.467				
a26	0.417	0.376	0.433				

5번 문항의 경우 반복계산에서 요인회전이 수렴되었다. 회전방법은 카이저 정규화가 있는 베리멕스를 사용하였고, 회전된 성분행렬 분석을 통한 요인적재량 분석결과 19번, 25번, 26번, 54번 문항의 경우 요인 구분이 잘 되지 않는 모습을 보였다. 해당 문항을 제외한 후 요인분석을 다시 실시하였다. 3차 분석 결과 전 문항이 세 가지 요인으로 잘 나뉘는 것을 확인할 수 있다. 상기 결과를 토대로 신뢰도 분석을 실시하였고, 특히 5번 문항의 경우 반복계

산에서 요인회전이 수렴되었다.

(4) 설명된 총 분산

표 36 설명된 총 분산값

성분	초기 고유값			추출 제곱합 적재량			회전 제곱합 적재량		
	전체	% 분산	누적 %	전체	% 분산	누적 %	전체	% 분산	누적 %
1	11.817	36.928	36.928	11.817	36.928	36.928	8.760	27.376	27.376
2	2.612	8.162	45.090	2.612	8.162	45.090	4.528	14.150	41.526
3	2.322	7.258	52.348	2.322	7.258	52.348	3.463	10.822	52.348
4	1.519	4.748	57.096						
5	1.132	3.538	60.634						
6	1.107	3.461	64.095						
7	0.913	2.853	66.948						
8	0.862	2.692	69.641						
9	0.818	2.556	72.196						
10	0.704	2.200	74.396						
11	0.679	2.121	76.518						
12	0.637	1.990	78.508						
13	0.617	1.929	80.437						
14	0.551	1.722	82.158						
15	0.540	1.687	83.846						
16	0.496	1.551	85.397						
17	0.473	1.479	86.876						
18	0.460	1.438	88.314						
19	0.453	1.417	89.730						
20	0.407	1.271	91.001						
21	0.381	1.190	92.191						
22	0.347	1.084	93.275						
23	0.317	0.989	94.264						
24	0.277	0.865	95.130						
25	0.269	0.841	95.971						
26	0.234	0.732	96.703						
27	0.218	0.680	97.382						
28	0.200	0.624	98.006						
29	0.194	0.607	98.613						
30	0.187	0.583	99.196						
31	0.155	0.485	99.682						
32	0.102	0.318	100.000						

성분	초기 고유값			추출 제곱합 적재량			회전 제곱합 적재량		
	전체	% 분산	누적 %	전체	% 분산	누적 %	전체	% 분산	누적 %
표본적절성의 KMO(Kaiser-Meyer-Olkin) 측도									0.901
Bartlett의 구형성 검정		근사 카이제곱							2781.367
		자유도(DF)							465
		유의확률(P-value)							0.000

위와 같이 KMO값의 경우 0.901로 높게 나타났으며, Bartlett의 구형성 검증에서 유의확률수준도 0.000으로 나타나 유의한 것으로 나타났다. 각 요인별 신뢰도 측정 후 최종 정리된 통계분석 내용은 다음과 같다.

표 37 요인별 신뢰도 수준 검정값

카테고리/요인	문항	성 분	요인분석			신뢰도
			요인적재량	고유값	분산설명(%)	Cronbach α
자기계발 및 자아성장	a43	1	0.776	8.760	27.376	0.934
	a42		0.774			
	a50		0.743			
	a68		0.693			
	a56		0.690			
	a45		0.680			
	a65		0.676			
	a64		0.671			
	a48		0.668			
	a63		0.651			
	a51		0.625			
	a67		0.609			
	a46		0.607			
	a49		0.603			
	a44		0.596			
	a60		0.577			
	a61		0.573			
	a69		0.571			
	a58		0.432			
학사적응 및 학업성과	a21	2	0.778	4.528	14.150	0.845
	a20		0.775			
	a17		0.721			
	a11		0.706			
	a22		0.685			

카테고리/요인	문항	성 분	요인분석			신뢰도
			요인적재량	고유값	분산설명(%)	Cronbach α
	a24		0.579			
	a23		0.503			
진로측정 및 개 발	a29	3	0.820	3.463	10.822	0.797
	a31		0.734			
	a30		0.727			
	a40		0.666			
	a36		0.544			
	a28		0.435			

* KMO=0.901 ** Bartlett's 구형성 검정 = 2781.367 (p=0.000)

대학생의 학생성공 인식요인 추출 및 진단검사 도구 개발의 핵심은 기관계/산업계 관점에서 학생계 관점으로 우리 고등교육 생태계를 전환하기 위한 구체적인 방안을 모색할 때, 교육을 연구하는 학자의 기여(공헌)방법에 관한 것이다. 그것은 성공적인 대학생활을 지지하기 위한 학생들의 요구, 흥미, 역량, 경험 등을 질적 탐구방식에 따라 조사, 분석하는 것이다. 이에 따라 본 조사의 목적은 대학생들의 성공적인 캠퍼스 라이프를 위해 필요한 자기인식 요인들을 조사, 추출하여 진단검사 도구를 제작하고, 모든 대학에서 매년 이를 활용한 결과를 성찰함으로써, 당해대학 학생들의 학생성공을 지원하기 위한 정책 방안 모색의 필요성을 제기하는 것이다. 조사의 결과, 근거이론 연구방법을 활용한 인식요인 추출을 통해서 성공적인 학사이수, 성공/행복감 형성, 성공적인 진로정치 등의 핵심범주가 발견되었고, 이를 바탕으로 줄 코딩과 단어 코딩으로 환원하여 문항을 개발한 후, 이론적 코딩 작업을 통하여 검사 도구를 생성하였다. 이는 특정 주제에 대한 자의적 이해나 해석에 따라 설문이나 조사 도구를 제작할 것이 아니라, 그것들이 발견적/생성적 절차, 즉 이론화 과정을 거쳐 만들어졌을 때 비로소 연구의 신뢰성, 타당성을 담보할 것이라는 중요한 사실 때문이다.

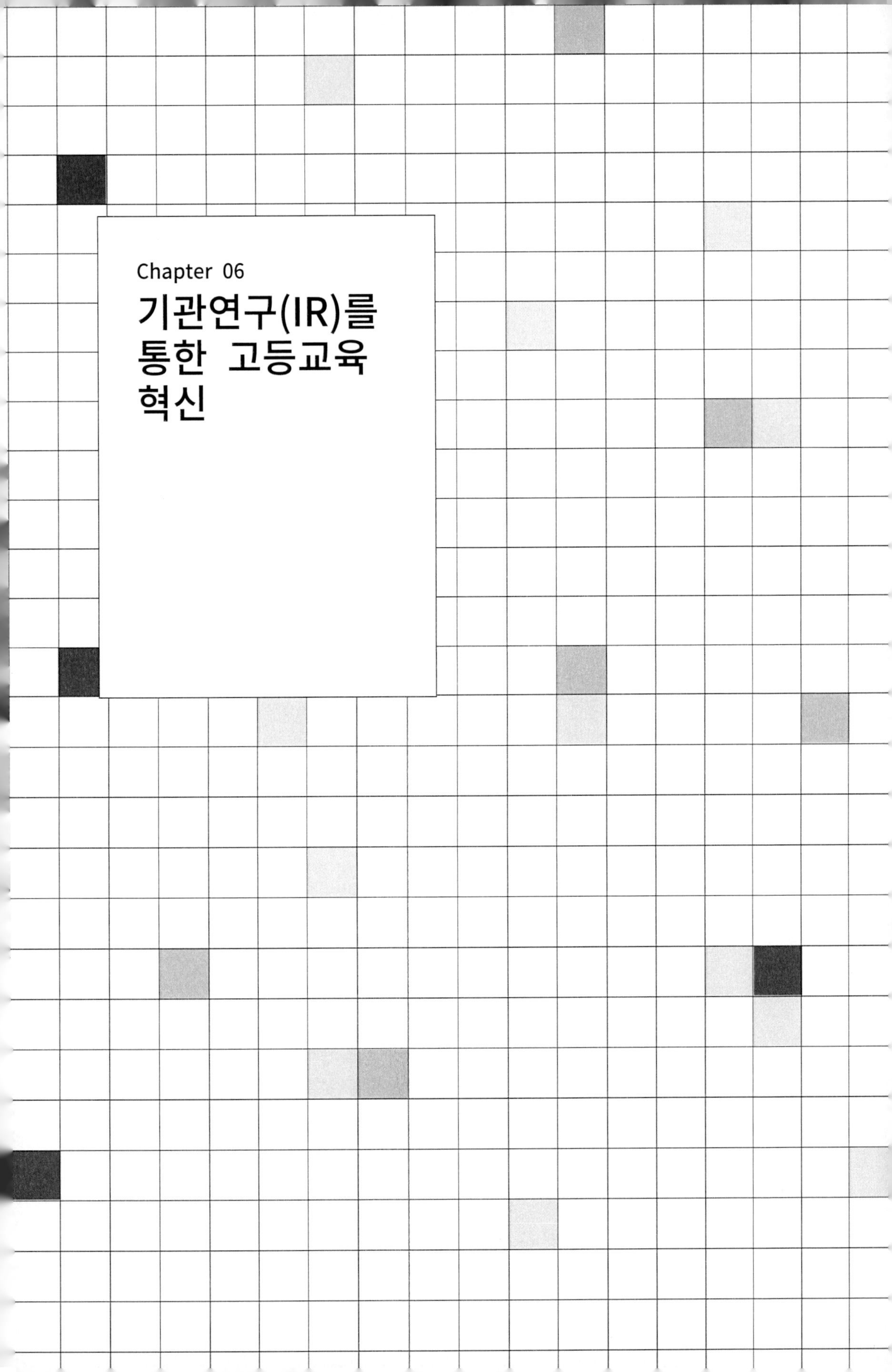

Chapter 06

기관연구(IR)를 통한 고등교육 혁신

본 장에서는 학생성공을 지원하기 위한 대학 차원의 혁신방안을 고려할 때, 기관연구(IR)를 통해 이루어지는 단위대학의 가용자원(물적, 인적) 및 학사 시스템 전반 등에 대한 체계적인 분석의 필요성 및 활용 가능한 구체적인 지표를 예시하였다.

『세계교육학대사전』에서 IR(Institutional Research)에 관한 고전적이고 사전적인 의미를 찾을 수 있다. IR은 미국에서 처음으로 사용된 용어로 고등교육기관의 프로그램, 운용, 환경 등에 관한 정보나 데이터를 수집, 보고, 분석하기 위하여 이루어지는 조직적인 노력을 설명하는 용어이다. IR은 분석을 위하여 제공되는 관리정보시스템, 공시(公示)와 분석을 위하여 정보를 사용하는 기관연구, 적절한 정책을 연구하고 데이터를 활용한 기획, 기관의 교육목표 달성을 위한 프로그램, 기관프로그램의 비용측정을 위하여 분석하고 데이터를 이용하는 예산조직, 기관의 성과를 사정(査定)하기 위한 분석과 데이터 활용에 의한 평가 등을 망라하고 있다.

이러한 IR은 대학기관의 전문화된 기구에서 수행되는 것이 원칙이다. 그러나 대부분의 대학기관에서는 다소 분산된 형태, 즉 본부차원의 지원수준에 차이가 있고, 주관기구가 모호한 방식으로 학내 정보 수집 및 분석이 이루어지고 있다. IR단위(IR unit)는 분석연구, 기관학습, 기관연구 등 다양한 이름으로 운용되기도 한다. 단독캠퍼스는 물론 멀티캠퍼스의 행정기구, 고등교육정책기관, 고등교육기관연합, 고등교육연구센터 등은 종종 상호간 기관계획, 정책, 프로그램 등에 영향을 미치는 연구에 참여하기도 한다. IR은 1950년대 이래 급격하게 발전하였다. 제2차 세계대전 후 각 대학마다 행정에 필요한 정보를 수집, 분석하는 데 필요한 공식적이고 체계적이며 정교한 방법의 필요성이 제기되었다. 컴퓨터기술 발달과 연계된 새로운 통계적 기법 개발, 다양한 형태의 응용수학들은 새롭게 등장하는 정보요구를 충족시키기 위한 지원기술을 제공하였다. 미국 중서부 대학들을 중심으로 1950년대 기관연구 관계자들의 모임이 이루어졌고, 1965년 AIR(Association for Institutional Research)이 발족되었다. 그 후 AIR은 정기적인 모임을 개최하면서 1960,70년대 들어 캐나다, 서유럽, 남아메리카 및 기타 많은 국가들의 참여가 이루어졌고, 1982년에는 24개국 1,875명의 회원을 거느린 국제기구로 확장되었다.

IR연구자들은 캠퍼스 내 학내기구와 관련된 다양한 주제들에 대하여 연구하였다. 학생과 자원 공급 및 프로그램 수요를 결정하기 위하여 출산율과 관련된 사회환경 트렌드, 고등학교 졸업률, 소득가치, 인력수요 등을 분석하였다. 또한 학생서비스센터, 교수학습지원센터, 행정지원센터 등은 각 기관마다 자신들의 미션들을 어떻게 하면 효율적으로 수행할 수 있는가의 문제를 분석하였다. 나아가 기관의 미션, 정책, 목표에 부합하는 의사결정을 위하여 학생 및 교수특성을 분석하였다. 또한 교수-학습과정, 자원배치, 교수역량 개발 등을 대상으로 각각의 효과성을 분석, 평가하고 개선방안을 수립하기 위하여 체계적인 조사를 실시하였다. 기관연구 수행은 캠퍼스기구에 의하기도 하지만 교수평의회, 학생회, 정부기관이나 법원 등에 의해 이루어지기도 했다.

IR연구자는 캠퍼스 환경을 포함하여 방대한 데이터 수집 및 DB활용, 통계 및 조사연구 기술, 컴퓨터 정보시스템 활용, 시뮬레이션모형 디자인 개발, 학사계획 기술, 재정계획 수립, 비용 및 회계분석, 시설활용 분석, 교육연구 설계 및 수행 등 매우 다양한 전문기술을 갖추어야 한다. 필요한 경우 교수의 전문적인 기술이나 외부컨설턴트의 도움을 받기도 한다. IR연구자가 감당해야 할 문제나 이슈를 요약하면 다음과 같다.

【정보제공】 학내 현안이슈를 해결하기 위하여 액션플랜 수립에 필요하거나 타당한 데이터나 분석 자료를 의사결정권자에게 어떻게 제공할 것인가?

【자료통합】 질적 분석을 위한 정량화된 데이터나 분석결과를 의사결정과 어떻게 연관시킬 것인가?

【균형유지】 각종 데이터 및 분석 자료를 필요로 하는 다양한 캠퍼스 및 교외수요자의 요구에 대하여 어떻게 균형을 유지할 것인가?

【기능연계】 기관연구의 기능과 캠퍼스 데이터시스템 개발 및 계획기능을 어떻게 연계시킬 것인가?

향후 정보 및 소통기술의 지속적인 발전은 점차 정교한 데이터 분석 및 보고의 방법을 가능하게 만들 것이다. 이러한 기술 잠재력의 발달과 더불어 경영효율성 공시에 대한 학내외의 요구들은 단위대학마다 IR의 팽창과 고도화를 이끌 것이다.

『위키사전』에 의하면 IR과 IR연구자를 다음과 같이 정의하고 있다. 첫째, IR이란 각 급 학교, 대학(종합 및 단과)에서 입학, 재정지원, 교육과정 평가, 등록관리, 직원, 학생생활, 재정, 체육시설 및 동문관계 등과 같은 분야의 학내 의사결정이나 발전계획을 수립하는 데 정보를 제공하기 위해 사용되는 광범위한 개념이다. 둘째, IR연구자는 당해기관의 학생, 교원, 직원, 커리큘럼, 교과개설, 학습성과 등에 관한 질적, 양적 정보를 수집, 분석, 보고, 보관한다. 그들은 정보수합에 몰두하고 정부기관이나 공용시스템상에 그 내용을 보고하거나(예를 들어 미국의 경우, 중앙정부 교육부의 고등교육 데이터시스템), 정보를 공개하고(예를 들어 전국대학연합의 대학책무성 네트워크(http://ucan-network.org)), 대학정보를 공표하는 언론기관이나 대학진학 안내와 관계된 기관(예를 들어 U.S. News & World Report나 대학국)에 각종 정보를 제공한다. 종종 IR연구자는 유사한 기관들 간에 당해기관의 실적이나 성과를 비교하기 위하여 자신들의 정보를 동등한 처지의 다른 기관들과 공유하기도 한다. IR은 기관마다 평가인증을 위한 기준을 얼마나 충족하였는가?를 가늠하는 지역 혹은 국가단위 평가주관처로서 대량의 정보 자원이 된다. IR연구자는 보고활동과 더불어 방대한 데이터를 분석하고, 보고된 데이터상의 차이가 통계적으로 유의한지 여부를 검증하거나 예측 통계모형을 개발 및 활용하는 수준까지 방대한 업무를 수행해야 한다. 그러한 모형은 전략적 입학관리나 평가와 연계하여 사용되기도 한다.

국가나 다른 기관들에 당해기관의 정보를 제공해야 할 필요성에 따라 거의 모든 고등교육기관에서는 기관연구 기능에 적합한 학내 기구들을 갖추고 있다. 몇몇 대학에서는 이러한 기능이 IR단일 기구에 집중되어 있기도 하지만 몇몇 대학에서는 분산되어 운용되기도 한다. IR연구자가 되기 위한 자격요건을 충족시키는 단일 학위제도는 없다. 다만 연구자에게 통계학, 연구방법(조사연구, 핵심그룹연구), 컴퓨터기반 통계처리 기술(SPSS, SAS, MS Access, Excel, MicroStrategy, SQl 등)과 관련된 지식을 갖출 것을 요구한다. 이와 더불어 뛰어난 글쓰기 및 의사소통능력, 고도의 집중력, 고등교육 운용 전반에 관한 지식 등에 강점을 지닌다면 최고의 IR연구자가 될 수 있다. 몇몇 미국대학에서는 (볼주립대학, 플로리다주립대학, 홈볼트주립대학, 노스다코다주립대학, 인디애나대학, 미주리대학, 일리노이대학, 위스콘신대학 등) 기관연구와 관련된 학위프로그램을 개설하고 있다.

1. IR(연구 및 연구자)에 대한 논의

위의 사전적 정의에서 본 바와 같이 IR은 대학기관에 대한 기획, 정책형성 그리고 의사결정을 지원하기 위한 정보제공을 목적으로 대학기관 내에서 시행되는 입체적 연구과정이나 결과를 이른다. 그 범위는 단일 캠퍼스나 대학기관뿐만 아니라 여러 대학기관을 포함하는 고등교육 시스템까지 확장될 수 있고, 대학 외 정부부처, 연구기능 조직 등에서도 관련연구가 이루어질 수 있다. 오늘날 고등교육 분야의 학자와 교육행정가들은 대학의 효과적인 의사결정을 위하여 학내 IR기능이 필수적이라고 주장한다. IR기능은 전통적으로 대학기관의 기획, 의사결정, 정책형성 등을 지원했지만 오늘날에는 대학기관의 전략적 기획과 관리를 위한 핵심적 역할을 수행하고 교육관련 학문적 논의에도 적극 참여한다. 이처럼 현대사회에서 고등교육 분야의 IR은 첫째, 대학기관 보고 및 정책분석, 둘째, 기획, 등록 및 재정관리, 셋째, 성과평가, 프로그램평가, 효과성, 인증의 핵심적 기능을 수행한다.

학자들마다 독특한 관점에서 비롯된 IR의 다양한 정의는 일반화된 개념화를 어렵게 한다. 그러나 대체로 고등교육기관의 발전과 혁신을 위한 과학적인 연구 혹은 학문으로 이해하는 경우와 대학발전에 직접적으로 유용한 실천적 노력으로 파악하는 경우로 대별된다. 페터슨과 코코란(Peterson & Corcoran, 1985)은 '대학의 모든 영역에 걸쳐 기획, 정책개발, 자원배분, 관리 및 평가에 관한 의사결정에 필요한 정보를 생산하기 위하여 설계된 연구'라고 정의한다. 한편 핀셔(Fincher, 1993)는 실천지향의 관점에서 '조직지성(organizational intelligence) 혹은 고등교육기관의 정책개발과 관련된 연구를 수행하기 위하여 존재하는 것'으로 '비중 있는 자원과 역량을 지닌 기술적 전문성(technical speciality)'으로 IR을 이해하고 있다.

이처럼 IR은 넓은 의미로 조직적 지능을 의미하며 이와 관련하여 트렌지니(Terenzini, 1993)는 IR을 세 가지로 범주화한 바 있다. 첫째, 입학, 학위수여, 재정 등 학교의 기본정보에 대한 기술적, 분석적 지능, 둘째, 교수 및 학생의 다양성, 자원의 우선분배, 프로그램 평가 및 개발 등 학교가 직면한 이슈에 대한 현안 지능, 셋째, 역사, 문화 등의 조직 내외적 정보를 포함하는 맥락적 지능이다. 이를 요약하면 IR이란 "학생의 등록 관리 및 학생에 대한 주제, 대학의 효과성, 학생의 학습활동 및 학습결과에 대한 평가, 학문별 프로그램 및 대학교수의 이슈, 가용자원의 관리 및 질적 향상, 기획 및 정책분석, 이론-실제-대학 연구의 윤리 등 고등교육 실제에 관련된 전체 영역을 망라한다."고 할 수 있다.

챤(Chan, 1993)은 전략적 중요성이 점증하고 있는 대학의 기획과정에 주목하여 IR의 초점이 기존의 내부적 맥락(교수진, 커리큘럼, 학생, 시설 등)으로부터 외연적으로 확대된 외부적 맥락(인구통계적 변화, 시장경쟁, 지역경제상황, 기술의 진보, 학자금 정책 변화 등)으로 이동하고 있음을 지적하고 있다. 그러나 그는 여전히 내부적 맥락 정보도 간과할 수 없으므로 어떻게 이러한 내외부적 맥락의 변화를 단일의 기획업무로 용해하는가?의 문제가 중요하다고 주장하였다. 여기에서 전략적 기획을 전략적 관리로 전환하여 실질적으로 기관변화를 유도할 수 있는가?의 문제가 중요한 이슈가 되고 있다.

볼크바인(Volkwein, 1999)은 최근 이러한 IR의 개념적 고도화를 고려하여 다음의 네 가지 기능 측면을 제시하였다. 첫째, 정보권위자로서 IR은 행정적 역할, 즉, 대학기관, 학생 및 교원, 관련활동에 대한 기술에 중점을 두며 대학 내부 지향적으로 전문성이 가장 적게 요구된다. 이는 기술적, 분석적 지능과 상통하는 개념이다. 둘째, 정책분석가로서 IR은 대학기관 내부의 발전에 관심을 두지만 학문적, 전문적인 대학기관연구도 동시에 수행한다. 등록률 향상방안, 수입예측, 비용분석, 학생의견 조사, 보수형평성 조사 등 대학기관 관련 정책을 분석하고, 대학의 주요정책결정자를 지원함에 따라 이러한 역할을 수행하는 IR부서 직원들은 고도의 전문교육과 지속적인 훈련을 요한다. 셋째, 대내외 홍보가(대변인)로서 IR은 외부에 대학기관을 긍정적으로 홍보하는 역할에 집중한다. 대학 내 혁신의 모범사례를 적극적으로 발굴하여 교내외에 홍보 및 공유를 유도한다. 넷째, 가치중립적인 학자 및 연구자로서 IR은 대학기관의 효과성, 목표달성 등에 대한 조사자료들을 적절히 가공 및 재구성하여 제공하는 데 이러한 업무도 고도의 훈련과 경력을 필요로 한다. 이와 더불어 존재하는 이해당사자와 전문가들(정부 관료 등 재정지원 관계자, 외부전문 컨설턴트 등)은 대학의 목표달성 여부와 그 정도에 대하여 많은 관심을 갖고 있는데 이들에 대한 과학적인 설명과 분석적 대응이 대표적인 예라고 볼 수 있다.

한편 서반(Srban, 2002)은 볼크바인이 정한 위의 네 가지 핵심기능에 지식관리자(knowledge manager)로서의 기능을 확대, 추가하였다. 지식관리자로서 IR연구자는 대학조직 전반에 걸쳐 생산되는 정보에 대한 종합적 관리를 담당하게 된다. 그러나 이러한 지식관리자로서의 기능은 지나치게 역할범위가 넓어 IR의 본질을 정의하거나 이해하는 데 어려움이 있다.

2. IR의 교육현상학적 본질

IR에 대한 기존의 정의, 연구동향 등을 종합해 볼 때 IR이란 기본적으로 4P에 대한 정보의 종합화, 이를 기반으로 하는 대학혁신 및 발전전략 구상, 학문적 연구정보 수합, 전략적 기획 및 관리시스템 등의 총체로 요약할 수 있다. 여기서 4P는 다음의 각 하위요인들을 포함하고 있다.

표 38 IR의 하위요인

구 분	하위요인	비 고
Person	교원, 학생, 직원, 학부모, 협력기업체 임원, 지역유관기관장, 지역주민, 졸업동문, 명예학위자 등	산-학-관 연계교육과정 참여자
Platform	대학재정 상태, 대학기관 및 기구, 학사운용시스템, 시설 및 환경, 인사행정(거버넌스), 온라인 행정시스템, RC시스템 등	학교재정(교비) 및 산학협력재정(사업비)
Practice	수업 및 커리큘럼(전공/교양/비교과) 운용시스템 및 실태, 관리(역량, 성과, 질) 시스템, 지도(학사/학업, 진로, 상담, 취업, 대학생활 등) 시스템 등	온라인 및 오프라인 시스템
Performance	교수강의평가, 학생학업성취도(학점), 상담코칭실적, 재학생만족도, 졸업생취업 기업체만족도, 학부모만족도, 졸업생취업률 등	외부전문기관평가 및 국책기관평가

위의 4P에는 각종의 정보들이 산재(散在)되어 있다. 즉, 질적, 양적 정보들이 다양한 형태로 흩어져 있다. IR은 이처럼 산포된 정보들을 종합, 집중, 분

석하여 기획, 결정, 집행, 평가하는 일련의 체계적 과정이며 구체적인 실체라고 할 수 있다. IR기구는 CADI, 즉 교내외에 산포된 정보를 수집(collect)하고, 이를 기반으로 분석(analyses)하고, 교내 의사결기구와의 협업을 통하여 결정(decision making)하고, 실제로 혁신사업(innovational practice)을 추진하게 된다.

3. IR의 콘텐츠(평가지표)

대부분의 대학들은 내적으로 중장기발전계획 수립 및 자체평가 실시, 정보공시 등을 위한 각종 정보 수합, 분석, 평가 작업을 수행하면서 동시에 외적으로는 국책사업계획서 및 국가단위 평가보고서 작성을 위하여 평가지표와 관련된 제반 정보들을 수합, 분석, 제시한다. 여러 가지 이유로 각 대학마다 후자에 연구 및 작성 에너지를 집중할 수밖에 없다. 대표적인 국가단위평가는 대학기관평가인증 및 대학기본역량진단으로 각각의 보고서 콘텐츠는 평가주관기관이 작성한 보고서 작성지침 혹은 편람에 이미 제시되어 있다.

표 39　대학기관평가인증 편람

<table>
<tr><th>평가영역</th><th>평가부문</th><th>평가준거</th><th>필수 데이터</th></tr>
<tr><td colspan="2" rowspan="6">필수평가</td><td>전임교원 확보율</td><td>-전임교원 1인당 학생수
-전임교원 확보율</td></tr>
<tr><td>교사 확보율</td><td>-교사시설 확보 현황</td></tr>
<tr><td>정원내 신입생 충원율</td><td>-연도별 신입생 충원율</td></tr>
<tr><td>정원내 재학생 충원율</td><td>-연도별 재학생 충원율</td></tr>
<tr><td>교육비 환원율</td><td>-재학생 1인당 교육비</td></tr>
<tr><td>장학금 비율</td><td>-장학금 수혜 비율</td></tr>
<tr><td rowspan="3">대학이념 및 경영</td><td rowspan="3">대학경영</td><td>교육목표 및 인재상</td><td>-학교규칙 및 그 밖에 학교운영에 관한 각종 규정</td></tr>
<tr><td>발전계획 및 특성화</td><td>-학교발전계획 수립과정, 추진실적, 평가결과 반영 실적
-대학특성화계획 수립과정, 추진실적, 평가결과와 반영 실적</td></tr>
<tr><td>대학 자체평가</td><td>-대학자체평가 실시 건수
-결과 반영 개선(환류) 실적</td></tr>
</table>

평가영역	평가부문	평가준거	필수 데이터
	대학재정	대학재정 확보	-세입 중 등록금, 기부금, 법인전입금 비율 -재정확보 추진 실적
		예산 편성 및 집행	-예산집행 실적 -예산집행 결과 평가 및 개선 실적
		감사	-내·외부 감사 실시 실적 -감사 결과 반영 실적 -감사 결과 공개 방법 및 범위
교 육	교육과정	교양교육과정편성과 운영	-당해년도(학기) 개설 교양과목수 -전임교원 교양과목 강좌담당 비율 -교양과목별 1년 평균 수강학생수 -전임교원 평균 강의시간
		전공교육과정편성과 운영	-당해년도(학기) 전공과목 개설수 -전공 실험·실습·실기과목 개설수 -전공 실험·실습·실기과목 수업운영비
		교육과정 개선 체계	-교육과정 편성 운영 현황 평가 실시 -결과 환류 실적 -산업계 및 사회요구에 기반한 교육과정 현황 및 운영 실적 -교육과정위원회 회의 개최 건수 -교양 및 전공교육과정 개편 실적
	교수-학습	수업	-당해년도(학기) 개설강좌의 분반, 폐강 건수 -수업평가 실시건수 및 결과 통계 -수업평가 사후조치 건수 및 결과 통계
		성적관리	-당해년도(학기) 성적평가 결과 분포표 -성적우수자 보상 실적 -학사경고자 현황 및 대상자에 대한 사후관리 현황 및 실적
		교수학습 지원과 개선	-교수학습센터 예산 편성 및 집행 실적 -교수학습 프로그램 및 자료 자체개발 건수 -프로그램 평가 및 결과 환류 실적 -교수학습센터 전담직원수
교직원	교수	교원인사제도	-학과별, 직제별 전임/비전임 비율 -교수업적평가 실시 및 결과활용 건수
		교원의 처우 및 복지	-시간강사 강의료 -전임교원 직제별 보수수준 및 최저임금액 -교원 복지프로그램 운영 실적
		교원의 교육 및 연구 활동 지원	-전임교원 1인당 교내연구비 -연구년 실시 및 대상자수 -학과(전공)별 조교수 -교수전문성 개발 실적

평가영역	평가부문	평가준거	필수 데이터
	직원	직원인사제도 및 확보	-직원 1인당 학생수 -비정규직 임용비율 -직원평가 실시 및 결과 활용 실적
		직원의 처우 및 복지	-직원의 직급별 보수수준과 최저임금액 -직원 복지프로그램 운영 실적
		직원전문성 개발	-직원전문성 개발을 위한 교내외 프로그램 참여 실적 -직원전문성 개발을 위한 교내프로그램 참여자 만족도 -직원전문성 개발 프로그램 참여 결과보고서 건수
교육시설 및 학생지원	교육시설	강의실 및 실험실습실	-강의실 확보 현황 및 배정률 -실험실습실 확보 현황 및 배정률 -실험실습실 안전교육 훈련 실시 건수 -실험실습 기자재 유지 관리 예산 및 집행 실적
		학생복지 시설	-기숙사 수용률 -기숙사 환경 및 시설 개선 실적 -기숙사 및 학생 복지시설 만족도 조사 결과
		도서관	-재학생 1인당 연간 자료구입비 -재학생 1,000명당 도서관 직원수 -열람실 좌석수 -도서관 주관/활용 교수-학습지원 프로그램 운영 실적
	학생지원	학생상담 및 취업 지원	-학생상담센터 전담직원수 -학생상담센터 예산편성 및 집행 실적 -학생상담센터 운용(내용별, 대상별, 방법별) 실적 -취업지원센터 전담직원수 -취업지원센터 예산 편성 및 집행 실적 -취업지원프로그램 수 -학생상담 및 취업지원 만족도 조사 결과
		학생활동지원 및 안전관리	-학생활동 지원 예산 편성 및 집행 실적 -학교행사 안전관리 노력 및 이행 실적 -대학 정보보호 정책 및 운영 실적
		소수집단학생 지원	-외국인유학생수 -장애학생수 -소수집단학생 대상 지원 프로그램(교수-학습지원, 대학생활 상담 및 적응프로그램 운영, 소수집단학생 이해프로그램) 운영 실적 -소수집단학생 지원 예산 규모 및 집행 실적
대학성과 및	대학성과	연구 성과	-전임교원 1인당 등재(후보)지 논문 실적

평가영역	평가부문	평가준거	필수 데이터
			-전임교원 1인당 SCI급 논문 실적 -전임교원 1인당 저역서 실적 -전임교원 1인당 교외연구비 수혜 실적
		교육성과	-당해년도(학기) 교육만족도 실시 결과 -졸업생 취업률 -학생 창업 건수 및 창업지원 실적
		교육만족도	-재학생 교육만족도 실시 결과 -조사 결과 환류 실적
사회적 책무	사회적 책무	사회봉사 정책	-사회봉사관련 개설과목수 -국내외 사회봉사활동 실적
		사회봉사 실적	-사회봉사프로그램 운영 실적 -사회봉사에 대한 행·재정 지원 실적 -대학구성원의 사회봉사 참여 실적
		지역사회기여 및 산학협력	-강의공개 등 교육 및 연구결과의 공유 실적 지역사회 주민 참여 프로그램 지원 실적 -인적/물적 차원의 대학자원 공유 실적 -지식 및 기술 이전 실적 -산업체와의 공동 연구 실적 -특허출원 및 등록 실적 -상표출원 및 등록 실적 -지식 및 기술의 사회 환원 실적

표 40 대학기본역량진단 편람(1단계)

항 목	지 표	진단요소	필수 데이터
발전계획 및 성과	특성화계획 또는 중장기 계획 등 발전계획의 수립, 추진, 성과	발전계획과 학부(과) 정원 운영 연계 수준	-발전계획 추진을 위한 자원(예산 등) 확보, 집행 실적 -발전계획 성과지표의 계획 대비 성과 향상 실적 -환류체계를 통한 발전계획의 개선, 보완 실적
교육여건 및 대학운영의 건전성	전임교원 확보율	전임교원 확보율 비율 개선도 전임교원 보수액	-전임교원 확보율 -전임교원 확보율 개선도 -전임교원 보수수준 적절도
	교사(校舍) 확보율	교사확보율	-교사 확보율
	교육비 환원율	교육비 환원율 환원율 개선정도	-교육비 환원율 -환원율 개선도
	법인책무성	법인책무성 실적 법인책무성 확보계획	-법정부담금 부담률 -법인(일반회계) 재정규모 대비 법인 전입금 비율

항 목	지 표	진단요소	필수 데이터
			-법정부담금 부담률, 법인전입금 비율 개선 목표값
	구성원 참여 소통	법적인 위원회 구성	-위원회 구성 및 운영 실적
수업 및 교육과정 운영	교육과정 강의 개선	교양/전공교육과정 개선 체제 구축 및 주기적 환류, 보완 교양/전공 교과목 강의 개선	-교양교육과정 개선 실적(규정, 조직, 환류) -전공교육과정 개선 실적(규정, 조직, 환류) -강의개선 실적(규정, 조직, 환류)
	수업관리 및 학생평가	강의규모의 적절성 시간강사 보수수준 수업관리 및 학생평가의 적정성	-강의규모 적절성 지수 -시간강사 보수수준 지수 -시간강사 보수수준 개선지수 -휴/보강 건수 및 관련 후속조치 실적 -출결관리 관련 후속조치 실적 -성적부여 관련 후속조치 실적 -재수강관리 관련 후속조치 실적
학생지원	학생 학습역량 지원	학습역량 강화 프로그램 개발 및 운영 학습역량 강화 지원체계 구축 및 운영 환류체계를 통한 프로그램 개선	-학습역량 강화 프로그램 요구조사 실적 -학습역량 강화 프로그램 관련 공문 건수 -관련 안내자료 발간 건수 -학습역량 강화 프로그램 운영 건수 -재학생 대비 프로그램 참여학생 비율 -학습역량 강화 프로그램 지원 조직 및 전담인력수 -학습역량 강화 프로그램 예산/집행액 -환류체계를 통한 프로그램 개선 건수
	진로심리상담 지원	진로심리상담 프로그램 개발 및 운영 지원체제 구축 및 운영 프로그램 운영 실적 환류를 통한 개선 실적	-진로심리상담 지원을 위한 요구조사 시행 건수 -진로심리상담 관련기구 및 전담인력 -프로그램 운영 건수 -재학생 대비 프로그램 참여학생 비율 -프로그램 운영을 위한 예산/집행액 -환류체계를 통한 프로그램 개선 실적
	장학금 지원	장학금 지급률 지급률 개선정도	-단위별 장학금 지급액 -장학금 지급률 -장학금 지급률 개선지수(전년대비 증감분)
	취창업 지원	취·창업 지원 프로그램 개발 및 운영 취·창업 지원 체계 구축 및 운영	-취·창업프로그램 지원을 위한 요구조사 시행 건수 -취·창업 지원 관련 조직 및 전담인력 -프로그램 운영 건수(비교과)

항 목	지 표	진단요소	필수 데이터
		프로그램 운영 실적	-프로그램 운영을 위한 예산/집행액 (비교과) -재학생 대비 프로그램 참여학생 비율 (비교과) -창업 정규과목 개설수(교과) -창업과목 재학생 대비 이수자 비율 -환류체계를 통한 프로그램 개선 실적
교육성과	학생 충원율	신입생 충원율 및 개선정도 재학생 충원율 및 개선정도	-신입생 충원율 -재학생 충원율 -신입생 충원율 개선도(전년대비 증감분) -재학생 충원율 개선도(전년대비 증감분)
	졸업생 취업률	졸업생 취업률 및 개선정도 유지취업률 및 개선정도	-졸업생 취업률 -취업률 개선지수 -유지취업률지수 -유지취업률 개선지수
	교육수요자 만족도 관리	만족도 관리체계 및 운영 만족도조사의 체계성 조사결과에 따른 환류 실적	-대상별 교육만족도 결과값 -만족도조사 결과에 따른 환류조치 실적

표 41 대학기본역량진단 편람(2단계)

항 목	지 표	진단요소	필수 데이터
전공 및 교양교육과정	교양교육과정	핵심역량 설정 유무 핵심역량 연계 교양교육과정 교과목 개설 및 운용	-핵심역량 연계 교양교과목 개설 및 운용강좌수
	전공교육과정	전공역량 설정 유무 전공역량 연계 전공교육과정 교과목 개설 및 운용	-전공역량 연계 전공 교과목 개설 및 운용 강좌수
지역사회 협력·기여	지역사회 협력·기여	지역산업연계 지역사회봉사 평생교육제공 지자체 협력	-지역사회 협력기여활동을 위한 지역사회 수요 분석 실시 건수 -지역기업 지원 실적(공동연구, 기술지도) -지역산업 발전지원 실적 -창업활성화(재학생 제외) 지원 실적 -영유아 보육 및 교육지원 실적 -지역학생(초중고) 지원 실적

항 목	지 표	진단요소	필수 데이터
			-노인, 장애인, 청소년복지지원 실적 -주민시설 개방 및 지역문화선도 활동 실적 -성인기초(문해)교육 프로그램 운용 실적 -성인학습자교육 프로그램 운영 실적 -직장인 재교육 수요 발굴 및 프로그램 운영 실적 -지자체사업 지원 실적 -지자체에 전문인력 제공 실적 -환류를 통한 관련 프로그램 개선·보완 실적
대학운영 건전성	구성원 참여·소통	제도(규정, 지침) 근거 학생의 학내 의사결정 참여 실적 구성원간 의사결정 및 개선실적	-구성원 간 합의소통을 통한 의사결정 실행 실적 -주요의사결정에 학생 참여 실적
	재정·회계의 안정성	재원의 적정성 재원의 건전성 재정·회계 관리체계	-재원의 적정성 지수 -등록금 의존율 -재원의 적정성 개선(전년대비 등록금 의존율 증감분) 지수 -재원의 건전성 지수 -학생정원 1인당 교육투자기여 수입지수 -재학생 1인당 교육비 -재원의 건전성 개선(전년대비 학생정원 1인당 교육투자기여 수입 증감분)지수 -재학생 1인당 교육비 개선지수(전년대비 재학생 1인당 교육비 증감분)

표 42 THE TIMES 세계대학평가 지표

영역(%)	비율(%)	지표(기초 데이터)
교육여건(30)	15	교육(teaching)에 대한 대외 평판도 조사
	4.5	교원 1인당 학생수
	2.25	학부학위 수여자 대비 박사학위 수여자 비율
	6	전임교원 중 박사학위 소지자수
	2.25	전임교원 1인당 세입액
국제화(7.5)	2	재학생 대비 외국인 유학생 비율
	3	전임교원 대비 외국인 교원 비율
	2.5	학술논문 대비 외국연구자 공동연구 비율
외부연구비(2.5)	2.5	전임교원 1인당 외부연구비 수주 실적
연구(30)	19.5	대외 평판도 조사
	5.25	전임교원 1인당 연구비
	4.5	전임교원 1인당 학술논문 실적
	0.75	전체연구비 중 정부지원 연구비
피인용(30)	30	전임교원 발표 학술논문당 피인용지수

표 43 QS 세계대학평가 지표

영역	세계대학평가		아시아대학평가	
	비율(%)	지표(산출식)	비율(%)	지표(산출식)
연구의 질	40	세계 동료평가	30	아시아 동료평가
	20	교원 1인당 논문 피인용지수	15	전임교원 1인당 논문실적
			15	교원 1인당 논문 피인용지수
교육의 질	20	전임교원 대 학생 비율	20	전임교원 대 학생 비율
졸업생 고용가능성	10	세계고용자 평가	10	아시아고용자 평가
국제화	5	전임교원 중 외국인 비율	2.5	전임교원 중 외국인 비율
			2.5	외국인유학생 비율
	5	재학생 중 외국인유학생 비율	2.5	인바운드형 교환학생 비율
			2.5	아웃바운드형 교환학생 비율

표 44 J일보 대학평가지표

영 역	비율(%)	지표(기초 데이터)
교육여건 및 재정	30	- 전임교원 1인당 학생수 - 등록금대비 장학금 지급 비율 - 전임교원 확보율(충원율) - 재학생 1인당 도서자료구입비 - 등록금대비 교육비 지급률 - 대학세입 중 학생납입금 비율 - 재학생 충원율 - 중도포기율 - 세입대비 기부금 비율 - 현장실습 프로그램 참여학생 비율 - 온라인 강의 공개 비율
국제화	17	- 전임교원 대비 외국인교원 비율 - 학위과정 등록 외국인유학생 비율 - 외국인유학생의 다양성지수 - 해외파견 교환학생(아웃바운드) 비율 - 국내방문 외국인 교환학생(인바운드) 비율 - 개설강좌 중 영어강좌 비율
연 구	33	- 계열평균 전임교원 1인당 교외연구비 수주액 - 계열평균 전임교원 1인당 자체연구비 지급액 - 인문사회체육계열 전임교원 1인당 국내논문 실적 - 계열평균 전임교원 1인당 국제학술지 논문 실적 - 계열평균 전임교원 1인당 국제학술지 논문 피인용지수 - 과학기술계열 전임교원 1인당 지식재산권 등록 실적 - 과학기술계열 전임교원 1인당 기술이전 수입액
사회적 평판 및 진출도	20	- 신입사원으로 채용하고 싶은 대학선호도 - 업무적합도가 높은 전공 및 교양교육 운용 대학평판도 - 발전가능성에 대한 사회적평판도 - 입학을 추천하고 싶은 대학선호도 - 기부금을 내고 싶은 대학우선도 - 국가나 지역사회 기여도가 높다고 생각하는 대학우선도 - 졸업생 취업률

4. 학생성공 지원을 위한 IR연구 및 시스템 구축

위의 각종 지표들을 종합하면 IR은 대학의 본유적 3대 기능(교육, 연구, 봉사) 및 경영, 환류(질 관리)와 관련된 하위영역이나 부문들로 구성되어 있다.

향후 추진하게 될 교내 IR담당기관 및 시스템 구축, 운용은 다음의 세 가지 측면을 고려해야 한다. 첫째, 평가주체, 평가지표 등을 통합하여 중복되거나 중요도가 높다고 여겨지는 콘텐츠를 정리할 필요가 있으며 이를 예시하면 [표 45]와 같다.

표 45 IR의 컨텐츠

구 분	하위영역	대표적인 지표들
경영	대학의 정체성(UI) 대학의 중장기발전계획 대학특성화 계획 대학재정 및 예·결산시스템 교내외 감사시스템 교직원 인사제도 교직원 처우 및 복지 구성원 간 참여소통 시스템 직원의 직무전문성	대학발전 및 특성화 계획 추진을 위한 예산지원액 전임교원 및 시간강사 보수수준 구성원 참여 위원회 운영건수 법인전입금 비율 구성원 참여·소통 위원회 운영 실적 장학금지급률(개선도) 신입생/재학생 충원율(개선도) 교육비 환원율(개선도) 재학생 1인당 교육비(개선도)
교육	역량기반 교육과정 수립 및 운영 교양교육과정 편성 및 운영 전공교육과정 편성 및 운영 수업운영 교수-학습 지원 교원의 교육활동 지원 강의실 및 실험·실습 실기실 학생복지시설 도서관 운용 기숙사 운용 학생상담 및 취업역량 지원 교육의 국제화	교사(校舍)확보율 교양/전공교육과정 운용 실적 교양/전공교육과정 개선 실적 비교과프로그램 지원 예산액 비교과프로그램(학습역량강화) 개발, 운영, 개선 실적 강의규모 적정성 전임교원 확보율 전임교원 1인당 학생수 전임교원 대비 외국인교원 비율 교사확보율 진로심리, 취업상담 전담기구 및 전담인력수 인바운드/아웃바운드형 교환학생수
연구	교원의 연구활동 지원 교원의 연구활동 실적	교원 1인당 교내/교외 연구비 수주액 교원 1인당 논문/저역서 실적 교원의 학술논문 피인용지수
봉사	사회봉사 정책 사회봉사 실적 지역사회 기여 및 산-학-관 협력	지역산업연계 협력기여 활동 실적 지역사회봉사 활동 실적 지역사회 평생교육제공 프로그램 운영 실적 지자체 사업지원 및 협력 실적 환류를 통한 프로그램 보완 및 개선 실적
환류	대학자체평가 실시 및 환류 프로그램평가 실시 및 환류 교육과정 개선시스템 구축 및 환류 학생성적 관리: 우수자, 경고자 관	대상별 만족도 조사 결과 졸업생 취업률 취업률(개선)지수 유지취업률(개선)지수

구 분	하위영역	대표적인 지표들
	리시스템 구축 교수강의 질관리시스템 구축 및 운영 대상별 교육만족도 관리 및 환류	조사결과에 대한 환류 실시 및 개선 실적

둘째, 학내의 다양한 기구나 조직들에 산재(散在)되어 있는 위와 같은 수많은 평가지표(컨텐츠)들을 수집, 가공, 통합, 분석, 관리하기 위한 '빅-데이터생태계'를 구축하는 것이 어느 대학이든 혁신을 위하여 노력하는 첫걸음이 되어야 한다.

표 46 교내 IR연구 및 시스템 구축을 위한 프레임

구 분	내 용	방 법
데이터 (D)	교내 각 기구나 조직에 산재(散在)되어 있는 원자료(raw data)들(가급적이면 평가지표와 연관되는 것 우선)을 마치 하나의 비커에 담듯이 수집함	당해기구가 관리하는 데이터를 TNS에 상시 접근하거나 업로드할 수 있도록 접속 시스템 구축 및 운용
리서처 (R)	수집된 각종 데이터들을 분리, 가공, 종합, 분석하는 전문역량을 지닌 인력을 확보하여 전문성을 발휘하도록 조직을 재편함	각 기구로부터 업로드된 자료들에 대하여 사용목적에 맞도록 가공, 편집, 종합, 분석하는 직무 시스템 구축 및 운용
시스템 (S)	raw data를 수집하고, 수집된 데이터를 리서처가 가공, 처리한 2차 자료를 웹기반 시스템에서 관리할 수 있는 토탈 네트워크 시스템(TNS)을 구축, 운용함	학내 모든 정보를 수합, 분리, 공유할 수 있는 네트워크 시스템 구축 및 운용

마지막으로, 기관연구의 필요성, 목적, 방법 등에 대한 대학본부의 인식과 관심이 우선 정착되어야 하고, 이를 기반으로 대학구성원 전체를 대상으로 하는 필요성 및 목적에 대한 의미 공유 노력을 지속적으로 전개해야 한다.

매번 당해 국책연구계획서 및 연차보고서(사업선정 시), 국가단위 평가보고서(대학기관평가인증, 대학기본역량진단 등)를 작성할 때마다 평가지표를 작성하기 위하여 해당부서로부터 관련 데이터를 원시적으로 수합한 후, 집필진이 가공, 정리, 작성하는 방식을 지양하고 효율적인 토탈 데이터 관리(TDM)를 위하여 학내에 IR관련 기구는 반드시 도입되어야 한다. 나아가 대학의 중장기발전 및 특성화계획 수립이 명료한 데이터기반의 의사결정을 통해 이루어지기 위하여 상시데이터 공유생태계로서 IR전문가 채용 및 학사시스템 구축은 반드시 필요하다.

대학에서의 IR 도입의 취지는 분명하다. 고도과학기술 기반의 4차 산업혁명 사회생태계 및 학령인구 급감에 대비, 문·이과 교육 통합을 통한 융합형 인재 양성 등 우리나라 교육계 전반에 걸친 교육혁신이 광범위하게 진행되고 있다. 특히, 고등교육 분야에서 이루어지는 혁신 강도나 정부 개입이 거세게 이루어지고 있다. 이러한 상황에서 생존을 위한 치열한 경쟁과 해결방안의 모색을 위해 각 대학마다 고유의 특성 기반 혁신방안들을 발굴, 적용하고 있다. 대개의 경우 대학혁신은 내적 요인과 외적 압박에 의하여 이루어진다. 특히, 정부의 구조개혁 및 정원조정 등 정책적인 차원에서 이루어지는 공적 개입에 대한 대응을 통해 대학혁신이 이루어지는 경우가 많다. 그러나 진정한 대학혁신은 수동적 반응의 수준이 아니라 인간교육의 정합성을 극대화하기 위한 능동적이고 실험적인 혁신 DNA를 통하여 이루어질 때 비로소 그 의미와 가능성은 크게 제고된다. 각 대학마다 추진되는 혁신의 정당성은 다양한 주장과 근거에 바탕을 둔다.

첫째, 대학기관 중심의 교육생태계를 반드시 전환시켜야 한다. 그동안 기관계 관점의 교육(정부, 대학교, 단과대학, 교수중심의), 산업계 관점의 교육(NCS 기반, 맞춤형, 산학협력중심의)은 학생들의 학습주권을 크게 제한해 왔다. 이는 4차 산업혁명 사회생태계에 능동적으로 적응하는 인재양성을 방해하는 가장 큰 걸림돌이다. 이를 해결하기 위한 학생의 흥미, 요구, 경험기반 교육생태계 구축이 절실하다.

둘째, 교수의 연구역량을 대학의 역량으로 간주하던 프레임을 개선해야 한다. 수업과 학생을 외면한 채 노벨상을 받기 위해 연구하는 교수역량보다 제자들이 노벨상을 받도록 자극하고 안내하는 교육을 통해 대학의 경쟁력을 제고해야 한다.

셋째, 기관계 혹은 산업계 관점의 융합교육에 대한 이해를 불식해야 한다. 융합교육은 대학이 정한 간학제적 혹은 학문간 융합을 통한 교과목이나 교육과정으로 이루어지는 것이 아니라, 다양한 전공이나 학문분야를 열어 놓고 학생들이 주도적으로 융합교육을 설계하여 경험하는 방식으로 이루어져야 한다.

표 47 학생계 관점 고등교육 생태계 구축의 흐름

대학혁신 트렌드 분석		학생성공 인식요인 추출 및 검사도구 개발		학생계 관점 고등교육생태계 구축
• 4차 산업혁명 사회 환경 대비 인재양성 방식 혁신 • 학령인구 급감에 따른 능동적인 대학구조 혁신 • 문·이과 구분 없는 융합교육 시스템 및 인프라 구축	⇒	• 학생의 요구, 흥미, 경험 기반의 학사 및 교육시스템 혁신 • 대학생들이 지각하는 학생성공 인식요인 조사 및 요인분석 • 학생성공 인식요인 추출 및 진단검사 도구 개발	⇒	• 정기적인 검사 실시 • 당해년도의 검사 결과에 따른 재학생의 학생성공 인식에 대한 실태(강점 및 약점) 분석 • 종단연구 결과를 통한 지속가능한 학생계 관점 교육생태계 구축

이상과 같은 비판적 성찰에 의하여 자연스럽게 도출된 것은 기관계/산업계 관점의 교육생태계를 학생계 관점으로 전환시키는 방향에 대한 방법론적 모색이다. 학생계 관점 대학교육 생태계의 특징은 다음과 같다. 첫째, 모든 학생의 요구, 흥미, 경험 기반의 교육시스템을 갖추는 것이다. 이를 위하여 대학 전체 및 각 단과대학의 학사 및 교육관련 시스템, 콘텐츠 디자인/개발의 데이터 소스(data sources)는 학생이 되어야 한다. 학생들의 요구나 흥미에 대한 부단한 조사, 분석을 통한 근거기반 혁신(evidence-based innovation)이 이루어져야 한다. 둘째, 이를 위하여 가장 우선적으로 시행해야 할 작업은 재학생들이 생각하는 대학생활 성공요인들을 추출하는 것이다. 셋째, 이를 기반으로 표준화된 진단검사 도구를 개발, 활용하여 대학이 제공하는 교육프로그램의 약점과 강점을 파악한 후, 학생계 관점의 교육생태계를 지속적으로 고도화시켜 나가야 한다.

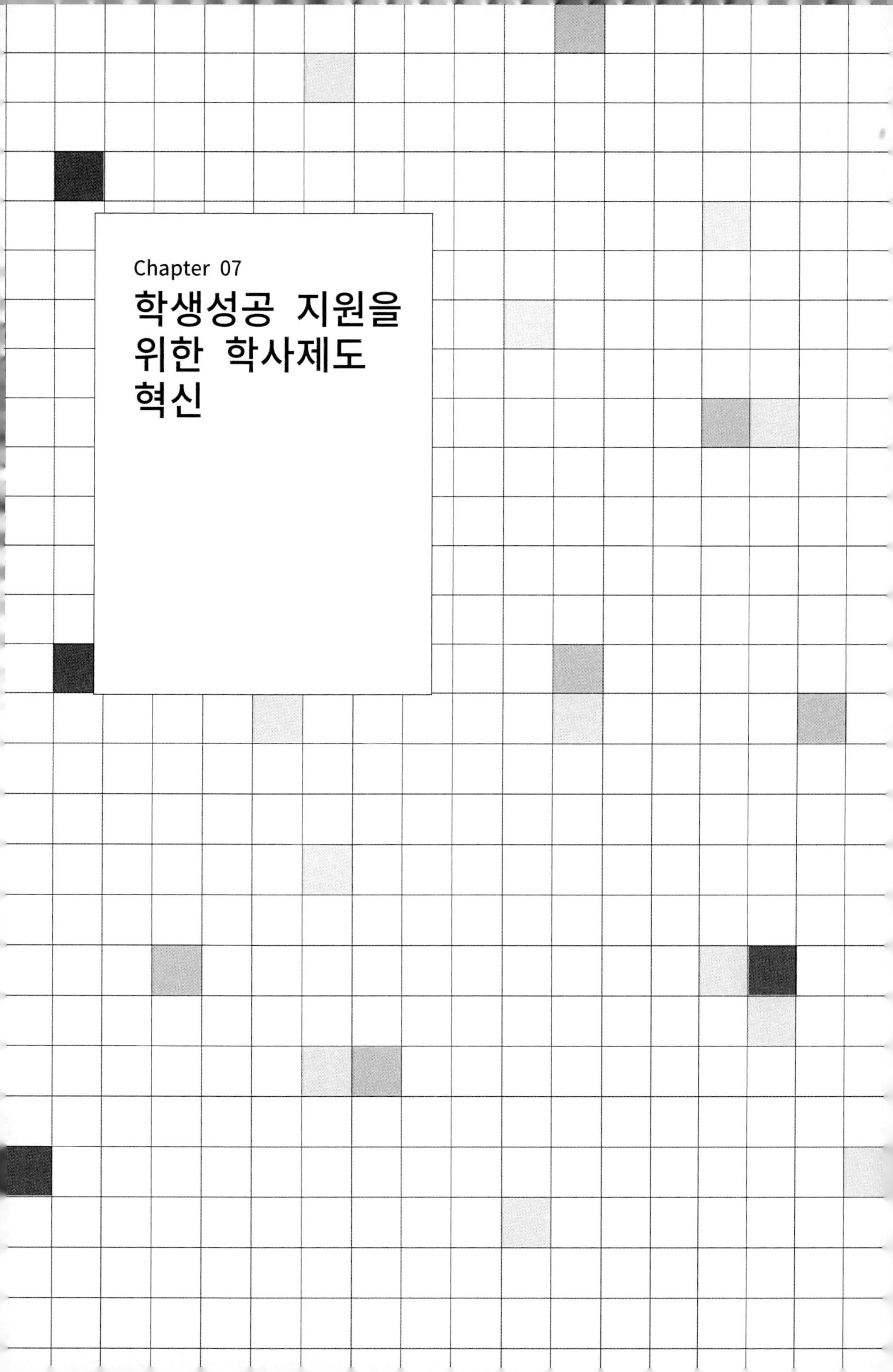

Chapter 07

학생성공 지원을 위한 학사제도 혁신

본 장에서는 학생성공을 지원하기 위하여 단위대학마다 추진되는 학사제도의 개선을 고려할 때, 그 사업의 진정성을 담보하는 데 필요한 포괄적인 고등교육 혁신 방안을 제시하였다. 기관계/산업계 관점이 아니라 학생계 관점의 고등교육 생태계 구축을 위한 구체적인 방안들이 포함되어 있다.

대학 학사제도(academic system)란 학생들이 대학생활을 하면서 수학(修學)이력 및 경력개발 커리어를 가장 잘 체감할 수 있는 정보관리 및 지원시스템이다. 자신의 교과목이수는 물론 비교과프로그램, 장학, 자격사항 등 다양한 개인이력이 기록되고 관리되는 일종의 행정서비스 플랫폼이다. 이러한 학사제도의 핵심은 교육과정이다. 따라서 국가수준은 물론 단위학교 수준에서 학사개혁은 교육과정 개선에서 출발한다. 이러한 교육과정 개선작업에는 반드시 개선주체의 인식과 가치관이 반영된다. 즉, 대학 고유의 교육이념과 교육목적이 커리큘럼이라는 시스템 속으로 녹아들게 된다.

그러나 우리대학들은 기관계 관점 고등교육 생태계의 지배로 인해 대학의 고유성보다는 정부의 재정지원 여부에 따라 교육과정을 만들거나 수정해왔다. 대학의 영혼을 스스로 팔아버린 셈이다. 이제 대학들마다 학사제도에서 학생들을 소외시켜 온 인습과 관행에서 벗어나 진정으로 학생계 관점의 고등교육 생태계를 위하여 노력하기를 원한다면 어떤 전략이 필요한가? 즉, 상실된 대학의 교육영혼을 회복하고, 학생의 학습소외를 해소하는 참된 길은 무엇인가?

최근 교육부는 각 대학본부에 유연한 학사제도 개선과 다양한 전공제도를 요청하였다. 몇몇 대학현장의 변화를 교육부가 모니터링하고 이를 전국 대학으로 확대하라는 공적 요구를 하였던 것이다. 급격한 학령인구 감소(인구절벽)로 지방소재대학들은 학생충원과 중도탈락 방지를 위하여 자구적인 노력들을 기울이고 있다. 학기제 변화나 동기유발학기제는 이러한 어려움을 타개하기 위하여 지방대학에서 선제적으로 도입한 제도들이다. 지방소재 대학들은 신입생 유치와 입학생 이탈방지에 총력을 기울이고 있다. 이러한 문제점을 극복하고 최소한 현상유지만이라도 희망하면서 도입한 제도를 전국대학에 강요하는 정부의 처사는 다소 부당한 점이 없지 않다.

그러나 교육부의 처사에 반발하거나 비난만 할 것이 아니라 향후 전국의 모든 대학들이 겪게 될 상황을 지방소재 대학들이 먼저 처한 것에 대한 공감을 바탕으로 공격적인 학사제도 개선을 추진할 필요가 있다. 학령인구 급감과 4차 산업혁명사회 생태계 등에 능동적으로 대응하는 학사제도 개선을 통하여 대학의 생존이 담보될 수 있다. 이유야 어쨌든 대학의 학사제도 변화는 거스를 수 없는 상황이 되었다. 대학변화의 핵심은 기관계/산업계 관점 교육생태계를 학생계 관점 생태계로 전환시켜야 하는 고등교육의 책무성 신장이다.

대학이 평가에서 좋은 성과를 거두고, 교수들이 큰 상을 받거나 정치적으로 출세하여 성공하는 것이 아니라, 대학생들이 진정으로 성공하는 삶을 준비하도록 대학이 지원하고 신경 쓰는 학생성공 학사시스템이 구축되어야 한다. 이를 위해 학생의 요구, 학생의 호기심, 학생의 능력, 학생의 경험이 교수의 그것들보다 선행되는 학습경험이 이루어져야 한다. 학교는 학생성공을 지원하기 위한 무한대의 노력을 기울여야 한다. 이를 위하여 대학의 자발적인 노력이든 교육부의 강요에 의한 것이든 유연한 학사제도와 학습주권을 회복하는 수업생태계를 구축하는 노력들이 모든 대학에서 시행되어야 한다. 형식적인 학사제도 개선이 아니라 학생성공의 가치에 공감하고 이를 구체적으로 구현하기 위한 다양한 학사제도 개선이 이루어져야 할 것이다.

학사제도는 모든 학생들이 성공적인 대학생활을 할 수 있도록 지원하는 제반 체제를 의미하며, 학위취득을 위한 이수규정, 자격부여, 전공과정, 부전공/복수전공/연계전공, 졸업요건, 교양교육 이수 등 다양한 부문을 포함한다. 학생성공을 지원하는 교육과정 개발을 위한 학사제도 개선은 다음의 몇 가지 원리에 입각하여 이루어져야 한다.

- 학생성공을 지원하기 위한 집중형(intensive) 학사제도 개선이 이루어져야 한다. 산만하거나 비효율적인 학사제도를 오직 학생성공의 관점에서 통합하거나 유기적으로 연결시켜야 한다.
- 구성원과 커리큘럼의 다양성(diverse)을 지향하는 학사제도 개선이 이루어져야 한다. 학생계는 다양한 특성을 기반으로 이루어진다. 전공별, 성별, 외국인유학생, 학습약자, 호기심, 역량, 경험 등 다양

성을 이해하고 이를 제도 개선에 반영해야 한다.

- 유연성(flexible)을 적극 고려하는 학사제도 개선이 이루어져야 한다. 교육부의 가이드라인을 준수하되 학교특성을 반영한 유연한 학사제도를 개발, 적용해야 한다.
- 통합성(integrated)을 지향하는 학사제도 개선이 이루어져야 한다. 학생들의 학습경험과 학교생활을 통합하고, 진로역량과 취업을 통합하고, 학생성공을 위한 각종 지원체제를 학생편의를 고려하여 통합해야 한다.

1. 학생계 관점 고등교육 생태계 구축

그동안 우리나라 대학 대부분의 학사시스템(대학 및 학과 편제, 학점이수, 교육과정 구성, 교과목 개설 등) 개발은 교육부, 대학본부, 단과대학/학과, 교수 등이 이니셔티브(initiative)를 쥐고 있어 학생과 무관한 프레임과 템플릿이 일정하게 정해져 있었다. 나아가 산업수요를 충족하기 위한 인재양성 시스템으로 획일화되어 있었다. 이러한 기관계/산업계 관점의 교육정책은 대학교육의 통제와 산업구조 선진화를 위해 유용한 방편으로 기능했다. 지금까지도 교육부는 효과성, 책무성, 생산성 등과 연계된 각종 지표들을 만들어 대학 간, 지역 간 상호 경쟁의 밀림을 만들었고, 이에 대하여 대학들마다 불편한 마음은 가득하였지만 정작 거부의 몸짓을 드러내는 데에는 한계가 있었다.

그러나 4차 산업혁명의 물결은 경제성에 고착된 대학평가의 이러한 관행들을 모조리 쓸어내도록 종용하고 있다. 학생의 요구, 흥미, 능력, 경험 등을 대학 학사구조 개편에 의무적으로 반영하고, 국제 및 지역사회 기반의 지속가능한 교육적 가치(SDGs)를 적극적으로 투영해야 한다. 만약 이러한 전환이 성공한다면, 대학교육을 옥죄던 경제성이나 획일성의 이데아가 아니라 대학생태계에 윤리성(학습약자에 대한 관심과 지원)과 다양성(문화다양성의 가치발견과 존중)이 꽃피고, 살벌한 학교성공이나 생존이 아니라 살가운 학생성공이나 존재가 그 의미를 찾게 될 것이다. 이것이야말로 대학의 영혼 회복을 위하여 가장 시급한 전환이다.

- 기존의 학사시스템, 교육과정(전공, 교양, 비교과 등), 교과목 개설 등은 교육부, 대학본부, 대학/학과, 교수 등의 관점에서 학생과 무관하게 프레임이 정해짐
- 기존의 기관계 관점 대학교육 생태계에서 학생의 관심, 취미, 능력, 경험, 잠재능력, 진로희망 등을 학사제도 제정 및 개정에 적극 반영할 필요가 있음
- 매년 취업졸업생을 대상으로 자신이 이수한 교육과정 전반의 문제점을 파악하도록 함
- 매년 신입생 및 재학생을 대상으로 자신이 원하는 전공제도, 교육이수 형태(교육과정), 배우고 싶은 내용(교과목), 비교과활동 개발 등에 대한 수요조사를 실시함

표 48 기관계 관점과 학생계 관점 비교

기관계 관점	구 분	학생계 관점
• 교육부, 대학본부, 단과대학, 학과/학부, 교수	단과대학, 전공제도, 학사시스템, 교과목 이수 주관	• 학생(졸업생, 재학생) 참여 대학경영 거버넌스
• 학점 부여(교양(공통기초, 필수, 선택)+전공) 교과목 이수(100%) + 학점 비부여(비교과 프로그램)	졸업요건으로서 교육과정 이수 (투자시간)	• 학점 부여 교과목 이수(60%) + 학점 미부여 비교과프로그램(40%)
• 학교가 일방적으로 정하거나 개설한 비교과 프로그램(선택이 극히 제한적임)을 학생이 선택하여 이수	비교과프로그램	• 학생이 재학 중 이수한 교과(졸업요건으로서)를 제외한, 자기주도적으로 경험한 학교내외의 모든 활동(교내활동, 여행(국내외), 봉사(국내외), 아르바이트, 지역사회 참여, 자기계발 활동) 이력을 관리 • 학교는 몇 가지 준거(글로벌, 리더십, 시민의식, 자기계발 등)로 구분하여 학생의 비교과활동 경험에 대한 인증제 운용
• 학교가 일방적으로 규정 및 개설	융·복합 교육과정 및 교과목 설계	• 학생, 교수, 기업체가 참여하여 설계하고 운용

2. 전공졸업제 도입

기존의 대학입학은 일부의 무전공(자유전공)제도를 제외하면 대부분 전공입학제로 이루어진다. 이에 따라 대부분의 대학생들이 전문분야 장인(匠人, 일종의 스페셜리스트) 양성이라는 미명아래 전공 벽에 갇혀 경직된 사고계발에 매진하는 반면(단위학과 소속의 학생은 물론 교수들도 경직된 이수규정에 정치(定置)되어 있음), 전공졸업제는 재학하는 동안 특정 전공에 얽매이지 않고 다양한 학문들을 두루 접한 후에, 개별적으로 가장 많은 이수분야를 사정(査定)하고 전공으로 인정하여 졸업시키는 것으로 기존제도와 정반대의 형태다. 물론 특정 인기전공 쏠림현상이 우려되기도 하지만 현묘(玄妙)한 방안을 마련하여 이를 해결함으로써 학생들에게 학문의 다양성을 경험하게 함은 물론, 진정한 융·복합 사고능력을 스스로 계발할 기회를 제공한다. 이는 4차 산업혁명 사회생태계가 요구하는 지적 방인(知的 放人, 일종의 제너럴리스트)을 양성하는 데 적합한 학사제도로 교육정책 입안자들은 적극 고려해볼 만하다.

기관(교육부나 대학)이 만든 융·복합 전공을 학생이 졸업요건에 떠밀려 마지못해 선택하는 것이 아니라, 재학 중에 학생 스스로 다양한 학문분야들을 능동적으로 경험하면서 묶고, 엮어서 자신의 역량개발에 도움이 되는 진정한 융·복합을 실현하는 것이다. 굳이 비유를 하자면 대학이 비빔밥(교육부의 가이드라인에 대학이 순종하여 개설하는 융·복합, 연계, 공유전공제)을 만들어 억지로 떠먹이는 것이 아니라 다양한 비빔밥 재료들만 제공하고 학생 스스로 자신의 입맛(적성, 흥미, 능력, 경험)에 따라 맛있는 비빔밥을 만들어 먹게 함으로써 자기주도적 생애학습역량을 갖추도록 안내하고 도와주는 것이야말로 참(authentic) 융·복합교육이라 할 수 있다. 이러한 전환은 아래의 학습주권 회복을 가능하게 만드는 조건이 된다.

- 80년대에 입학정원제에서 졸업정원제로 전환하여 대학생태계 변화를 경험한 바 있음
- 4차 산업혁명 생태계 및 학령인구 감소 등 급격한 사회변화에 대학이 선도적이고 능동적으로 대응하기 위하여 전공교육과 관련된 대학시스템 변화를 시도할 만함
- 우리나라 대학교육의 학사시스템과 커리큘럼은 미국식 모델에 따라 교양과 전공교육이 명료하게 구분되어 있음

- 특히, 전공입학제도는 입학 후 전공 관련 학사과정 이수에 주안을 두어 교양교육을 상대적으로 취약하게 만드는 약점이 있음
- 또한 전공입학제는 학생과 소속교원들이 경직된 이수규정에 정치(定置)되어 있음
- 이는 일종의 전공벽에 갇힌 '닫힌 학사제도'로 학생에게는 융 · 복합적 사고 계발을, 교원에게는 간학제적 연구를 제한하고 있음
- 대학에서는 이러한 문제를 해결하기 위하여 자유전공제, 무전공제 입학이라는 이름으로 학사제도 개편이 이루어지고 있음
- 전공졸업제는 제너럴리스트와 스페셜리스트를 동시에 양성할 수 있는 탄력적이고 학생 선택권이 보장되는 학사제도임

표 49 전공졸업제 개요

자유전공/무전공입학제	구 분	전공졸업제
• 무전공(전원)	입 학	• 무전공(전원)
• 1-2학년 탐색과정을 거쳐 학생 개별적으로 전공 결정 • 각 전공/학부별로 정원 조정	전 공 선 택	• 4년 내내 전공 결정이 이루어지지 않음
• 학생은 전공결정 후 기존방식대로 일반교양과목 + 전공과목 이수 • 교수는 소속학과의 전공과목과 일반교양 과목 개설 및 운용	학 사 이 수	• 일반교양(캠퍼스 전체 적용의 교양교육과정) 교과목 + 대학별(단과대학 특성을 반영한 전공 및 교양교육과정) 교과목 + 학과별(학과/학부 특성을 반영한 전공 및 교양교육과정) 교과목 이수
• 학생소속 학과가 정한 이수(학점, 졸업인증 등)규정에 따라 전공학사로 졸업	졸 업	• 일정기준(학생의 총 이수 학점 중 특정전공 관련 전공+교양과목 이수비중이 40%인 경우)을 충족한 경우 특정 전공학사(스페셜리스트)로 인정하여 졸업 • 특정 전공의 경우 필수와 선택을 구분하되, 특정 전공학사가 되기 위해서는 당해학과가 정한 필수과목 이수 기준을 충족해야 함 • 특정 전공 이수가 인정되지 않는 경우는 융 · 복합 교양학사(제너럴리스트)로 졸업 • 융·복합 교양학사는 학생이 이수한 비중을 고려하여 인문, 이학, 공학, 사회, 보건의료 등으로 구분함 • 특정 전공학사 졸업인정의 경우 학생이 취득한 정규 교과목 학점이수와 비교과활동 이수 상황(역량기반 인증기준 제정)을 고려하여 등급(최상, 우등, 보통)을 정함
• 전공벽이 철저히 유지됨 • 전공 간 교육 및 연구(학제간) 경쟁이 여전히 취약함	특 징	• 전공벽의 의미가 철저히 없음 • 무학년제 운용으로 학년에 따른 유불리 없음 • 학생유치를 위하여 전공간 교육 및 연구(학제

자유전공/무전공입학제	구 분	전공졸업제
		간) 경쟁 풍토가 자연스럽게 유도됨 • 3년 내 특정전공 이수생이 재학생의 상위 20% 이상인 전공분야(전공+교양)는 대학특성화 분야로 지정하여 가용자원의 집중도를 높임
	유 의 사 항	• 학습약자(학사경고자, 외국인유학생, 장애우 등) 보호프로그램 마련 • 특정전공/학부 쏠림현상에 대한 방지장치 마련 • 학생의 선택권 보장

3. 커리큘럼 혁신

학생성공을 지지하는 커리큘럼 개발은 전통적인 방식을 참조하되 4차 산업혁명으로 대표되는 급격한 사회환경 변화 및 기업의 인재상 변화에 능동적으로 대응하는 방식으로 다음과 같은 방식으로 이루어져야 한다.

1) 지식중심(subject matter) 커리큘럼

인류문명의 축적된 지식을 체계적으로 이해하고, 이를 기반으로 새로운 지식을 창출하는 역량을 기르는 데 도움이 되는 커리큘럼 유형이다. 핵심이 되는 지식체(core knowledge)를 합리적으로 선정하고, 배열하는 원칙에 대한 구성원의 합의가 이루어져야 한다.

2) 주제중심(topic based) 커리큘럼

지식중심 커리큘럼이 지닌 약점을 보완하여 단순하게 이루어지는 객관적인 지식의 전이가 아니라 지식의 통합성을 추구하는 커리큘럼 유형이다. 학생계 관점의 다양한 학습주제나 토픽을 발굴, 교육과정에 포함시키는 원리를 적극 개발해야 한다.

3) 경험중심(experience oriented) 커리큘럼

지식이나 주제를 실제 경험을 통하여 검증하고 자기주도적인 체험을 통하여 지식을 내면화하기 위하여 활용되는 커리큘럼 유형이다. 이는 교과과정과 비교과프로그램을 통합하는 교육과정 개발을 통하여 가능하다.

4) 문제중심(problem solving) 커리큘럼

특정한 문제를 제기하고 이를 해결하기 위한 다양한 지적, 정의적, 실천적 경험을 제공하는 실용적인 커리큘럼 유형이다. 4차 산업혁명 사회생태계에 능동적으로 적응하는 역량을 갖춘 인재양성을 위하여 기존의 지식중심을 문제중심으로 전환시키는 방법에 대한 체계적인 연구가 뒷받침되어야 한다.

학생들의 역량개발을 위하여 역량기반 교육과정이라는 이름으로 모든 교과 및 비교과프로그램을 역량과 매칭시켜 제한된 경험을 하도록 만들 것인가? 아니면 모든 학생들이 각자 자기주도적으로 수행하는 다양하고 열린 경험의 결과를 다양한 역량의 카테고리로 구분하고 이를 각각 확인할 것인가? 쉽게 말해서 역량은 교육활동의 목표인가? 아니면 학습경험의 성과인가? 두 가지 유형 중에서 무엇이 진정한 역량기반 교육과정인가? 우리는 역량을 아주 쉽게 연역적인 방법으로 이해하고 다룬다. 학교에서는 작위적으로 역량을 설정하고 이를 모든 과목이나 비교과프로그램에 매칭시킨다. 학생들은 자신의 의지와 무관하게 매 학기 교과목을 이수하거나 비교과프로그램에 참여하고, 그 결과 자신이 무슨무슨 역량의 몇 %를 획득한 것을 확인한다. 한마디로 재학 중 자신이 이수한 교과목이나 비교과프로그램을 통해 객관화된 역량을 얻는 방식이다. 이 경우 역량은 학생의 역량과 무관한 또 하나의 성취수준으로 전락된다.

전향적인 차원에서 귀납적인 방식으로 역량을 이해할 필요가 있다. 이 방법에 의하면 교육과정을 설계할 때 사전에 특정역량들에 대한 개념정의를 하지 않는다. 수많은 잠재역량들이 학생들로부터 계발될 수 있다. 학생들은 다양한 교과 및 비교과프로그램에 참여하고, 각각의 수행성과를 바탕으로 적절한 역량을 설정하고(새롭게 만들거나 기존의 것을 활용하여) 각 성취수준을 누가해서 기록해 나간다. 이는 모든 학생들이 각각 재학 중에 학교가 정한 (예를 들어 6대 핵심역량) 역량을 어느 정도 달성하였는가?를 알아보는 연역적인 방식과 정반대의 접근이다. 이를 역량성적표를 예시적으로 설정하여 비교하면 다음과 같다.

표 50 학생별 역량성적표(예시)

2021-1학기 역량성적표		소속: oo학과	이름: ooo		학번: 20180000
연역적 접근					
역량영역	1-1학기	1-2학기	→	4-1학기	누적값
도 전					
창 의					
학 문					
융 합					
소 통					
배 려					

2021-1학기 역량성적표		소속: oo학과	이름: ooo		학번: 20180000
귀납적 접근					
이수학기	계발역량				
1-1학기	창의적 사고	협업능력	융합적 사고	ooooo	ooooooo
1-2학기					
↓					
4-1학기	ooooooo	oooooooo	oooooo	oooooo	oooooo
역 량 리스트 종 합	역량명	기술평가 (행위능력을 구체적으로 설명함)	성취수준 (포인트나 점수로 환산된 값)	달성수준 (리스트상에 있는 모든 역량에 대한 각 항목의 상대비율)	
	협업하는 능력				
	↓				
	도전하는 태도				

우리의 학생들을 주체성과 잠재역량을 지닌 소중한 인격체로 여긴다면 역량은 학교가 정한 교육과정에 의해 그들에게서 달성되는 것이 아니라 다양한 경험을 통해 생성되어 나가는 것이어야 한다. 대학마다 역량은 누가 정하

는가? 조직이나 기구 내에서 역량개발의 리더십은 누가 갖는가? 구성원들 간에 역량에 대한 적확(的確)한 이해와 가치공유가 이루어지고 있는가? 아래의 대상별로 각자 필요한 기대역량을 가상적으로 설정해 보자. 일반적으로 학교에서 이루어지는 역량설정 및 역량체계 구성은 대학본부나 대학교수들의 관점을 바탕으로 이루어진다. 학생의 필요성이나 주체성이라는 관점에서 역량을 구안하거나 적용하지 않고 있다.

역량이란 교육부, 대학, 교수들이 생각하는 학생들의 지식, 기술, 태도 등에 대한 기대수준이 아니라 학생 스스로 생각하기에 성공적인 학교생활을 위하여 필요하거나 갖추어야 할 경쟁력이 되어야 한다. 역량체계는 가치목록에 대한 연역적인 기술(記述)체계인가? 아니면 실용적이고 구체화된 기술(技術)적인 행위목록인가? 아래의 역량체계의 특징은 무엇인가?

표 51 역량체계의 재개념화

교수 자신 (요구되는 기대역량이나 직무특성상 갖추어야 할 필요역량)	대학생 자신 (학생성공을 위하여 갖추어야 하거나 개발이 필요한 역량)	수요자 (기업이나 기관)가 기대하는 대학졸업생(신입사원)의 준비된 역량
수업역량	성공적인 학업수행을 위한 전문지식기반의 지적 능력	전문지식 적용능력
연구역량	성공적인 학업수행을 위한 성과창출(성장)역량	전문지식 활용능력
학생지도역량	성공적인 취창업을 위한 취업탐색역량	사무협업 실행능력
자기계발역량	성공적인 취창업을 위한 기초직무/실무역량	구성원간 민주적이고 평화로운 소통능력
사회기여역량	성공적인 학교생활을 위한 글로벌/자기계발역량	성과창출능력
협업역량	성공적인 학교생활을 위한 대인관계역량	자기계발 및 성장능력
글로벌역량	성공적인 학교생활을 위한 의사소통역량	글로벌역량

구체성과 실용성의 측면에서 역량설정과 준거표를 재구성할 필요가 있다. 그 준거를 예시하면 다음과 같다.

표 52 역량설정의 새로운 준거

준 거	기술(記述) 특성
구 체 성	추상적이거나 인지적인 차원의 개념이 아니라 구체적인 행위특성을 반영하고 있는가?
교육필요성	교육을 통하여 계발하거나 변화가능성이 있는 특성을 내포하는가?
가치중립성	구체성을 바탕으로 가치정향적이지 않고 실제 행위로 표현해 낼 수 있는 역량인가?
실현가능성	교육적 경험을 통하여 구체적으로 달성되거나 실현가능한 특성을 반영하고 있는가?
실 용 성	학업을 수행하고 취업을 준비하는 재학과정에서 학생들에게 유용한 특성을 반영하고 있는가?
학생성공 관점(학업)	전문지식 역량, 융·복합적 사고 역량 등과 같이 성공적인 학업수행을 위하여 갖추거나 필요한 역량인가?
학생성공 관점(취업)	취업탐색 역량, 창업역량, 현장실무 역량 등과 같이 성공적인 취업진로를 위하여 갖추거나 필요한 역량인가?
학생성공 관점(생업)	의사소통 역량, 자기계발 역량, 대인관계 역량 등 캠퍼스 생활을 하면서 원만한 인간관계 구축, 자기의 내적 성장을 위하여 갖추거나 필요한 역량인가?

역량체계는 논리적이거나 규범적인 가치사슬이 아니라 학생의 다양하고 구성적인 온갖 경험을 통하여 형성되어 나가는 행위역량의 알고리즘으로 이해되어야 한다. 현재 대부분의 대학에서 이루어지는 역량기반 교육과정 모형은 기관계 관점에 따라 단위교과목별로 역량을 단순하게 배열하여 각각 비율을 할당한 후, 수강생들의 과목이수에 따른 부문별 역량 통계값으로 처리하고 있다. 이는 역량기반 교육과정의 진정한 의미를 구현하는 데 문제점이 내포되어 있다. 이수한 과목에 각각 배당된 역량값을 단순하게 합산한 후 총량값으로 환산한 후 이를 기반으로 역량개발이 이루어졌다고 추정하는 것은 지나치게 형식논리적인 방식이다. 따라서 다음과 같은 방안을 제안한다.

표 53 학생계 관점 역량기반 교육과정 설계

구 분	내 용
이 념	학생성공을 지지하는 고등교육의 책무성과 수월성 구현
목 적	평생학습사회 생태계에 적응하는 핵심역량을 갖춘 인재 양성
내 용	대학의 건학이념, 교육목적, 인재상, 교육자원 특성 등을 반영한 핵심역량 선정
방 법	대학전체: 역량기반 표준 교육과정(교과/비교과) 모듈 개발 - 대학의 학사구조(교육과정 모듈)가 역량개발을 목표로 구성되었는가? - 4년 동안 역량개발 수강이력(CD learning history)을 어떤 방식으로 관리할 것인가? 단과대학: 대학별 역량기반 교육과정(교과) 운용계획 수립 및 운용 - 단과대학의 교육목표가 학생의 역량개발과 연관되어 설정되었는가?

구 분	내 용
	학과단위: 학과(전공) 특성 기반의 역량기반 교육과정 (교과) 구안 및 적용 - 각 학과 개설과목이 학생의 역량개발 중심으로 구성되었는가? - 개별학생들의 CD learning history를 지속적으로 모니터링할 것인가? - 개별학생의 역량별 SOWT를 어떻게 분석, 관리, 지도할 것인가? 과목단위: 핵심역량과의 연관성 규명, 단위별 역량값 설정, 교과목 운용, CD learning history에 역량값 반영 - 각 과목은 각 핵심역량과 어떤 연관이 있는가? - 강의평가 문항에 학생의 역량개발과 관련된 항목이 포함되어 있는가? - 개별학생의 CD learning history정보를 어떻게 관리할 것인가? 개별학생: 취업을 준비하면서 자신의 역량기반 전문성을 제시할 수 있는 학습이력서를 작성함
평 가 및 환 류	개별학생의 수강이력에 따른 역량값 변화추이 분석 및 DB구축 캠퍼스 단위의 재학생 역량값 변화추이 분석 및 DB구축 학과(전공)별/단과대학 단위별 재학생 역량값 변화추이 분석 및 DB구축 분석결과를 반영한 차년도 역량기반 교육과정 운용계획 수립

4. 학습주권 회복

동양의 에토스(ethos)인 『논어』의 시작은 학습의 즐거움에서 출발한다. '배우고 때로 익히면 또한 즐겁지 아니한가?(學而時習之不亦說乎)'라는 언설은 학습주권(learning sovereignty)을 처음으로 선언한 것이며, 동시에 모든 교육생태계에서 갖추어야 할 학습주권의 원형을 제시한 것으로 볼 수 있다. 반면에 맹자가 주장한 '천하 영재를 얻어 가르치는 즐거움(得天下英才敎育之三樂)'은 일종의 교수주권(teaching sovereignty)에 대한 원형으로 간주할 수 있으며, 이로부터 오늘날까지 교수-학습 패러다임이 지속되고 있다.

그러나 근대 산업화와 경제선진화 과정을 거치면서 학습주권의 원형은 크게 훼손되었고, 모든 대학에서는 교수의 효율성, 경제성, 수월성 등에 경도(傾倒)된 획일적인 교육생태계가 구축되었다. 이로 인해 학생들은 자기주도적인 배움의 즐거움을 잔인하게 빼앗겨버렸고, 모든 대학은 교수의 수월성(teaching excellence) 신화에 매몰되어 극한의 성과전쟁터에서 오늘도 기약 없는 생존투쟁을 벌이고 있다. 이러한 교수수월성 신화는 대학생들의 학습피로도를 극대화시켰을 뿐, 아무 의미도 없고(not meaningful), 삶에 쓸모가 없는

(not functional) 학습경험이 이루어지도록 길들였다. 학습주권의 회복탄력성은 모든 학습경험이 개별학생들에게 의미 있고, 결코 자신의 삶과 유리되지 않은 성찰적 학습참여를 보장함으로써 학습 어메니티(learning amenity)를 극대화하는 교육생태계를 만들기 위해 노력하는 대학들의 에너지와 비례한다.

학생들의 성공적인 수업이수를 지원하기 위한 수업방식과 학습원(오브제)은 '지식(테오리아) + 실용(프락시스)'을 고려하여 이루어져야 한다. 학생들이 학습할 내용은 교수자의 관점에서 학습사태 이전에 구성한 객관적인 지식체가 아니라 교수자와 학습자가 상호작용을 통하여 상황에 따라 유연하게 선정, 활용하는 방식을 고려해야 한다. 학사시스템 혁신의 가장 중요한 콤퍼넌트는 바로 수업이다. 수업은 모든 교육과정의 꽃이고 이러한 수업장면의 참여경험은 학생들의 지적, 정의적, 행동적 성장에 가장 직접적인 영향을 미치기 때문이다. 유연학기제나 집중(몰입)이수제도의 개선과 더불어 학습주권을 회복하기 위한 수업방식 혁신도 동시에 이루어짐으로써 진정한 학생계 관점의 교육생태계가 만들어질 것이다. 이를 위하여 다음의 다양한 수업모듈을 고려해 볼 만한다.

표 54 성공적인 학습의 다양성

구분	내용
SDL (self directed learning)	인터랙티브, 인포메틱스 등의 기법을 바탕으로 학습자의 스투룹(stroop) 효과를 극대화시키는 능동적인 참여 기회 제공을 통해 학습의 자기결정권과 주도성을 추구하는 학습설계
Active learning	이론기반이 아니라 학습자의 수업참여를 적극 활용하여 학습성과를 창출하는 활동-경험-과정중심의 실용의 가치를 추구하는 학습설계
Blended learning	온라인과 오프라인 형태를 결합한 수업방식으로 각각의 장점을 극대화하여 학습의 유연성을 높이기 위한 학습설계
Service learning	자신이 알고 있거나 수업장면에서 학습한 내용을 지역사회나 타인을 대상으로 지식봉사활동을 수행함으로써 앎과 삶을 통합하는 전인적인 학습설계
TBL (task based learning)	주어진 수행과제나 특정문제를 기반으로 협동학습을 통해 분명한 주제별 학습이 이루어지도록 안내하고, 집단지성을 통한 문제해결 역량을 지도하는 학습설계
PBL (problem based learning	
FC (Flipped	사전에 제작된 학습오브제를 자유로운 시간운용을 통하여 학습하고, 주어진 과제나 질문에 대한 강화학습은 교실장면에서 시행하는 일종의 반전수업 설계

learning class)	
Accel learning	C. Rose & M.J. Nicholl이 정립한 M(motivating mind)-A(acquiring information)-S(searching meaning)-T(triggering memory)-E(exhibiting knowing-R(reflecting learned) 학습모듈
Machine learning	딥-러닝 기반의 기계학습모듈을 개별학습 방식으로 활용함. 기본적으로 인간의 두뇌 속 신경세포가 작동되는 학습법을 모방한 것임. 교실장면을 벗어나 학생 혼자 책을 읽으면서 다양한 정보를 획득, 분류, 유목화 하면서 스스로 원리와 개념을 깨닫는 학습과정
Unsupervised learning	
Community based learning	지역사회의 가용 교육자원을 학습장면과 연계하여 학교-지역사회가 상호작용하면서 이루어지는 입체적인 학습설계
Havruta learning	이스라엘 교육의 대표적인 방식인 하브루타를 학습장면에 적극 활용하여 정답 없는 무제한 질문과 대답을 통하여 사고능력을 확장시키는 학습설계
Heuristic learning	주변의 다양한 현상이나 사건에 대한 관찰과 경험을 통하여 일반적인 원리나 개념을 깨닫거나 새로운 원리를 발견해 나가는 환경이 강조되는 학습설계
NBI (narrative based instruction)	내러티브에 대한, 내러티브에 의한, 내러티브에 관한, 내러티브를 위한 수업설계로 교수자나 학습자의 경험된 에피소드나 스토리를 수업장면에 적극 활용하는 학습설계
Holistic learning	지성, 덕성, 체성을 전일적으로 성장시키는 통합적 학습방식으로 지식, 기술, 태도를 통합하는 역량기반 교육으로 확대 가능한 학습설계
Adaptive learning	e-learning과 같이 학습자 수준과 학습스타일에 적합하게 학습정보나 방법 등을 제공하는 전자기술 기반의 학습설계
VTL (visual thinking learning)	시지각 자료기반의 사고학습 모듈. 기성자료를 활용하거나 학습자가 스스로 만들어낸 시지각 자료를 통하여 원리와 개념을 습득해 나가는 학습설계
Smart learning	교수자의 최소 간섭행위를 통하여 학습자의 최대 학습효과를 지향하는 능동적 반응형 학습설계
CHL (conditional hierarchy learning)	학습자의 조건을 기반으로 이루어지는 기호학습, 연결학습, 변별학습, 개념학습, 원리학습 순차의 문제해결형 학습모듈
Socio model learning	주변에 있는 관찰대상이나 사물의 변화를 체계적으로 관찰하는 동시에 접촉 혹은 대리경험을 통해서 비구조적이고 우연적으로 이루어지는 학습모듈
Interaction learning	사용자와 제품 간 소통디자인(UX) 개념을 수업장면에 적용하여 학습자와 학습내용 간 소통 및 만족감을 지향하는 학습모듈
Humanistic learning	4차 산업혁명사회생태계에서 AI의 등장과 더불어 인성의 가치가 훼손되지 않도록 인성 및 인권, 지속가능한 가치 등을 함양하기 위한 인성 및 가치명료화 학습설계
VCL (value clarification learning)	

Untact learning	이미 만들어진 학습콘텐츠를 사용자가 모바일, PC 등을 이용하여 스스로 학습함으로써 교수자와의 비대면 장면에서 이루어지는 학습모듈

1) 수업설계(not syllabus but experience)

모든 수업은 학기 초에 교수자와 학습자의 상호작용을 통하여 한 학기 동안 학습할 오브제를 결정하고, 경우에 따라 오브제를 변경하면서 학생의 요구, 호기심, 역량, 경험 등을 기반으로 하는 수업설계를 실시한다.

2) 학습형태(new design in instruction)

수강생은 사전 제작된 영상(교수자 제작 등) 기반의 학습 오브제를 통해 집에서 사전학습을 수행하고, 부과된 과제풀이와 학습자/교수자와의 토론은 강의실이나 적절한 학습공간에서 실시한다.

3) 수업방식(Dale's learning pyramid)

부과된 학습과제에 대하여 수강생이 당해시간의 수업설계를 자율적으로 수립하고 수업을 진행하며, 교수와 기타 수강생은 질문과 토론에 참여한다.

4) 수업재료(making textbook)

수업을 위하여 교수자가 사전에 지정하는 교과서나 부교재를 가급적 최소화하여 (지정한 경우) 참고용으로 활용하고, 한 학기 동안 수강생과 교수자가 협력하여 당해 학기 unique한 교과서를 만들어 나간다.

5) 전공설계(toward major)

전공을 정하여 입학, 소정의 과정을 이수하는 것이 아니라 입학 후 다양한 전공탐색, 교양이수 등을 통하여 자신의 강점재능으로 판명된 전공으로 졸업하게 하는 혁신적인 학사구조로 전환한다.

6) 수업콘텐츠 개발(practical contents development)

학생들을 대상으로 콘텐츠 개발 공모전을 실시하고, 우수한 성과물을 교육과정 개선에 반영함으로써 학생계 관점의 교육과정이 완성된다.

5. 성과관리시스템 개선

1) 교육적합성 관리

대학의 정규 교육과정을 이수중이거나 이수한 학생들이 실습장, 취업기관, 지역사회 등에서 자신의 학업이수 커리어를 얼마나 발휘하는지 산업계(사용자 혹은 고용자) 관점에서 평가하고 그 결과를 학부교육과정 개선에 반영(환류조치)해야 한다. 지역사회 주민 및 기관을 대상으로 대학의 전반적인 교육여건 및 성과에 대한 인식과 지역사회-대학 연계방안에 대한 의견을 조사하여 지역사회와 동반성장하기 위한 학부교육생태계 조성에 반영(환류조치)해야 한다.

대학교육 전반에 걸친 학부모들의 인식 및 자녀들에 대한 캠퍼스 케어 실태에 대한 의견을 수집, 분석하여 전반적인 교육여건 및 교육과정 개선을 위한 환류자료로 활용한다. 더불어 대학에서 개설, 운용하는 사회교육프로그램에 참여한 지역주민들을 대상으로 프로그램 만족도를 조사, 분석하여 환류자료로 활용한다.

표 55 교육적합성 관리 체계

관 점	대 상	내 용	방 법
산업계	실습기관 (담당자)	현장실습, 교육실습, 교내외/해외 인턴십, 국내외 봉사활동 등 대학 재학생이 실습교육과정을 수행한 내용(성과)에 대하여 당해 기관(담당자)에서 실습생의 실무역량 등 산업계 관점에	- 재학생이 실습을 수행한 기관(혹은 담당자)을 대상으로 당해프로그램마다 설문지를 이용하여 조사를 실시함 - 개선도 분석도 동시에 실시함

관 점	대 상		내 용	방 법
			서 우리대학의 교육적합성 평가를 수행함	
	졸업 후 취업생		졸업 후 취업한 동문이 당해 기관이나 조직에서 직무를 수행함에 있어 대학교육 경험이 자신의 직무역량 개발 및 수행에 어느 정도 도움이 되었는지 졸업생 당사자의 자기인식도 평가를 수행함	- 졸업생 DB를 구축, 모바일 기반 온라인시스템을 활용하여 실시함 - 개선도 분석도 동시에 실시함
참여계	지역사회 주 민		지역사회 주민들을 대상으로 대학의 교육여건, 방법, 내용, 성과 등에 대한 인식실태와 지역사회와 학교의 연계방안에 대한 의견을 조사, 분석하기 위하여 수행함	- 온라인 및 서면조사 형식을 병행함
	학부모	일반	대학에 재학 중인 학생을 둔 학부모들을 대상으로 대학의 전반적인 교육프로그램에 대한 수요자관점의 인식실태를 조사, 분석하기 위하여 수행함	- 온라인 설문조사 방식으로 실시함
		대표자	대학의 교육프로그램 및 자녀의 학교생활 케어시스템에 대한 학부모들의 인식실태를 조사, 분석하기 위하여 수행함	- 학부모위원회를 활용하여 즉답형태로 실시함 - 개선도 분석도 동시에 실시함

2) 교육만족도 관리

대학교육 전반(교육과정, 학생복지, 학생지도 등)에 걸친 재학생 및 전임교원들의 인식 및 건의사항들을 조사, 분석하여 교육여건 및 교육과정 개선을 위한 환류자료로 활용한다.

표 56 교육만족도 관리 체계

대상	내 용		방 법
재학생	교육일반	재학생의 교내 정규 교육과정 프로그램 및 학생지원 인프라/콘텐츠 운용에 대하여 어느 정도 만족하고 있는지를 사정(査定)한 후 환류조치하기 위하여 가급적이면 전수조사를 수행함	- 기존의 교내 온라인시스템 및 모바일 시스템을 이용하여 실시함 - 개선도 분석도 동시에 실시함
	교양교육	당해년도 교양교육 운용에 대한 수강생의 만족도를 조사하여 교양교육 전반에 걸친 개선자료 수집 및 환류조치를 위하여 실시함	- 개설 교양과목을 대상으로 학부교육원에서 오프라인 방식으로 실시함 - 개선도 분석도 동시에 실시함

대상		내 용	방 법
	비교과 프로그램	교내에서 운용되는 각종 비교과프로그램에 참여한 학생들을 대상으로 참여도 및 만족도를 조사, 분석하여 프로그램 개선을 위한 환류자료 수집을 목표로 수행함	- 당해 프로그램 종료 후 즉답형 설문조사 형태로 실시함 - 개선도 분석도 동시에 실시함
전임교원		교수역량 강화 및 지원관련 프로그램에 참여한 교원의 프로그램에 대한 만족도를 조사, 분석하여 프로그램 개선/개발에 환류조치하기 위하여 수행함	- 교수학습센터 등 교내기관에서 운용하는 교수지원 프로그램 참여교원의 만족도를 즉답형 설문조사형태로 실시함

3) 교육의 질 관리

대학마다 고유의 교육이념을 반영하여 자체적으로 개발한 핵심역량진단과 '한국직업능력개발원'이 개발, 시행하는 대학생핵심역량진단(K-CESA) 결과를 바탕으로 재학생의 교과이수 지도 및 생활지도 자료로 활용한다. 교수의 강의역량 수준을 사정(査定)하고 드러난 문제점을 파악하여 수업의 질 개선을 위한 지속적인 관리 및 지원시스템을 구축한다. 학업저성취자(학사경고자)에 대한 체계적이고 지속적인 관리를 통하여 학업수행력 개선을 위한 지원시스템을 구축한다. 특히, 학생의 학업수행, 자아계발, 인간관계 및 교수의 수업행동과 관련된 교육의 질 관리는 가능하면 표준화된 검사도구를 활용하여 진단하고 그 결과에 대한 성찰을 통해 환류해야 한다(관련되는 각종 진단도구 예시는 【부록】 참조).

표 57 교육의 질 관리 체계

구 분		내 용	방 법
학생 역량	K-CESA	'한국직업능력개발원'이 개발한 표준화검사지 '대학생역량진단검사'를 통하여 전국단위 대학생집단과의 비교, 분석을 위하여 수행함	- 한국직업능력개발원이 운용하는 온라인시스템을 활용하여 실시함
교수 역량	수업CQI	개설강좌 전체를 대상으로 교수자의 당해 학기 강의운영 내용과 성과에 대하여 사정하고 강의역량 향상을 지원하기 위하여 수행함	- 당해 과목담당 교수는 3차에 걸쳐 소정양식을 작성, 제출함
	강의평가	학기별 전임교원의 강의평가 결과에 대한 변화 추이를 분석하여 강의수월성 향상을 위한 전략 및 지원방안 수립을 위	- 매 학기별 전임교원의 강의평가 결과에 대하여 다양한 준거를 바탕으로 모니터링하여 분석함

구분		내용	방법
		하여 수행함	- 평가결과 저성과에 대한 역량강화 지원책을 마련함
학습 성과	학사 경고자	당해 학기 학사경고자에 대한 성취수준 파악 및 환류조치를 통해 학업수행 역량 향상을 지원하기 위하여 수행함	- 학사경고자 파악 및 환류조치를 위한 제반 상담절차 관리체계를 구축, 운용함
교육 과정	비교과 프로그램	비교과프로그램 개발에 대한 리더십, 핵심역량 부여, 운용성과에 대한 모니터링 및 피드백을 위하여 관련 자료를 수합, 분석, 보고함	- 당해프로그램 개발 지도, 프로그램 운용 및 성과에 대한 관련 지표값을 관리함

일반적으로 교육은 계획수립, 자원 활용, 성과산출의 과정으로 이루어진다. 계획이 항상 목적한 대로 달성되는 것은 아니다. 따라서 체계적이고 조직적인 성과관리시스템 구축 및 작동을 통하여 계획에 대한 재조정이 이루어져야 하며, 이를 통해 교육의 책무성을 제고할 수 있다. 교육의 수월성과 더불어 책무성이야말로 모든 학생들을 성공적인 대학생활로 안내하고 지지하는 제일원칙이 된다.

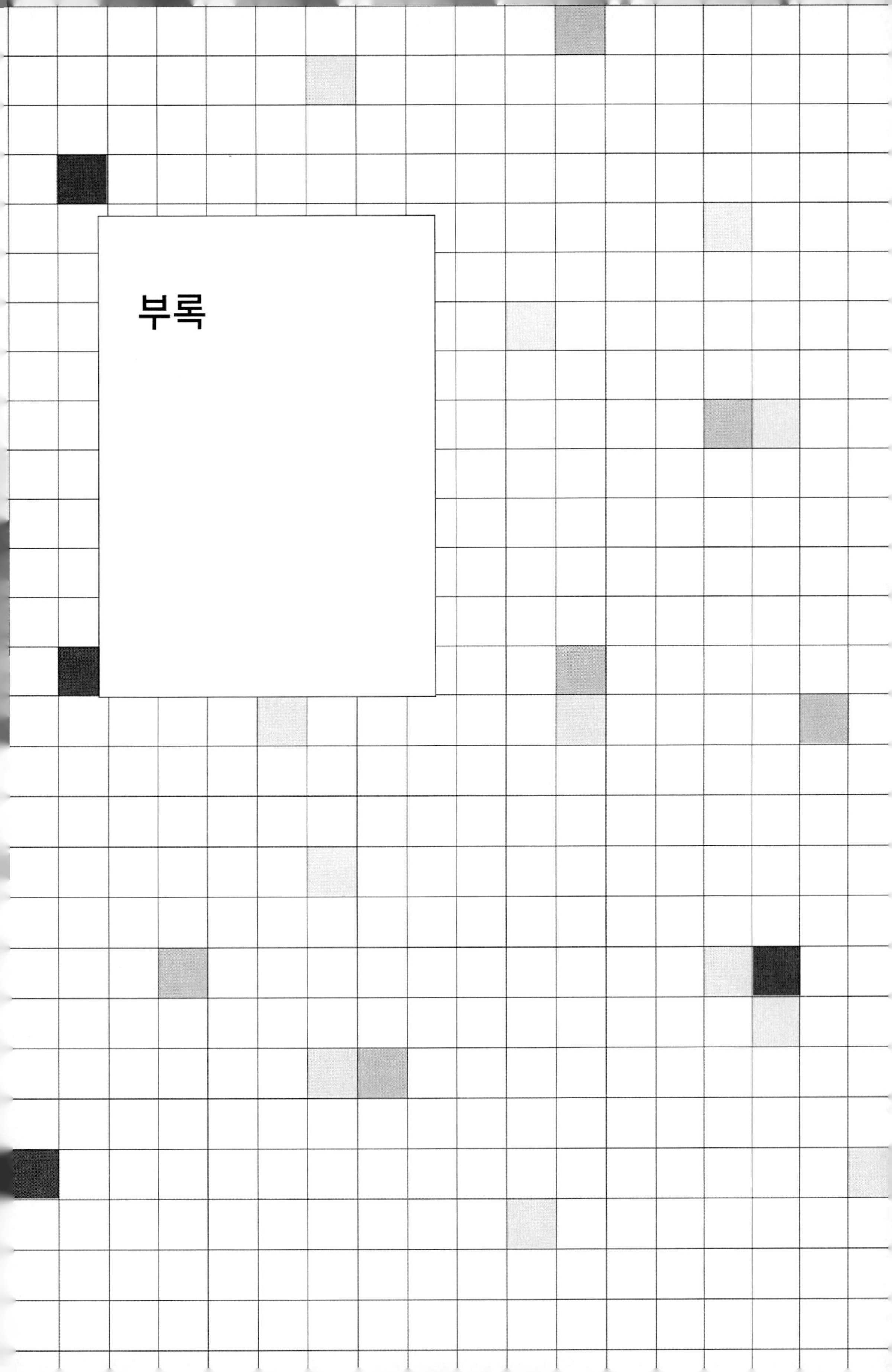

부록

성공지능(SQ) 진단검사지

by johnhoch(2019), ref. R.J. Sternberg

지속 가능한 가치기반의 합리적이고 객관적인 기준에 비추어 볼 때 성공한 사람, 어떤 과제를 성공적으로 수행을 했다고 보고하는 사람, 성공적이고 행복한 삶을 영위한다고 고백하는 사람들의 공통적인 심리적 특성은 무엇일까요? 본 검사는 권위 있는 심리이론을 바탕으로 개인의 성공지향성향과 그 수준을 알아보기 위하여 만들어진 것입니다. 검사결과는 일반지능(IQ), 감성지능(EQ)을 넘어 성공을 이루는 생애개발역량으로서 성공지능(SQ)의 개별특성 및 수준을 진단하며 성공적인 삶을 추구하는 자극이 될 것입니다. 한 문항도 빠짐없이 답해주시기 바랍니다.

문 항	대단히 그렇다 ⑤	그렇다 ④	보통이다 ③	아니다 ②	전혀 아니다 ①
낮은 IQ점수나 학과목 점수에 대하여 크게 낙심하지 않는다					
무슨 일이든 '내가 해서 안 되는 일은 없어!'라고 말할 수 있다					
바람직한 정체성 형성에 도움이 되는 의미있는 삶의 모델이 있다					
내 앞에 놓인 상황은 재능발휘에 도움이 되거나 방해될 수 있다					
다른 사람의 문제해결 방식을 무조건 따라하지 않는다					
장점을 높이고 단점을 보완하는 노력에 힘쓴다					
학교공부의 우등생보다 남의 귀감이 되는 인생이 더 의미가 있다					
내가 수행해야 할 역할에 대하여 유연하게 대응한다					
내 앞에 수많은 문제가 있음을 인정하고 해결방안을 모색한다					
문제의 본질을 파악하는 데 남다른 재능이 있다					
상황의 맥락을 고려하여 문제해결 전략을 구상한다					
정확한 정보를 찾아내거나 이를 효율적으로 사용한다					
문제해결을 위해 자신의 에너지를 적절하게 활용한다					
어떤 상황이든 올바른 결정과 그렇지 못한 경우가 발생할 수 있다					
문제해결을 위하여 특정한 생각을 고집하거나 집착하지 않는다					
누구나 이성적인 한계가 있고 잘못된 사고의 함정에 빠질 수 있다					
스스로 도전하고 주변사람들에게 도전을 장려한다					
창조적인 문제해결의 선도모델이 되고자 앞장서서 노력한다					
전제조건에 의심을 품는 것을 두려워하지 않는다					
나의 실수는 물론 다른 사람의 실수도 당연하게 여긴다					
다양한 모험을 스스로 추구하며 주변사람들에게도 권한다					
자신을 위해 나아가 인류를 위해서 창조적인 일을 찾아낸다					
골똘히 생각하는 시간을 자주 갖는다					
모호함에 대하여 혼란스러워 하지 않는다					
창의적인 사람들이 주변사람들과 마찰을 빚는다는 점을 잘 안다					
창의적인 사람에게 주어진 사회/역사적 사명을 잘 인식한다					
자발성, 능동성, 주체성이 내가 잘 살아가는 원동력이다					
사람과 환경의 상호작용을 중요하게 여긴다					

비록 낡은 것일지라도 어떤 규준이 숨어 있을 수 있다					
학교시험은 지식획득의 정확성을 알아볼 뿐 내 경험과 무관하다					
학교수업에 흥미를 느끼지 않는 것을 비난하지 않는다					
시험문제는 해답보다 개연성 높은 답을 찾는 것이어야 한다					
명시적인 지식 못지않게 암묵적인 지식도 중요하다					
다양한 경험을 통해 유용한 지식을 만들어낼 수 있다					
나 스스로 동기를 유발하는 방법을 잘 알고 있다					
부당하거나 파괴적인 충동을 억제하는 힘이 있다					
인내하고 참아야 할 상황을 잘 알고 이를 실천한다					
옳다고 생각하는 것을 실제 행동으로 옮기는 성향이 강하다					
나의 잠재능력을 합리적인 방식으로 최대한 활용하려 노력한다					
변화를 위하여 주변사람보다 먼저 행동으로 보여준다					
주변의 공정한 비난에 대하여 너그럽고 개방적이다					
실패나 실수에 대한 두려움이 없다					
독립적으로 행동하지만 필요한 경우 협동작업에 적극 참여한다					
자기연민에 빠지거나 포기하는 경우가 드물다					
난관을 극복하여 정상을 회복하는 힘이 강하다					

【진단기준】

매우 우수	우 수	보 통	미 흡	매우 미흡
206-225	166-205	106-165	66-105	45-65

다중지능(Multiple Intelligence/Strength) 진단검사지

by Moon Y.R.(2004)

전혀 그렇지 않다 ①, 별로 그렇지 않다 ②, 그저 그렇다 ③, 대체로 그렇다 ④, 매우 그렇다 ⑤에 표시함

번호	문 항	①	②	③	④	⑤
1	취미생활로 악기연주, 음악 감상, 작사나 작곡하기를 즐긴다					
2	운동선수들의 장단점을 쉽게 파악하고 새로 배운 종목에 쉽게 적응한다					
3	무슨 일을 하든 원인을 캐고 실험 및 검증하는 것을 좋아한다					
4	손으로 무언가를 만들고 그림으로 표현하기를 좋아한다					
5	다른 친구들에 비하여 어휘력이 풍부하다는 말을 듣는다					
6	친구나 가족의 고민을 들어주거나 해결하는 데 도움을 준다					
7	미래의 나에 대하여 관심이 많고 빠짐없이 일기를 쓴다					
8	자동차에 관심이 많고 차종마다 차이점과 공통점을 잘 안다					
9	악보를 보면 그 곡의 멜로디를 어느 정도 파악한다					
10	평소에 움직이며 하는 모든 야외활동을 좋아한다					
11	중·고등학교 다닐 때 수학이나 과학과목에 흥미가 있었고 성적도 좋았다					
12	대충 감으로 깊이, 높이, 너비 등을 파악해도 거의 정확하다					
13	글을 읽을 때 어색한 표현, 틀린 문장이나 단어들을 금방 찾아낸다					
14	집단 따돌림이 왜 발생하고 해결방법이 무언지를 잘 안다					
15	나의 건강상태, 기분, 컨디션 등을 잘 파악할 수 있다					
16	옷, 가방, 전자기기 등을 보면 어떤 브랜드인지 금방 알 수 있다					
17	다른 사람의 노래나 연주를 들으면 어떤 점이 부족한가를 금방 안다					
18	어떤 운동이든 한두 번 해보면 쉽게 따라한다					
19	친구들과 대화를 할 때 상대방의 비논리적이거나 틀린 점을 잘 찾아낸다					
20	친구들이 그린 그림을 보고 그의 생각을 쉽게 파악할 수 있다					
21	나의 어릴 적 꿈은 작가, 아나운서, MC였다					
22	친구나 가족들로부터 다정다감하다는 말을 듣는 편이다					
23	내 생각이나 감정을 상황에 맞게 통제하는 편이다					
24	동물, 식물, 우주 등에 관하여 누구보다 많이 알고 있다					
25	다른 친구들과 함께 노래를 할 때 적절히 화음을 넣어준다					
26	친구나 가족들로부터 운동신경이 남다르다는 말을 자주 듣는다					
27	학교생활을 하면서 발생한 문제들을 잘 해결하는 방법을 알고 있다					
28	방을 꾸밀 때 소품, 재료선택이나 배치에 대하여 만족스럽게 처리한다					

29	친구나 교수에게 리포트를 잘 쓴다는 평가를 종종 듣는다					
30	친구들의 기분을 잘 파악하고 상황에 따라 적절히 반응한다					
31	평소 내 잠재역량을 계발하기 위하여 부단히 노력하는 편이다					
32	애완동물이나 관상식물을 좋아하여 집에서 기른 적이 있거나 지금 기르고 있다					
33	악기연주를 잘 하며 곡의 느낌을 살려 내 마음대로(애드립) 할 수 있다					
34	뜨개질, 바느질, 조각 만들기, 조립하기 등 섬세한 수작업을 잘 한다					
35	물건 값, 이자, 세금 등 계산을 잘 하며 연체를 하는 일이 거의 없다					
36	그림을 잘 그렸다고 친구나 친척들이 칭찬을 한 적이 많다					
37	교재를 읽거나 신문을 읽을 때 핵심적인 내용을 금방 잘 이해한다					
38	친구, 가족은 물론 낯선 사람들과도 잘 어울려 지내는 편이다					
39	다이어리, 포스트 잇, 스케줄러 등을 이용하여 규칙적인 생활을 한다					
40	현재 동물, 식물, 우주, 자연, 환경 등과 관련된 전공에서 공부하고 있다					
41	친구가 새로운 악기를 배우자고 하면 쉽게 응하며 바로 따라했다					
42	개그맨, 탤런트, 배우 등의 흉내를 잘 따라하며 연기를 곧 잘한다					
43	무작정 암기하기보다 논리적으로 이해한 후에 암기한다					
44	새로운 지식을 배울 때나 수업시간에 그림으로 표현하며 공부한다					
45	중·고등학교 시절 문학, 비문학, 글쓰기, 어휘/어법 등 국어시간이 좋았다					
46	우리 과나 동아리, 모임 등에서 내가 해야 할 일을 잘 알고 수행한다					
47	어떤 일을 실패했을 때 원인을 찾아 분석하고 다음에 번복하지 않는다					
48	특정한 사물(동물, 식물, 우주 등)에 관심이 많고, 특징분석이 재미있다					
49	좋은 시나 가사에 대하여 랩처럼 음을 붙여 혼자 흥얼거리곤 한다					
50	몸동작(춤, 제스처, 연기 등)으로 내 생각을 전달하는 데 익숙하다					
51	어떤 문제가 생기면 성급한 결론보다 곰곰이 생각해 그 원인을 찾는다					
52	집이나 학교에서 고장난 전자제품이나 기계를 잘 고치고 재미가 있다					
53	친구들이 하는 말의 핵심을 잘 파악하여 금방 요점을 말해준다					
54	낯선 사람들 앞에서 PPT나 다양한 자료를 통해 발표나 연설을					

	잘 한다					
55	미래의 성공적인 삶을 위해 지금 내가 무엇을 해야 할지 정확히 알고 있다					
56	환경문제의 심각성에 대하여 분노하고 나름대로 해결하려는 노력을 한다					

	A	B	C	D	E	F	G	H
	1	2	3	4	5	6	7	8
	9	10	11	12	13	14	15	16
	17	18	19	20	21	22	23	24
	25	26	27	28	29	30	31	32
	33	34	35	36	37	38	39	40
	41	42	43	44	45	46	47	48
	49	50	51	52	53	54	55	56
합계								
강점	음악표현	신체운동	논리수학	공간지각	언어표현	대인지각	자기성찰	자연환경

고성취증후군(High Performance Syndrome) 진단검사지

by johnhoch(2018)

다음은 여러분의 성취지향 성격 여부에 대한 간이진단을 위하여 실시하는 검사입니다. 각 문항마다 정답이 있는 것이 아니니 여러분의 생각에 부합하는 경우 Y에 표시하기 바랍니다.

N	item	Y
1	하고 싶은 일(want)보다 해야 할 일(must)을 먼저 생각하면서 사는 편이다	
2	성공을 위한 가장 필요한 역량은 남다른 인내심과 습관적인 끈기(grit)다	
3	지금 겪고 있는 불편을 참다보면 마침내 내가 원하는 것을 이룰 수 있다	
4	하루에 세 번 반성하면서 살라는 공자의 말씀은 누구나 새겨들어야 할 지혜로운 충고다	
5	어떤 성과에 대하여 나의 노력 여부보다 능력에 문제가 있다고 생각한다	
6	성공한 사람들은 철저한 자기관리와 충동을 조절하는 힘이 보통사람에 비해 강하다	
7	비록 반칙이 개입될지라도 경쟁이야말로 나와 우리 사회를 성장시키는 원동력이다	
8	아무리 친한 친구라 할지라도 좋은 성과를 위해서라면 배신할 수도 있다	
9	실패를 하거나 낙오를 한다는 것은 패배의 증거다	
10	조별활동을 할 때 조장 역할을 하거나 대표발표자가 되려고 적극적으로 노력한다	
11	외적 보상(상금, 칭찬)은 좋은 성과를 얻게 만드는 효과적인 방법이다	
12	사회적으로 경쟁을 할 때 내게 불리한 상황이 생기면 내 탓이 아니다	
13	시간을 지키지 못하는 사람들의 행동은 어떤 이유라도 비난받아 마땅하다	
14	누구든 성공을 원한다면 한순간도 여유를 가질 틈 없이 부지런해야 한다	
15	약속을 지키지 않는 친구들의 구차한 변명을 들을 때마다 짜증이 난다	
16	아무 생각 없이 시간을 보내는 '멍 때리기 대회'를 보면 도무지 이해가 되지 않는다	
17	무언가에 중독이 된다는 것을 무조건 나쁘다고 비난할 수는 없다	
18	나의 성과나 행동에 대하여 주변사람들이 즉각적으로 반응하거나 피드백해주는 게 좋다	
19	게으른 사람은 삶의 의미나 목적 없이 살아가는 무책임한 사람이다	
20	평소에도 분노감, 충동성, 공격성, 적대감 등을 잘 다스리는 편이다	

【해석 방법】		
16개 이상	고(高)성취증후군	미래의 성공을 위해 현재의 만족을 지연하고 충동을 조절하는 힘이 강해 주변에서 냉혈한이라고 평가하지만 개의치 않음
10~15개	미드필더증후군	살아가면서 굳이 앞장서서 투쟁할 필요도 없고 심하게 뒤처지지만 않는다면 성공한 사람보다 오히려 마음 편하게 살 수 있다고 생각함
9개 이하	성공무심증후군	내가 노력한다고 세상에서 성공한다는 보장도 없고, 굳이 자신의 욕망을 억누르거나 학대하면서 살 필요는 없다고 자처함

공부동기유형 진단검사지(성인용)

by johnhoch(2018)

다음은 여러분의 공부동기를 알아보기 위한 간이검사지입니다. 본 검사에 의하면 칭찬이나 외적 보상을 기대하면서 공부하는 학생, 호기심을 충족하여 배움의 즐거움을 추구하는 학생으로 구분됩니다. 정답이 있는 것이 아니므로 정직하게 자신의 경험과 태도를 바탕으로 표시해 주기 바랍니다.

item	YES
1. 좋은 성적을 얻어 주위로부터 칭찬받는 것이 좋다	☐
2. 좋은 성적보다 무언가 새로운 것을 안다는 사실이 흥미롭다	☐
3. 개조식으로 노트를 정리하는 습관이 강하다(PT)	☐
4. 강의노트는 깔끔하게 정리하기보다 낙서나 그림을 많이 이용한다(NT)	☐
5. 혼자서 공부하는 편이 좋다	☐
6. 여럿이 모여 떠들면서 공부하는 것이 효율적이다	☐
7. 유용한 지식은 교과서나 매뉴얼 등을 통해 습득하는 것이다	☐
8. 지식은 다양한 경험을 통해 얻을 수 있다	☐
9. 많은 내용을 학습할 때 표제어를 중심으로 암기한다(PT)	☐
10. 그림이나 이야기로 풀거나 나름의 방식대로 재구성하여 학습내용을 암기한다(NT)	☐
11. 누군가로부터 배우는 것이 좋다	☐
12. 누군가를 가르치는 것이 좋다	☐
13. 주로 텍스트(문자화된 학습오브제)를 공부의 도구로 삼는다(PT)	☐
14. 주변현상을 관찰하거나 기록하는 것을 공부의 도구로 삼는다(NT)	☐
15. 세상에는 누구나 알아야 하는 객관적이고 절대적인 지식이 있다	☐
16. 세상에는 절대적이거나 완전한 지식은 없다	☐
17. 오직 암기만이 능력이며 외우는 것을 좋아하는 습관이 있다	☐
18. 무작정 암기하기보다 주변의 현상들을 관찰하는 습관이 있다	☐
19. 머리가 좋은 사람이 모든 것을 다 잘한다고 생각한다(GI)	☐
20. 머리가 좋은 것과 일상생활에서의 능력과는 무관하다(MI)	☐
21. 새로운 도전을 하는 것은 두렵고 불편하다	☐
22. 새로운 것을 발견하는 것이 흥미롭고 재능이 있다	☐
23. 남들과 차별적인 지식의 획득이나 보유가 경쟁력이다	☐
24. 남들과 차별적인 경험을 많이 하는 것이 경쟁력이다	☐
25. 내가 배운 지식과 앞으로 할 일을 일치시키는 것이 현명하다	☐
26. 내가 배운 지식과 앞으로 할 일은 무관해도 걱정 없다	☐
27. 공부는 성공을 위한 보편적이며 개인적인 의무다	☐
28. 공부는 성장을 위한 주관적인 경험일 뿐이다	☐
29. 공부는 스트레스를 유발하는 가장 큰 원인이다	☐
30. 공부는 나를 행복하게 만드는 원천이다	☐

31. 공부 열심히 해서 좋은 직장 얻고 돈 많이 벌어 편하게 사는 게 행복이다 □
32. 공부는 적당히 하면서 마음대로 놀고 즐기며 사는 게 행복이다 □
33. 학원이나 학교가 정한 규칙과 안내에 따라 공부하는 것이 편하다 □
34. 내 공부는 내가 정한 방식대로 하는 편이다 □

* PT: paradigm thinking NT: narrative thinking
** GI: general intelligence MI: multiple intelligence

☞ 홀수 문항의 YES 개수가 많은 경우	Evaluation Goal type
☞ 짝수 문항의 YES 개수가 많은 경우	Learning Goal type

사고유형(thinking pattern) 진단검사지

by johnhoch(2018)

다음은 여러분의 평소 사고패턴을 알아보기 위하여 실시하는 간이 진단검사입니다. J. Bruner에 의하면 사람은 패러다임 사고유형(PT)과 내러티브 사고유형(NT)으로 구분됩니다. 문항별 반응에 의한 전체 결과에 대하여 자신의 사고유형을 진단하고, 이와 관련된 후속상담이나 전문적인 코칭을 받으시기 바랍니다.

N	item	Y
1	교과서나 참고서를 활용하는 것보다 다양한 정보(신문, 잡지, 웹사이트 등)를 수집하여 내 나름대로 정보를 재구성하면서 시험공부를 하거나 보고서 쓰는 것을 좋아한다	
2	수업 중 노트필기를 하거나 보고서를 쓸 때 포스트-잇보다는 정리되지 않은 즉흥적인 그림이나 낙서 등을 활용한다	
3	개조식(1,2,3...)으로 노트 정리하는 것이 질서 없거나 두서없이 정리하는 것보다 외우는 게 편하다	
4	일기를 쓸 때 감정이나 느낌보다는 그날 일어난 구체적인 사건이나 인물들을 중심으로 쓴다	
5	숫자, 기호, 도식 등 간단한 정보가 장황하게 글로 설명된 것보다 이해하는 게 더 쉽다	
6	사진을 볼 때 피사체나 배경 모습, 구도 등을 살피기보다 사진을 찍게 된 배경을 궁금해 한다	
7	답안지를 작성할 때 출제자의 의도와 같은 주관성보다 주어진 문제에 대한 객관적인 해답을 생각하는 편이다	
8	소설을 읽거나 영화/드라마를 볼 때 객관적인 사실을 파악하기보다 '만약 내가 그 속의 등장인물 중 하나라면 어떻게 했을까?'를 생각한다	
9	세상에는 변하지 않는 객관적, 절대적, 보편적인 진리, 사실, 지식이 있기 때문에 '누구든 반드시 공부를 해야 한다.'고 생각한다	
10	어떤 사건을 목격하면 곧바로 머릿속에 이를 설명하는데 적합한 과학적 사실이나 과거의 구체적인 관련사례가 먼저 떠오른다	
11	역사교과서에 나와 있는 사건들의 발생순서나 범주를 묻는 문제보다 그 사건이 일어난 역사적 배경이나 경위를 묻는 것이 더 풀기 쉽다	
12	논리적으로 일관성이 없어 마치 횡설수설하듯 이야기를 하는 친구와 대화하는 것은 상대하기 매우 어렵다	
13	점수나 기록(순위나 신기록 등)을 중심으로 스포츠 중계를 하는 아나운서의 멘트를 들으면 짜증이 난다	
14	내가 지금 공부하는 것이 살아가면서 과연 나에게 무슨 소용이 있는지 어떤 의미가 있는지 크게 고민하지 않는다	
15	평소에 성적이 형편없거나 별 볼일 없던 친구가 갑자기 좋은 성적을 얻거나 상을 받은 것에 큰 관심이 간다	
16	혼자 조용히 공부하는 것보다 여럿이 모여 서로가 알고 있는 것을 왁자지껄 시끄럽게 떠들며 공부하는 것이 좋다	

17	사회적으로 물의를 일으키거나 범죄를 저지른 사람이 방송에 나오면 범법이나 불법행위에 대한 피의자의 피치 못할 사정보다는 그에 대한 법적 징계수준을 우선 생각한다	
18	남들과 대화할 때 우리 가족이나 친구들의 사회적 지위보다는 그들이 각자 살아가는 모습을 설명하는 편이다	
19	허구적이거나 망상적인 내용의 서사물(드라마, 영화, 소설, 카툰 등)보다 다큐멘터리나 실화와 같이 구체적인 사실을 다룬 콘텐츠를 좋아한다	
20	수학, 과학, 공학과 같은 실증 과목보다 역사나 문학, 윤리 등의 서사(敍事) 과목을 공부하는 것이 편하고 상대적으로 성적도 좋은 편이다	

N		
N	3 4 5 7 9 10 12 14 17 19	Paradigm Thinking type
	1 2 6 8 11 13 15 16 18 20	Narrative Thinking type

호기심유형(curiosity pattern) 진단검사지

by johnhoch(2018)

다음은 여러분의 평소 호기심 유형을 알아보기 위하여 실시하는 간이진단검사입니다. 호기심은 크게 지각적 호기심(PC)과 인식적 호기심(EC)으로 구분됩니다. 어느 것이 더 좋다는 가치판단은 필요 없습니다. 다만 검사결과를 바탕으로 자신의 호기심 유형을 진단하고 관련된 전문상담이나 코칭을 받으시기 바랍니다.

N	Item
1	한 번도 가본 적이 없는 곳으로 여행하는 것을 좋아한다
2	밤새 이상한 꿈을 꾸고 나면 꿈의 의미를 궁금해 하거나 검색해본다
3	풀리지 않는 퍼즐은 참지 못하며 어떻게든 해결하고자 노력한다
4	예상하지 못했던 일이 생기면 그 내용과 원인에 대하여 곰곰이 생각한다
5	추상적인 개념이나 용어들에 대하여 토론하는 것을 좋아한다
6	내 주변에는 어떤 것들이 있는지 살펴보는 것을 좋아한다
7	모르는 단어가 생기면 의미를 알아보려고 검색하거나 누군가에게 물어본다
8	새로운 아이디어나 개념에 대하여 생각하는 것을 즐긴다
9	새롭게 여행할 장소에 대하여 물색하는 것을 즐거워한다
10	드라마를 보거나 소설을 읽으면서 종결에 대하여 상상하는 것을 좋아한다
11	사람들의 이상한 행동이나 생각들을 내 나름대로 설명해 보는 것이 즐겁다
12	내가 잘 아는 곳보다 그렇지 못하는 곳을 찾아가는 것이 즐겁다
13	나무에서 이상한 소리가 나면 귀를 기울이고 무엇일까 궁금해 한다
14	내가 잘 알지 못하는 역사적 사건이나 시대에 관한 책을 읽는 것이 즐겁다
15	보컬그룹의 공연을 보면 나도 모르게 색다른 목소리에 빠져든다
16	똑같은 질문일지라도 동일한 대답보다 이것저것을 생각하는 것을 좋아한다
17	미술 갤러리나 박물관에 가는 것을 좋아한다
18	사물의 작동원리나 사건의 발생경위를 탐구하는 것이 흥미롭다
19	생각에 생각이 꼬리를 무는 방식으로 새로운 것을 찾는 것이 흥미롭다
20	이상한 소리를 듣게 되면 무엇 때문인지 알아내고자 노력한다
21	나의 감정을 이해하려고 노력하는 것은 즐겁다
22	새로운 재질의 옷감을 보면 만져보거나 감촉을 느껴보려고 한다
23	어떤 이론이 실제로 맞는지 행동으로 옮겨보거나 테스트해본다
24	모순 되거나 말도 안 되는 아이디어를 생각하는 것이야말로 재미있는 일이다
25	새롭거나 익숙하지 않은 음악을 듣는 것을 좋아한다
26	새로운 악기소리를 들으면 (그것이) 무엇인지 알아보는 것을 좋아한다
27	새로운 과학적 연구결과나 발견소식이 담긴 잡지 보는 것을 즐긴다
28	새롭거나 어려운 수학문제를 보면 반드시 해법이 있을 것이라고 상상한다

29 복잡한 기계를 보면 사람들에게 어떻게 작동하는지 물어본다
30 질문에 대한 설명이 단순하면 싫증이 난다
31 흥미로운 건물 속으로 들어가 보는 것이 재미있다
32 철학자들과 온갖 이론들에 대하여 토론하는 것이 좋다
33 예술작품을 보면서 하나의 주제에 대한 다양한 해석을 살피는 것이 즐겁다
34 복잡하기 이를 데 없는 것들이 작동하는 원리를 알아가는 것은 즐겁다
35 다른 사람들의 얼굴을 보면서 무슨 생각을 하는지 상상해 보는 것이 즐겁다
36 이해가 되지 않는 책일지라도 이해가 될 때까지 끈질기게 읽는 편이다
37 새로운 정보를 배우는 것에 열광한다
38 내게 익숙하지 않은 것들을 배우는 것에 열중한다
39 새로운 아이디어를 만들어 내거나 남과 다른 방식으로 생각해 보는 편이다
40 아무리 복잡한 문제라할지라도 해결방법을 찾으려 노력한다
41 다른 민족이나 나라의 음식 먹기에 도전하는 것을 즐긴다
42 설명 없는 광고를 보면서 왜 그렇게 (설명 없이 광고를) 했는지 고민해본다
43 앞으로 무슨 일이 벌어질 것인지 가상적인 상황을 생각해보는 것이 즐겁다
44 예술작품을 보면서 무엇이 예술가에게 영감을 주었는지 생각해 본다
45 새로운 아이디어를 떠올리거나 남다르게 생각하는 것은 언제나 즐겁다
46 위기 순간에 사람마다 반응방식에 왜 차이가 있는지 알아보는 것은 흥미롭다
47 새로운 아이디어는 언제나 나의 상상력을 자극한다
48 새로운 것을 배우거나 새로움을 발견하는 것에 재미를 느낀다
49 어려운 문제를 해결할 때마다 쾌감을 느낀다
50 (무서울지라도) 동굴을 보면 안 속으로 들어가 탐험해 보려는 충동을 느낀다
51 역사적으로 중요한 사건들이 발생한 배경(이유)에 대하여 탐구하고자 한다
52 누군가 내 질문에 답을 하면 그것(답)에 대하여 스스로 꼬치꼬치 캐물어본다
53 누군가 내게 무언가를 어렵게 설명해 주면 상세히 설명해 달라고 부탁한다
54 악취가 나면 그 원인이 무엇인지 찾아내려고 노력한다
55 어려운 수수께끼나 알쏭달쏭한 넌센스 문제를 푸는 것이 즐겁다
56 익숙하지 않거나 생소한 문화(풍습이나 제도)에 대하여 배우고 싶다

item		
item	1 6 9 12 13 15 17 20 22 25 26 31 33 41 50 54	Perceptual Curiosity -oriented
	2 3 4 5 7 8 10 11 14 16 18 19 21 23 24 27 28 29 30 32 34 35 36 37 38 39 40 42 43 44 45 46 47 48 49 51 52 53 55 56	Epistemic Curiosity -oriented

인성감수성 수준(Personality Quotient) 진단검사지

by johnhoch(2018)

다음은 여러분의 평소 인성감수성 수준이 어느 정도인지 알아보기 위하여 실시하는 간이검사입니다. 각 문항에 대하여 빠짐없이 정직하게 표시하기 바랍니다.

문 항	Y	N
나의 이익을 위하여 남에게 심각한 심리적·물리적·경제적 피해를 입히는 것이 큰 잘못은 아니다		
경우에 따라 선생님, 부모님, 어르신의 가르침이나 말씀을 거역하여 그분들의 마음을 상하게 할 수도 있다		
의도하지 않았지만 순간적인 판단실수로 1만 원 이상의 물건을 훔친 적이 있다		
나의 위신과 체면을 지키기 위하여 가족이나 친구에게 거짓말을 하거나 남에게 그에 대한 거짓 증언을 한 적이 있다		
공문서를 위조하거나, 공적으로 영향력이 있는 자격, 증빙 등 서류(온라인, 오프라인 모두)를 의도적으로 조작하는 것이 큰 잘못은 아니다		
아무 근거 없이 재미삼아 남을 험담하거나 거짓말을 지어내어 온라인상이나 이-메일로 유포한 적이 있다		
사회생활을 하면서 불의(不義)를 보면 참거나, 남의 불행이 곧 나의 행복이라 여기고, 나를 높여서 남을 낮추는 것이 성공의 지름길이라는 생각으로 살고 있다		
어느 조직이든 생산성과 경쟁력을 확보하기 위하여 어느 정도 뇌물, 불법공여, 탈루 등은 불가피하다		
나와 우리 국가를 위한 완고한 국가(국수)주의가 범(汎)국가주의, 범(汎)공동체주의, 세계주의 등 다양성(다문화)의 가치에 우선해야 글로벌 경쟁체제에서 살아남는다		
주위사람들이 남모르게 선행을 하거나 기부를 하는 것은 가식적인 행동처럼 느껴진다		

【판정기준】

1. Number of N: 인성메리트 지수(CMI) / Number of Y: 인성리스크 지수(CRI)
2. CMI가 높을수록 CRI가 낮을수록 좋은 인성을 갖추고 있음

사회적 대화 스타일(social talking style) 진단검사지

다음의 각 문항에 대하여 자신이 생각하는 것과 일치하는 경우에만 체크하기 바랍니다.

Check A

말할 때 상대방에 맞춰주는 편이다( )
말수가 적은 편이다( )
다른 사람의 말을 잘 따르는 편이다( )
질문하는 편이다( )
상대의 말에 호응해주는 편이다( )
하고 싶은 말을 자제하는 편이다( )
말이 느린 편이다( )
자기주장을 자제하는 편이다( )
비밀을 감추는 편이다( )

Check 1

말할 때 침착한 편이다( )
조용히 말하는 편이다( )
업무적으로 말하는 편이다( )
날카롭게 지적하는 편이다( )
이론적으로 대화하는 편이다( )
차분하게 말하는 편이다( )
결과를 중요하게 여기는 편이다( )
냉정한 편이다( )
느낌을 잘 나타내지 않는 편이다( )

Check B

내가 주도권을 쥐고 말하는 편이다( )
말하기를 좋아하는 편이다( )
다른 사람에게 지시하는 편이다( )
단정적으로 말하는 편이다( )
말싸움에서 이기려고 하는 편이다( )
하고 싶은 말은 다 하고야 마는 편이다( )
말이 빠른 편이다( )
자기주장을 내세우는 편이다( )
비밀을 개방하는 편이다( )

Check 2

말을 할 때 쉽게 흥분하는 편이다( )
활기차게 말하는 편이다( )
인간적으로 말하는 편이다( )
상대방을 배려하며 말하는 편이다( )
감성적으로 대화하는 편이다( )
열정적으로 말하는 편이다( )
과정을 중요하게 여기는 편이다( )
감정에 좌우되는 편이다( )
느낌을 표현하는 편이다( )

【판단기준】	
A1 : 분석형 스타일	꼼꼼하고 신중하며 다소 비판적인 경향이 있다. 논리적으로 말하는 것을 좋아하고 말수가 적은 편이며 조용하면서도 집요하고 다소 냉정해 보이기도 한다. 또한 전체보다는 세부적인 사항을 중요시하고 다소 까다롭게 질문하는 편이다. 이런 사람과 대화할 때는 천천히 논리적으로 말하되 거짓과 과장된 표현을 피해야 한다. 상대방과 많은 대화를 나누는 데 더 많은 시간을 할애하고 감정을 표현하려 애써야 한다. 특히 냉담하거나 예의바르지 못한 자세를 보여 사람들과 거리를 두는 것처럼 비춰지지 않도록 주의해야 한다.
A2 : 우호형 스타일	심사숙고하고 조심성이 많은 사람으로 말을 잘 안 하는 경향이 있다. 의사결정이 느려 다소 우유부단하게 보이기도 하며 늘 조용조용 말하고 남이 부탁을 하면 거절하지 못해 정작 자신의 일을 못하기도 한다. 인간관계를 중요시하며 인간적으로 친해져야 말도 잘하고 마음을 여는 스타일이다. 이런 사람과 대화할 때는 천천히 말하고 친밀한 표현을 자주 해야 하며 가능한 한 성실하게 임해야 한다. 보다 많이 표현하고 활발하게 행동하며 대화내용의 세부사항에 대해 지나치게 꼬치꼬치 따지거나 말하는 것을 자제해야 한다. 특히, 너무 고집이 센 사람으로 생각되지 않도록 주의하며 의사소통과정에서 보다 결과 중심적 태도를 갖는 것이 중요하다.
B1 : 주도형 스타일	유난히 다른 사람들에게 이것저것 요구를 하거나 명령 또는 지시를 잘 내리는 경향이 있다. 특히 자신의 의견을 잘 주장하고 고집이 센 편이며 남의 말을 안 듣는 스타일이다. 남이 말할 때 끝까지 듣지 않고 "그래서 결론이 뭐야?" 하며 상대의 말을 끊어버리는 사람들이 여기에 속한다. 이런 사람에게 돌려서 말하거나 차근차근 말하다가는 상대방으로부터 "속 터져 죽겠다"는 말을 듣게 되므로 신속하고 정확하게 결론부터 말해야 한다. 적게 말하고 많이 듣는 연습을 통해 대화를 너무 주도하지 않도록 주의해야 한다. 특히 직설적인 표현이나 예의 바르지 못한 언행을 보여 거만한 사람으로 여겨지지 않도록 신경을 써야 한다.
B2 : 표현형 스타일	유난히 말이 많고 목소리가 크며 제스처가 풍부하다. 또한 감성적이고 유머감각이 풍부하며 누구에게나 친절하다. 특히 상대방이 말할 때 자기가 더 많이 말하려고 말을 가로막거나 갑자기 엉뚱한 화제를 끄집어내고 사소한 비판에도 상처를 잘 입는다. 이런 사람과 대화할 때는 가능한 한 열심히 들어주고 칭찬을 많이 해 주어야 한다. 적게 말하고 많이 듣도록 애쓰며 세부사항과 사실적인 내용에 초점을 맞춰 이야기해야 한다. 특히 주제에 집중하고 지나치게 감정적이 되지 않도록 주의해야 한다.

양성평등의식 진단검사지

다음은 여러분의 평소 양성평등의식 수준을 알아보고자 실시하는 간이검사입니다. 각 문항에는 정답이 있는 것이 아니므로 본인의 생각을 정직하게 답해주시면 됩니다.

문 항	매우 반대	약간 반대	보통	약간 동의	매우 동의
여성이 욕하는 것은 남성이 하는 것보다 더 상스럽다					
맞벌이 부부의 경우 남성도 가사를 분담해야 한다					
어른들이 '남편에게 순종하며 살아야 한다'는 훈계는 여성 비하다					
여성단체의 여권 신장 주장은 당연하다					
여성은 자신의 권리보다 어머니, 아내로서의 의무를 우선시해야 한다					
직장생활에서 남성과 여성은 동등한 대우를 받아야 한다					
여성이 타워크레인이나 트럭운전을 하거나, 남성이 미용사, 요리사 등의 직업을 가져서는 안 된다					
사회에서 지적 주도권은 무조건 남자에게 있어야 한다					
전문직에 여성도 동등하게 참여할 수 있어야 한다					
고수익 여성은 데이트 시 더치페이를 해야 한다					
딸보다는 아들이 대학 진학에서 우선권을 가져야 한다					
육아에 있어 아버지는 권위적이어도 무방하다					
여성은 남성의 기준에 맞추기보다 경제적, 사회적, 심리적 자유를 추구해야 한다					
직장 승진에서 남성보다 여성이 우선해야 한다					
여성은 남성이 출입하는 유흥장에 절대 출입해서는 안 된다					

자신감수준(confidence factor) 진단검사지

by johnhoch(2010)

다음은 여러분의 평소 자신감 수준을 알아보기 위하여 실시하는 간이검사입니다. 각 문항마다 정답이 있는 것은 아니니 정직하게 빠짐없이 응답하시기 바랍니다.

문 항	전혀 1	아주 드물게 2	가끔 3	자주 4	항상 5
하는 일마다 즐기는 편이며 잘 되어 가고 있다					
실수를 하면 분노하기보다 찬찬히 이유를 따져 본다					
사소하더라도 이룬 성취에 대하여 대견하고 자랑스럽다					
새로움은 늘 설레는 일이며 일부러 찾아 즐긴다					
육체적으로나 정신적으로 건강하다					
내 자신의 현재모습에 만족한다					
부정적인 친구들과 가급적이면 만나지 않는 편이다					
존경하는 사람이 내 주변에 많다					
속마음을 터놓고 얘기할 수 있는 친구들이 주변에 많다					
내 충고나 도움을 원하는 친구들이 주변에 많다					
내 친구들은 나와 함께 있는 것을 즐겁게 여긴다					
필요한 일이 생기면 기꺼이 친구들에게 도움을 청한다					
어려움에 처했을 때 편한 마음으로 친구의 지원을 요구한다					
친구들이 나를 비판할 때 너그럽게 수용한다					
실패를 했을 때 마음의 여유를 갖고 다음 기회를 준비한다					
문제상황에 직면했을 때 편법보다 정상적으로 대처한다					
내 자신을 생각하면 짜증보다 웃음이 나온다					
내가 저지른 실수는 가급적 빨리 잊는 편이다					
긍정적인 태도나 습관을 가진 친구들과 많은 시간을 보낸다					
불편한 사람이나 부정적인 면에 단호히 'No'라고 말한다					
주어진 과제(일)에 대하여 확신을 갖고 처리한다					
내가 좋아하는 일, 사람, 활동에 대부분의 시간을 소비한다					
정서(정신)적인 성장을 위하여 규칙적으로 시간을 투자한다					
에너지(활력) 충전을 위하여 규칙적으로 시간을 투자한다					
보다 나은 미래를 위하여 무엇을 해야 하는지 잘 알고 있다					
인생은 일과 여가가 균형을 이루어야 한다					
인생은 언제나 즐겁고 재미있다					
내 자신의 모든 것(외모, 성격, 재능 등)에 만족한다					

나는 언제나 정의롭고 불의에 대하여 강력히 저항한다					
어떤 것에 강하게 끌릴 때 마음을 적절히 표현한다					

【판정기준】

140-150점	120-139점	90-119점	61-89점	61-89점	61점 이하
대단히 높음	높은 편임	보통 이상	보통 이하	낮은 편임	아주 낮음

옵티미즘(낙관성) 진단검사지

by M. Seligman

다음은 여러분의 평소 낙관적인 태도나 행동수준을 알아보기 위하여 실시하는 간이 진단검사입니다. 각 문항을 읽고 두 가지 중(0과 1)에서 해당하는 사항에 빠짐없이 표시하기 바랍니다.

1. 당신과 애인(혹은 절친이나 가족)이 싸움을 한 뒤 화해를 한다(PmG)
   0 나는 애인(절친)을 용서했다　1 나는 대부분 용서하려고 하는 편이다
2. 당신이 애인(혹은 절친이나 가족)의 생일을 깜빡 잊었다(PmB)
   1 나는 생일을 잘 기억하지 못한다　0 나는 다른 일 때문에 정신이 없었다
3. 당신은 당신을 좋아하는 누군가로부터 꽃다발을 선물 받았다(PvG)
   0 나는 그 사람에게 매력적인 사람이다　1 나는 인기가 많은 사람이다
4. 당신은 학생회장 선거에 출마해 당선되었다(PvG)
   0 나는 많은 시간을 들여 선거운동에 최선을 다했다　1 나는 무엇이든 아주 열심히 한다
5. 당신이 중요한 약속을 어겼다(PvB)
   1 나는 가끔 약속을 잊어버린다　0 나는 가끔 수첩이나 메모 확인하는 것을 잊어버린다
6. 당신이 주도해서 모인 모임이 성공적으로 이루어졌다(PmG)
   0 내가 그날따라 매력적으로 보였다　1 나는 언제나 친구 접대를 잘 한다
7. 당신이 도서반납 기한을 넘겨 연체료를 물어야 할 상황이다(PmB)
   1 나는 책 읽는데 몰두하다 반납기한을 놓친다　0 나는 보고서 쓰느라 반납하는 것을 잊었다
8. 당신은 주식투자로 큰돈을 벌었다(PmG)
   0 나의 주식중개인이 도전을 해서 얻은 결과다　1 나의 주식중개인은 투자귀재다
9. 당신은 학과대항 교내 운동시합에서 이겼다(PmG)
   0 내가 꼭 이길 것 같은 느낌이 들었다　1 나는 늘 열심히 연습한다
10. 당신이 중요한 시험에서 떨어졌다(PvB)
    1 나는 같이 시험을 본 다른 사람들보다 덜 똑똑하다　0 나는 시험 준비를 제대로 하지 않았다
11. 당신이 친구를 위해 정성껏 음식을 만들었는데 친구는 음식에 거의 손대지 않았다(PvB)
    1 나는 요리를 잘 못한다　0 내가 음식을 만드는 데 너무 서둘렀다
12. 당신이 오랫동안 연습하고 준비하던 운동시합에서 졌다(PvB)
    1 나는 운동에는 소질이 없다　0 나는 그 경기를 잘 못한다
13. 당신이 친한 친구에게 화를 냈다(PmB)
    1 그 친구는 늘 나를 괴롭힌다　0 그 친구가 나를 기분 나쁘게 했다

14. 당신이 세금신고를 제때에 하지 않아 벌금을 내야 한다(PmB)

1 나는 언제나 세금신고를 소홀히 한다 0 나는 금번 세금신고를 하는 데 늑장을 부렸다

15. 당신이 이성 친구에게 데이트를 신청했다가 거절당했다(PvB)

1 나는 그날 너무 비참했다 0 나는 데이트 신청을 할 때 머뭇거렸다

16. 당신은 노래방에서 함께 춤추자는 제안을 자주 받았다(PmG)

1 나는 모임에 참석할 때마다 사람들의 시선을 끈다 0 나는 그날 완벽한 동작으로 춤을 추었다

17. 당신이 취업면접시험을 유난히 잘 치렀다(PmG)

0 나는 그 면접시험을 치를 때 유달리 자신감이 넘쳤다 1 나는 면접시험을 잘 보는 편이다

18. 전공교수님이 짧은 시간 내에 리포트를 완성하라고 했는데 나는 기어코 해냈다(PvG)

0 나는 리포트 쓰는 것에 익숙하다 1 나는 유능한 사람이다

19. 당신은 요즘 몹시 피곤하다(PmB)

1 나는 휴식을 취할 시간이 전혀 없다 0 나는 이번 주에 유난히 바빴다

20. 당신이 죽을 뻔한 사람을 살렸다(PvG)

0 나는 생활응급 처치법을 잘 알고 있다 1 나는 위기상황에 대처하는 능력이 뛰어나다

21. 당신의 애인(혹은 절친)이 둘의 관계에 대하여 돌아볼 시간을 갖자고 한다(PvB)

1 나는 너무 자기중심적이다 0 나는 그 사람과 함께 보내는 시간이 적다

22. 주변의 어떤 친구가 당신에게 언짢은 말을 한다(PmB)

1 그 친구는 상대방을 배려하지 않고 함부로 말한다 0 내 친구가 기분 나빠 화풀이한 것이다

23. 당신의 친구가 찾아와 조언을 구한다(PvG)

0 나는 친구가 구한 조언에 관한한 전문가다 1 나는 유용한 조언을 잘해 준다

24. 한 친구가 어려울 때 자신을 도와준 당신에게 고마움을 표한다(PvG)

0 나는 그 친구에게 도움이 되어 기쁘다 1 나는 사람들을 잘 돕는다

25. 당신을 진찰한 의사가 '당신은 매우 건강하다'고 말한다(PvG)

0 나는 확실히 운동을 자주 한다 1 나는 내가 아주 건강하다는 것을 알고 있다

26. 당신의 애인(혹은 절친)이 낭만적인 주말을 보내자고 하며 야외로 데리고 간다(PmG)

0 아마 며칠간의 휴식이 필요한 것 같다 1 그 사람은 새로운 장소를 찾아다니는 게 취미이다

27. 당신은 학과에서 중요한 일의 책임자가 되어달라는 제안을 받았다(PmG)

0 나는 이와 비슷한 일을 성공적으로 수행한 적이 있다 1 나는 뛰어난 관리능력이 있는 사람이다

28. 당신이 스키나 스노우보드를 타다가 넘어져 다쳤다(PmB)

1 스키나 스노우보드 타는 것은 어렵다 0 코스가 얼어붙어 미끄러운 편이었다

29. 당신은 사람들이 부러워하는 이름 있는 상을 받았다(PvG)

0 내가 중요한 문제를 해결하는 데 중요한 역할을 했다 1 나는 아주 유능한 사람이다

30. 당신이 투자하거나 매입한 주식의 가격이 낮다(PvB)

1 내가 주식매입 시 그 회사 재무환경을 잘 몰랐다 0 나는 주식선택이나 투자능력이 부족하다

31. 방학동안 찐 살이 좀처럼 줄지 않는다(PmB)

1 다이어트는 결국 아무 소용이 없다 0 내가 해 본 다이어트들은 별 효과가 없었다

32. 당신이 사용하는 카드가 지불정지 혹은 한도초과라고 한다(PvB)

1 나는 통장잔액이 실제보다 많다고 착각한다 0 나는 신용카드의 대금결제일을 잊어버린다

【판정기준】	
PmB (permanent bad)	합계점수가 0-1이면 대단히 낙관적인, 2-3이면 대체로 낙관적인, 4는 보통, 5-6은 약관 비관적인, 7-8이면 대단히 비관적인 사람임
PmG (permanent good)	합계점수가 7-8이면 대단히 낙관적인, 6이면 대체로 낙관적인, 4-5면 보통, 3이면 약간 비관적인, 2-0은 대단히 비관적인 사람임
PvB (pervasiveness bad)	합계점수가 0-1이면 대단히 낙관적인, 2-3이면 대체로 낙관적인, 4는 보통, 5-6은 약간 비관적인, 7-8은 대단히 비관적인 사람임
PvG (pervasiveness good)	합계점수가 7-8이면 대단히 낙관적인, 6이면 대체로 낙관적인, 4-5면 보통, 3이면 약간 비관적, 2-0이면 대단히 비관적인 사람임
HoB(hopeful bad)	나쁜 일을 희망적으로 봄. PvB+PmB점수
HoG(hopeful good)	좋은 일을 희망적으로 봄. PvG+PmG점수
HoG-HoB	산출점수가 10-16이면 대단히 희망적인, 6-9이면 대체로 희망적인, 1-5는 보통, 0--5이면 다소 절망적인, -5 이하면 대단히 절망적인 사람임

학생의 성공적인 학습을 지지하기 위한 교수자 자기인식 검사

(Diagnostic test form on instructional pattern by instructor's self awareness)

by johnhoch(2020)

본 검사는 교수자의 수업행동이 학습자로 하여금 성공적인 학습이 이루어지도록 지지하는데 어느 정도 기여하거나 지지하고 있는지 교수자 스스로 점검하고, 그 결과를 준거집단과 비교 및 성찰하여 학습자 중심의 수업개선을 도모하기 위한 것입니다. 각 문항에 대하여 대단히 그렇다 ⑤ 대체로 그렇다 ④ 보통이다 ③ 아니다 ② 전혀 아니다 ①에 표시하시기 바랍니다.

1	학생주도의 발표와 토론시간을 충분히 활용한다	①②③④⑤
2	토론장면에서 지켜야 할 민주적인 토론방식에 대하여 안내한다	①②③④⑤
3	토론장면에서 학생과 동등한 입장에서 참여한다	①②③④⑤
4	설명위주의 일방적인 강의방식으로 수업을 한다	①②③④⑤
5	나와 학습자의 일상경험을 토론활동의 소재로 적극 활용한다	①②③④⑤
6	학습자는 동료의 발표에 대체적으로 호의적이다	①②③④⑤
7	학습자는 토론장면에서 일방적인 태도를 취하지 않는다	①②③④⑤
8	나와 학습자는 다양한 학습약자에 대하여 양보하고 배려한다	①②③④⑤
9	언제나 학습자의 호기심, 요구, 능력 등을 충분히 고려한다	①②③④⑤
10	학습자는 전반적으로 학점에 대하여 민감하다	①②③④⑤
11	단순한 암기보다 배움의 즐거움과 열린 사고를 강조한다	①②③④⑤
12	배운 지식을 실용적으로 활용하는 방안을 예시적으로 설명한다	①②③④⑤
13	수업장면에서 오직 지식의 체계나 구조를 특히 강조한다	①②③④⑤
14	학습자에게 필요한 자기주도학습 능력의 원리와 방법을 안내한다	①②③④⑤
15	학문의 독특한 탐구양식, 융·복합의 원리에 대하여 안내한다	①②③④⑤
16	수강생 집단의 이질적인 전공특성을 반영한 토론기회를 부여한다	①②③④⑤
17	학문의 융·복합과 관련된 흥미로운 토픽이나 시사문제를 적극 활용한다	①②③④⑤
18	나와 독특한 커리어를 가진 동료학자의 공부경험을 들려준다	①②③④⑤
19	대학에서 학문간 융·복합의 현실적인 어려움을 강조한다	①②③④⑤
20	자신의 전공과 무관한 다양한 분야의 수강을 권유한다	①②③④⑤
21	학생의 실수나 실패에 대하여 긍정적으로 피드백한다	①②③④⑤
22	여행 경험이나 아르바이트의 교육적 의미에 대하여 안내한다	①②③④⑤
23	도전을 통해 탁월한 성과를 거둔 감동적인 스토리로 공부동기를 자극한다	①②③④⑤
24	필기와 암기만이 좋은 성과를 거두기 위한 학습전략으로 안내한다	①②③④⑤

25	나와 학습자의 독특한 도전경험이나 비전 이야기를 적극 활용한다	①②③④⑤
26	종종 답이 없는 질문을 하거나 특정 이야기의 종결을 요구한다	①②③④⑤
27	학습자가 스스로 시험문제를 만들어 보도록 한다	①②③④⑤
28	정답이외의 대답에 대하여 엄격하게 반응한다	①②③④⑤
29	수업 진행에 방해되지 않는 실수, 호기심, 질문 등에 대하여 허용적이다	①②③④⑤
30	다양한 해답이 가능한 흥미로운 문제를 하나 이상 제시한다	①②③④⑤

참고문헌

김민호(2010). 성공키워드 긍정. 파주: 르상스.

김옥림(2010). 탈무드형 성공습관. 서울: 문이당.

김지현 · 신의항(2017). 대학의 학부교육: 세계대학의 우수사례. 파주: 교육과학사.

목학수(2015). 미국대학의 힘. 부산: 산지니.

송숙희(2019). 150년 하버드 글쓰기 비법. 서울: 유노북스.

신현석 외 5(2015). “미국 대학기관연구(institutional research) 사례 분석 및 시사점: 연구중심대학을 중심으로”. 고려대교육문제연구소. 『교육문제연구』. 제28권. 제2호(통권 554집). pp.201－229.

이승희 외(2005). 교육기관평가. 서울: 학지사.

이우각(2015). 하버드공부벌레들의 명문 30훈. 고양: NC미디어.

장덕호(2015). “미국 대학기관연구(institutional research)의 발전과 대학조직 관리에의 시사점. 한국비교교육학회. 『비교교육연구』. 제25권 제3호. pp.255－284.

장미정(2005). 하버드 vs. 서울대. 서울: 도서출판 답게.

韦秀英(저), 이정은(역)(2015). 하버드 새벽 4시 반. 서울: 라이스메이커.

茱　林(저), 원년경(역)(2015). 하버드대 인생학 명강의: 어떻게 인생을 살 것인가. 파주: 다연.

緞　任(저), 송은진(역)(2020). 성공하려면 하버드처럼. 고양: 레몬북.

侯書生(저), 정광훈(역)(2007). 하버드에서 배우는 인생철학. 서울: 일빛.

劉梨娜(저), 이에스더(역)(2019). 하버드 100년 전통 말하기 수업. 일산: 리드리드출판.

福原正大(저), 김정환(역)(2015). 하버드의 생각수업. 서울: 엔트리.

斯　衛(저), 김정자(역)(2019). 인생은 지름길이 없다: 하버드대 인생학 명강의. 서울: 정민미디어.

徐笑江(저), 하정희(역)(2019). 하버드 첫 강의 시간관리 수업. 일산: 리드리드출판.

Birks, M.·Mills, J(저), 공은숙 · 이정덕(역)(2019). 근거이론의 실천. 서울: 학지사메디컬.

Charmaz, K.(저), 박현선 · 이상균 · 이채원(역)(2019). 근거이론의 구성: 질적 분석의 실천지침. 서울: 학지사.

Cohen, L., Manion, L., & Morrison, K.(2000). Research Methods in Education. London: Routledge Falmer.

Corbin, J., Strauss, A.(저), 김미영 외 7(역)(2019). 근거이론. 서울: 현문사.

Covey, S.(저), 김경섭(역)(2006). 성공하는 사람들의 8번째 습관. 서울: 김영사.

Emerson, M. & Staples, G.(저), 박대영(역)(2013). 성공스타일(success style). 서울: 해피 & 북스.

Glaser, B,G.(저), 김인숙 · 장혜경(역)(2020). 근거이론 분석의 기초: 글레이저의 방법. 서울: 학지사.

Glaser, B.G.·Strauss, A.L.(저), 이병식 · 박상욱 · 김사훈(역)(2017). 근거이론의 발견: 질적 연구 전략. 서울: 학지사.

Green, K.(저), 정신아(역)(2006). 아이비리그 천재들의 공부법. 서울: 황금가지.

Hallowell, E.(저), 박선령(역)(2018). 하버드 집중력 혁명. 서울: 토네이도미디어그룹(주).

Husen, T, Postlethwaite, T.N.(ed.)(1985). The International Encyclopedia of Education. Pergamon Press: New York.

Lee, D.(2014). 하버드공부법 미덕의 교과서. 서울: 스타북스.

Light, R.J.(저), 장선하(역)(2019). 하버드 1교시. 서울: 힘찬북스.

Maltz, M.D.(저), 공병호(역)(2003). 맥스웰 몰츠 성공의 법칙. 서울: 비지니스북스.

Moore, S., & Murphy, M.(저), 김병순(역)(2012). 통통통 대학생활 100; 대학에서의 학습, 탐구, 생존을 위한 100가지 키워드. 서울: 갑우문화사.

Nist, S.L.,·Holschuh, J.P.(2003). College Success Strategies. New York: Penguin Academics.

Pastreich, E.(2015). 한국인만 모르는 다른 대한민국: 하버드대 박사가 본 한국의 가능성. 파주: 21세기 북스.

Pinker, S. 외(저), 이창신(역)(2019). 하버드 교양강의. 파주: 김영사.

Schindler, Q.(저), 김영선(역)(2011). 시간관리 이렇게 하면 성공한다. 서울: 책공방.

Sternberg, R.J.(저), 이종인(역)(1997). 성공지능(SQ). 서울: 영림카디널.

SuChunLi(저), 나침반출판사편집팀(역)(2005). 빌 게이츠의 성공 속에 숨겨진 당신을 성공체질로 바꿔주는 11가지 생활법칙. 서울: 나침반.

Tough, P.(2012). How Children Succeed: Grit, Curiosity and the Hidden Power of Character. London: Random House Books.

Tracy, E.(저), 신종호(역)(2004). 성공적인 대학생활: 학습과 시험전략. 서울: 시그마프레스.

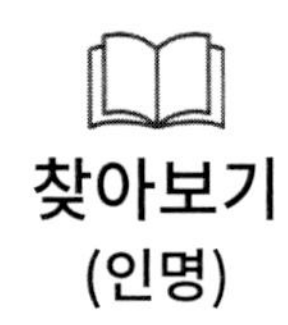

찾아보기
(인명)

찾아보기
(사항)

ㄴ

ㅂ

ㅅ

ㅇ

ㅈ

ㅊ

ㅋ

ㅌ

ㅍ

ㅎ

기타

저자소개

고요한(高耀翰)

johnhoch@yonsei.ac.kr

연세대학교 교육학과 졸업(문학사, 교육학석사, 교육학박사(Ph.D.))
연세대학교, 배재대학교, 서원대학교, 대전대학교, 공주교육대학교, 상명대학교 시간강사. 연세대학교 교육혁신센터장, 원주역사박물관 운영위원, 횡성발전정책자문교수, 강원고교평준화추진공동대표, 강원도의회 교육위원회 정책자문교수, 대한민국교육부 글로벌교육지원사업(우간다) PM, 한국교육학회 상임이사(학회지편집위원장), 한국교육철학학회 이사, 한국사상문화학회 이사, 한국청소년효문화학회 이사, 한국인격교육학회 이사 역임

현재 연세대학교 RC융합대학 교수, KOICA국제개발협력사업(베트남) 교육전문가, KOFIH동남아의료인력양성사업(원주의과대학) 책임교수, 한국교육철학학회 학회지 편집위원, 한국내러티브교육학회 이사 및 학회지 편집위원, 대교협 대학기관평가인증 평가위원임
저서로 교육의 수월성과 평등(1989), 교육이해의 구조적 탐구(공저, 2001), 교육이해의 다양성 탐구(공저, 2003), 교육의 역사와 사상(2004), 교육과학입문(공역, 2004), 비교교육철학(2005), 교육학연구의 논리(공저, 2006), 교육의 철학-소유에서 존재로(2007), 포스트모던 문화교양과 여가교육(공저, 2007), 몸과 배움의 철학(2008), 교육정책형성의 철학적 기초(2010), 인간교육의 심리철학적 이해(2011). 용례로 배우는 교양심리학(2011), 가르침의 교육현상학적 이해(2013), 인간현상과 인성교육의 현상학(2016), 내러티브기반 대학생 인성교육 담론(2020) 등이 있고, 논문은 “선초 정치변혁과 정교이데올로기에 대한 연구”외 다수

2008, 2010, 2011, 2012, 2017, 2018, 2019년 연세대학교 강의우수교수상, 2011년 연세대학교 우수업적교수상(교육부문), 2009년 대한민국학술원 기초학문우수도서(포스트모던 문화교양과 여가교육), 2009년 대한민국학술원 기초학문우수도서(교육의 철학-소유에서 존재로), 2016년 대한민국학술원 기초학문우수도서(인간현상과 인성교육의 현상학), 2011년 한국연구재단 기초학문 우수저서(교육정책형성의 철학적 기초)

대학에서의 학생성공 탐구

초판발행 2021년 5월 30일

지은이 고요한
펴낸이 노 현

편 집 전채린
기획/마케팅 손준호
표지디자인 이미연
제 작 고철민·조영환

펴낸곳 ㈜ 피와이메이트
서울특별시 금천구 가산디지털2로 53 한라시그마밸리 210호(가산동)
등록 2014. 2. 12. 제2018-000080호
전 화 02)733-6771
f a x 02)736-4818
e-mail pys@pybook.co.kr
homepage www.pybook.co.kr
ISBN 979-11-6519-173-3 93370

정 가 16,000원

박영스토리는 박영사와 함께하는 브랜드입니다.